"十二五"职业教育国家规划教材
经全国职业教育教材审定委员会审定

统计基础与实务

(第二版)

新世纪高职高专教材编审委员会 组编

主　编　万淑艳　王金荣
副主编　蒲　凌　钟伟萍
主　审　左志献

大连理工大学出版社

图书在版编目(CIP)数据

统计基础与实务 / 万淑艳,王金荣主编. -- 2版
. -- 大连：大连理工大学出版社,2022.10(2024.2重印)
新世纪高职高专财经大类专业基础课系列规划教材
ISBN 978-7-5685-2256-4

Ⅰ.①统… Ⅱ.①万… ②王… Ⅲ.①统计学－高等职业教育－教材 Ⅳ.①C8

中国版本图书馆CIP数据核字(2019)第246742号

大连理工大学出版社出版
地址：大连市软件园路80号　邮政编码：116023
电话：0411-84708842　邮购：0411-84708943　传真：0411-84701466
E-mail:dutp@dutp.cn　URL:https://www.dutp.cn
辽宁泰阳广告彩色印刷有限公司印刷　大连理工大学出版社发行

幅面尺寸:185mm×260mm	印张:14	字数:323千字
2015年3月第1版		2022年10月第2版
2024年2月第2次印刷		

责任编辑:欧阳碧蕾　　　　　　　　　　　　责任校对:刘俊如
　　　　　　　　　封面设计:对岸书影

ISBN 978-7-5685-2256-4　　　　　　　　　　　定　价:45.00元

本书如有印装质量问题,请与我社发行部联系更换。

前言 Preface

《统计基础与实务》(第二版)是"十二五"职业教育国家规划教材,也是新世纪高职高专教材编审委员会组编的财经大类专业基础课系列规划教材之一。

随着经济和科技的发展,统计的应用几乎遍及所有科学领域和国民经济各部门,各个部门和企业对统计人才的需求也越来越大。加强统计应用者的技能培训、强化其专业素质培养,提高统计调查和统计分析的水平,是本教材出版的目的和意义所在。

本教材作为财经商贸大类重要的基础课教材之一,根据高职高专的人才培养宗旨和培养要求,本着"理论够用,突出实践"的原则,在注重基础和知识体系完整的前提下,突出对学生实践操作能力的培养,力求实现教学内容的实用性和针对性。本教材具体特点如下:

1.根据统计认知、统计调查、统计整理和统计分析的流程,采用"模块—单元—任务"的形式编写。本教材分为四个模块:统计认知、统计调查与应用、统计整理与应用和统计分析与应用,符合统计调查实践活动的基本过程和规律,脉络清晰,突出重点,循序渐进。

2.使用对象定位为高职高专和成人院校财经商贸大类专业学生,以及广大统计工作者,定位明确,理论适中,案例和习题贴近实际,语言通俗易懂,注重学生实践操作能力的培养。

3.每个任务以贴近实际生活的典型案例导入,任务末尾附有内容小结和大量有针对性的典型练习题,适时帮助学生巩固所学知识和掌握相关技能。

4.强调计算机在统计工作中的运用。通过介绍Excel在统计工作中的应用,提高学生运用现代化科技手段分析问题和解决统计问题的能力。

本教材由秦皇岛职业技术学院万淑艳、王金荣任主编,秦皇岛职业技术学院蒲凌、钟伟萍任副主编,秦皇岛奥格玻璃集团能源统计师左志献审阅了全部书稿。具体编写分工如下:学习模块一、学习模块四中的单元四由万淑艳编写;学习模块二、

学习模块四中的单元一、单元六由王金荣编写；学习模块三、学习模块四中的单元五由蒲凌编写；学习模块四的单元二、单元三由钟伟萍编写；学习模块四中的"Excel 在统计中的应用"由左志献编写。

在编写本教材的过程中，编者参考、引用和改编了国内外出版物中的相关资料以及网络资源，在此表示深深的谢意！相关著作权人看到本教材后，请与出版社联系，出版社将按照相关法律的规定支付稿酬。

尽管在教材的特色建设方面我们做出了很多努力，但不足之处在所难免，恳请各相关高职院校和读者在使用本教材的过程中予以关注，并将意见或建议及时反馈给我们，以便修订时完善。

编 者

2022 年 10 月

所有意见和建议请发往：dutpgz@163.com
欢迎访问职教数字化服务平台：https://www.dutp.cn/sve/
联系电话：0411-84707492　84706671

目录 Contents

学习模块一　统计认知 … 1

任务一　统计的研究对象 … 1
任务二　统计的研究方法和工作过程 … 4
任务三　统计的职能和组织管理 … 7
任务四　统计学的基本概念 … 10

学习模块二　统计调查与应用 … 18

任务一　统计调查的一般问题 … 18
任务二　统计调查方式 … 24

学习模块三　统计整理与应用 … 36

任务一　统计整理概述 … 38
任务二　统计分组 … 40
任务三　次数分布 … 44
任务四　统计表与统计图 … 49

学习模块四　统计分析与应用 … 58

单元一　统计对比分析 … 58
　任务一　计算与运用总量指标 … 59
　任务二　计算与运用相对指标 … 61
　附1　Excel在统计对比分析中的应用 … 69
单元二　平均分析 … 71
　任务一　计算与应用平均指标 … 72
　任务二　计算与应用变异指标 … 85
　附2　Excel在平均分析中的应用 … 98

单元三　动态分析与预测 101
任务一　动态数列概述 101
任务二　动态数列的水平指标分析 104
任务三　动态数列的速度指标分析 113
任务四　运用动态数列进行趋势分析 119
附3　Excel在动态分析中的应用 133

单元四　统计指数 137
任务一　统计指数概述 137
任务二　综合指数 139
任务三　平均指数 143
任务四　指数体系与因素分析法 151
任务五　平均指标指数 154
附4　Excel在指数分析中的应用 164

单元五　抽样分析与应用 167
任务一　抽样推断概述 168
任务二　抽样误差 171
任务三　参数估计方法 176
任务四　必要样本容量的确定 179
任务五　抽样的组织形式 182
附5　Excel在抽样分析中的应用 197

单元六　相关分析与回归分析 199
任务一　相关分析概述 200
任务二　线性相关分析 201
任务三　一元线性回归分析 206
附6　Excel在相关分析与回归分析中的应用 214

参考文献 218

学习模块一

统计认知

认知目标

1. 了解统计的含义；
2. 明确统计的研究对象；
3. 掌握统计的基本概念。

能力目标

1. 从整体上认识问题的能力；
2. 能够把握全局的能力；
3. 从发展角度看问题的能力。

任务导入

社会经济现象都是处于发展变化状态的,为了使现象朝着有利于人们希望的方向发展变化,了解现象的本来面目,人们就要深刻认识现象,真正知晓现象发展的有利因素和不利因素,充分利用有利因素、规避不利因素,使经济现象的发展达到利益最大化。而要了解现象的本来面目,分析现象发展的利与弊,就离不开统计。

提出问题

一个学生去上课,说上的是"统计"课；一个企业的统计员去交报表,对别人介绍他的工作时,他说自己是做统计的。到底什么是统计呢？

解决问题

任务一 统计的研究对象

一、统计的含义

在信息社会的今天,当人们在现实生活中提到"统计"一词时,常有不同的理解。比如:"据统计"中的"统计",一般是指统计资料;"我是做统计的"中的"统计",一般是指统计工作;"我学过统计"中的"统计",一般是指统计科学。所以,统计有三种含义,即统计工作、统计资料和统计科学。

统计工作,即统计实践,是指根据科学的方法从事统计设计、统计调查、统计整理、统计分析研究和提供各种统计资料以及统计咨询意见的活动总称,其成果是统计资料。作为一种实践活动,统计工作已经有四千多年的历史。早在公元前二十一世纪的夏朝,分中国为九州,人口1 355万人;到了封建社会,我国的统计已略具规模。

统计资料,即统计信息,是统计工作活动过程所取得的各种有关数字资料以及与之相联系的其他资料的总称。它的表现形式有各种统计表、统计图、统计报告、统计公报、统计年鉴及其他有关统计数字信息载体等;其内容是反映社会经济现象的规模、水平、速度和比例关系等信息的数字和文字资料。我国政府以及社会各界公布的资料,都属于统计资料。比如,2020年我国"年末全国大陆总人口为141 212万人""全年国内生产总值为1 015 986.2亿元"。

统计科学,即统计理论,是指统计工作实践的理论概括和科学总结。它以社会经济现象总体的数量方面为研究领域,以研究和阐明统计设计、调查、整理和分析统计资料的理论与方法为内容,是一门独立的科学。我国的统计科学,在建国初期,基本参照苏联。直到改革开放之后,才逐步引进了一些西方国家的统计科学与统计理论体系。

统计工作、统计资料和统计科学有着密切联系。统计工作的成果是统计资料,包括原始的调查资料、次级资料以及经过加工整理和分析研究而形成的周密系统的资料。统计科学是统计工作实践经验的理论概括和科学总结,它来源于统计实践,又高于统计实践,反过来又指导统计实践。

【技能训练】
(多选题)统计的含义为( )。
A.统计工作　　　　B.统计资料　　　　C.统计报表　　　　D.统计科学

二、统计的研究对象和特点

(一)统计的研究对象

统计的研究对象是大量社会经济现象总体的数量方面,其根本特征是在质与量的辩证统一中研究大量社会经济现象总体的数量方面,反映社会现象发展变化的规律性在具体时间、地点和条件下的数量表现,揭示事物的本质、相互联系、变动规律和发展趋势。统计工作和统计科学的区别在于:统计科学从理论角度进行研究阐述,统计工作则是从实践上进行具体研究。统计科学载体中充满着研究理论与方法的内容。

辩证唯物主义告诉我们,不论是自然现象还是社会现象,都存在质与量两个方面,两者是辩证统一、密切联系的。事物的质是通过量表现出来的,没有数量也就没有质量,量的积累达到一定界限,将引起质的变化。因此,要研究事物的存在和发展,并掌握其发展规律性,必须研究事物的量的方面,研究事物发展规律性在具体时间、地点、条件下的数量表现。从数量上认识事物,是马克思列宁主义的一种科学的认识方法。

(二)统计的特点

一般来说,统计既可以研究自然现象,也可以研究社会经济现象,本书侧重于研究社会经济现象的数量方面。这里所说的数量方面是指社会经济现象的规模、水平、结构、速度、比例关系、普遍程度等。事物的质和量是密切联系的,是辩证的统一。因此,统计要对社会经济现象的数量方面进行研究,必须和其质的方面结合起来。换句话说,首先要明确现象质的特征,而后才能正确反映其量的表现。例如,要统计工业产品产量,如果不明确什么是工业产品,工业产品产量统计就无法进行。又如,要统计职工人数和工资总额,如果不明确什么是职工以及工资总额的内容及范围,就不可能正确地统计职工人数和工资总额。统计以社会经济现象为其研究领域,具有自己的特点。归纳起来可概括成如下四个特点:

1.数量性。统计的研究对象是社会经济现象的数量方面,包括社会经济现象的规模、水平、现象间的数量关系,以及决定现象质量的数量界限。统计研究对象的数量性,是统计区别于其他社会经济调查研究活动的根本特点。必须指出,统计对社会经济现象数量方面的认识是定量认识,但必须以定性认识为基础,要和定性认识结合起来,遵循"定性—定量—定性"的科学认识规律。例如,要了解和研究国内生产总值的数量、构成及其变化,首先必须了解国内生产总值的本质属性,然后才能根据这种认识去确定国内生产总值的口径、范围和计算方法,进而才能据以处理许多复杂的、具体的实际统计问题。

2.总体性。统计研究的对象不是个体现象的数量方面,而是由许多个体现象构成的总体的数量方面。例如,劳动生产率统计,不是研究某个人具体的劳动效率,而是研究一个国家、地方、部门或一个企业总体的劳动生产率及其变动。统计研究对象的总体性这个特点,是由社会经济现象的特点和统计研究的目的决定的。由于社会经济现象错综复杂,各个个体现象所处条件不同,它们既受共同因素的影响,又受某些个别的、偶然的因素影响。因此,个体现象的数量特征和变动趋势是难以说明社会经济现象总体的本质和规律的。只有以社会经济现象的总体为研究对象,即以构成总体的全部或足够多数的个体现象为研究对象,才能消除偶然因素的影响,正确地揭示出社会经济现象的本质和规律性。但是,总体是由许多个体构成的,要认识社会经济现象总体,就必须从调查了解个体的情况开始,从个体到总体。例如,人口统计必须从了解每个人的情况开始,然后经过分组、汇总、计算、整理等工作,才能过渡到说明人口总体数量的特征。

3.具体性。统计所研究对象的数量是具体的量而不是抽象的量,这是统计和数学的重要区别。数学虽然是以现实世界的空间形式和数量关系为研究对象,但是,它是非常抽象的。而统计所研究的量是具体事物在具体时间、地点和条件下的数量表现,它总是和现象的质密切结合在一起的。例如,2020年中国国内生产总值101.6万亿元,其中,第一产业7.8万亿元,第二产业38.4万亿元,第三产业55.4万亿元。显然这不是抽象的量,而是我国在2020年这一具体条件下我国经济总量的数量表现。如果抽象掉具体的内容,不是在一定时间、地点和条件下进行研究,那就不能说明任何问题,也就不称其为统计,其数字也就不是统计数字。

4.社会性。统计研究的数量是社会现象的数量,具有社会性。体现在:一方面是统研究的对象具有社会性。就是说，统计所研究的是社会经济现象，是人类社会活动的条件、过程和结果，包括政治、经济、文化、教育、卫生、法律、道德等。它们都是人类有意识的社会活动及其产物，都和人的利益有关，即使表现为人和物的关系，背后也隐藏着人与人的关系。另一方面是统计的主体也有社会性。统计是一种社会认识活动，要受到一定的社会、经济观点的影响，并为一定的社会集团利益服务。在社会主义制度下，进行社会经济统计活动的主体是社会主义国家的各级统计组织及其工作人员，他们的工作和人民的根本利益是一致的，能够得到社会和广大人民群众的支持。但是，由于目前依然存在着全局利益和局部利益、集体利益和个体利益的矛盾，这些矛盾必然影响统计数字的真实性。从社会认识对象和认识主体的相互关系上看，统计的社会性也表现在社会认识活动过程中始终存在着社会矛盾。为了充分发挥统计的作用，我们必须充分认识统计的社会性特点，正视社会矛盾，妥善解决矛盾，坚持实事求是的原则，切实维护统计数字的准确性和科学性。

【技能训练】

（单选题）统计的研究对象是社会经济现象总体的（　　）。
A.数量方面　　　　B.整体　　　　C.所有数据　　　　D.质量方面

任务二　统计的研究方法和工作过程

根据统计研究对象的特点，在长期实践的基础上，总结并形成了一系列特有的研究方法和与之相适应的工作过程。

一、统计的研究方法

统计的研究方法很多，但归纳起来，其基本方法有大量观察法、统计分组法、综合指标法和归纳推断法，现分述如下：

（一）大量观察法

任何事物都处在相互联系、相互制约的统一整体之中，脱离整体的孤立事物是不存在的。统计就是把研究的现象作为一个总体来观察，因而，统计必须运用大量观察法。所谓大量观察法就是对所要研究的事物的全部或足够多数的单位进行观察。社会经济现象的发展变化要比自然现象复杂得多。在社会现象的总体中，个别现象往往受各种偶然因素的影响，如果孤立地就其中少数单位进行观察，其结果常常不足以反映现象总体的一般特征。所以，大量观察法是统计的基本方法之一。通过大量观察，一方面可以掌握认识事物所必需的总体的各种总量；另一方面还可以通过个体离差的相互抵消，在一定范围内排除某些个别现象和偶然因素的影响，从数量上反映总体的本质特征。

在我国统计实践中，广泛运用了大量观察法组织多种统计调查，诸如各种基本的、必要的统计报表、普查、重点调查和抽样调查等。这些都是对总体进行大量观察，以保证从整体上认识事物。当然,在统计观察和分析中,也常常对个别典型单位进行深入细致的研究,但是,它的最终目的仍然是说明总体的本质特征。

(二)统计分组法

根据所研究对象总体的特点和统计研究的任务,按照一定的标志,把所研究的现象总体划分为不同性质或类型的组,这种方法在统计上称为统计分组法。

社会经济现象是十分复杂的,具有多种多样的类型。从数量方面认识事物不能离开事物的质的方面,将所研究的现象总体区分为不同性质的部分是统计进行加工整理和深入分析的前提。例如,要研究工业部门结构的发展变化及其对国民经济的影响,就必须把全部工业区分为冶金工业、电力工业、煤炭工业、化学工业、机械工业、建材工业、森林工业、食品工业、纺织工业、缝纫工业、皮革工业、造纸工业、文教艺术用品工业和其他工业等若干部门,才能分别调查和分析各个部门的产量、劳动力、能源消耗、资金占用、利润及固定资产投资等方面的情况。统计分组法贯穿统计工作的全过程。统计调查离不开分组,在统计资料加工整理过程中,分组是关键环节;统计分析更是时刻不能没有分组,统计分析中综合指标的应用更是要建立在统计分组的基础之上,没有科学的分组要制定正确的指标体系也是不可能的。这些都说明了统计分组法在整个统计工作过程中的重要意义。

(三)综合指标法

所谓综合指标法,是指利用综合指标对现象总体的数量特征和数量关系进行综合、概括和分析的方法。统计是研究社会经济现象总体的数量方面和数量关系的,所以,从总体上认识事物是统计研究的根本原则,它表现在统计分析上就构成了综合指标法,它是统计分析的基本方法之一。

综合指标法和统计分组法是运用于统计工作全过程的基本方法,而综合指标法又是建立在大量观察法的基础上的,统计分组法又为所有综合分析方法的正确运用创造了前提。

(四)归纳推断法

归纳推断法是指在统计研究中由观察各单位的特征归纳得出关于总体的某种信息,并从个别到一般、从具体事实到抽象概括的推理方法。通常我们所观察的只是部分或有限单位,而所需要判断的总体对象范围都是大量的,甚至是无限的。这样就产生了根据局部的样本资料对全部总体数量特征做判断的置信度问题。以一定的置信标准,根据样本数据来判断总体数量特征的归纳推理方法,称为统计推断法。统计推断法可以用于总体数量特征的估计,也可以用于对总体某些假设的检验,所以在统计研究中应用很广泛。

以上四种方法相互联系,相辅相成,从而构成一个完整的统计研究方法体系。在具体应用时,还要注意与其他方法相结合。例如,在调查方法上要注意把大量观察和典型调查结合起来,在分析方法上要注意把综合分析和具体情况分析结合起来,将各种统计分析方法结合应用,从而增强分析的广度和深度,写出高质量的调查研究报告和统计分析报告,作为指导工作和决策的依据,更好地发挥统计作为认识社会有力武器的作用。

【技能训练】

（多选题）下列选项中,属于统计研究方法的有(　　)。
A.统计分组法　　B.综合指标法　　C.统计报表法　　D.大量观察法

二、统计的工作过程

统计工作是运用各种统计特有的方法对社会经济现象进行调查研究以认识其本质和规律性的一种认识活动。统计认识活动就一般意义上说,也和其他认识活动一样,是一个由感性认识到理性认识的辩证过程,是一个不断深化的无止境的过程,随着客观事物的不断发展变化,统计认识活动也要不断进行。但是,从统计认识活动的特殊意义上说,就一次统计活动来讲,一个完整的统计工作过程一般可分为统计设计、统计调查、统计整理和统计分析四个主要阶段。

(一)统计设计

统计设计是指根据统计研究对象的性质和研究目的,对统计工作的各个方面和各个环节的通盘考虑和安排。统计设计的结果表现为各种标准、规定、制度、方案和办法,如统计分类标准、目录、统计指标体系、统计报表制度、统计调查方案、普查办法、统计整理或汇总方案等。统计设计的主要内容有：统计指标和指标体系的设计、统计分类和分组的设计、表现统计资料的形式(统计表、统计图和统计报告)的设计、统计资料搜集方法的设计、统计工作各个部门和各个阶段的协调与联系、统计力量的组织与安排等。

统计设计在统计工作中具有决定性的作用。因为统计工作是一项质量要求高、标准规定统一、科学性强的工作,无论是统计总体范围、统计指标的口径和计算方法,还是统计分类和分组的标准,都必须统一,绝不允许各行其是。因此,只有事先进行设计,才能做到统一认识、统一步骤、统一行动,使整个统计工作有秩序地、协调地进行,保证统计工作的质量。

(二)统计调查

统计调查,即统计资料的搜集,它是根据统计方案的要求,采用各种调查组织形式和调查方法,有组织、有计划地对所研究总体的单位进行观察、登记,准确、及时、系统、完整地搜集统计资料的过程。

统计调查是统计认识活动由初始定性认识过渡到定量认识的阶段,这个阶段所搜集的资料是否客观、周密、系统,直接关系到统计整理的好坏,关系到统计分析结论是否正确,决定统计工作质量的优劣,所以,它是整个统计工作的基础。

(三)统计整理

统计整理是根据统计研究的目的,对调查阶段搜集的资料,按照一定标准进行科学的分组和汇总,使之条理化、系统化,将反映各个单位个别特征的资料转化为反映总体和各组数量特征的综合资料的工作过程。

统计整理是统计工作的一个中间环节,是使我们对社会经济现象的认识,由对个体的认识过渡到对总体的认识,由感性认识上升到理性认识的必经阶段,是统计调查的必然继续，又是统计分析的必要前提。

(四)统计分析

统计分析是指对经过加工整理的统计资料，应用各种统计分析方法，从静态和动态两方面进行基本的数量分析，认识和揭示所研究的现象的本质和规律性，做出科学的结论，进而提出建议和进行预测的活动过程。统计分析是统计工作的最后阶段，也是统计发挥信息、咨询和监督职能的关键阶段。

统计工作过程上述四个阶段各有自己的特点和作用。一般来说，是依先后次序进行的，但它们之间又是相互联系、相互制约的整体，任何一个阶段的工作失误，都会影响整个工作的顺利进行。为了保证从整体上取得良好效果，有时因工作需要，在某些情况下，各阶段工作要相互渗透、交叉进行。例如，有时根据需要和为保证质量，在调查、整理阶段进行一些必要的分析，或者改进设计；有时，在统计分析中因为已有资料不能满足需要，而进行一些必要的补充调查、加工整理和计算工作，补充、改进设计方案等。

统计的研究对象是社会经济现象总体的数量方面，目的是认识其本质和规律性。因此，整个统计工作的过程必须正确处理质与量的辩证关系、感性认识与理性认识的关系、定性分析与定量分析的关系。统计设计是对社会经济现象进行定性认识的工作，是定量认识的必要准备；统计调查和统计整理是搜集、整理统计资料，使个体特征过渡到总体特征的定量认识工作，是整个统计工作的基础和关键环节；统计分析则是运用统计方法对资料进行比较、判断、推理、评价，揭示社会经济现象的本质和规律性的重要阶段。这四个阶段体现了在质与量的辩证统一中研究社会经济现象总体数量方面的原则要求。所以，在实践中，必须正确处理它们各自的任务和关系，以达到预期的目的。

【技能训练】

(多选题)完整的统计工作过程包括(　　)。

A.统计设计　　B.统计整理　　C.统计调查　　D.统计分析

任务三　统计的职能和组织管理

一、统计的职能

社会经济统计是认识社会的一种有力武器，又是实现政治、经济目的，进行国家管理的重要工具。统计要达到认识社会的目的，需要科学的方法，需要强而有力的组织领导。国家统计系统是社会经济统计的主体，是国家管理系统的重要组成部分，它自上而下建立全国性的统计信息网络，担负着对国民经济与社会经济发展情况进行统计调查、统计分析、提供统计资料和统计咨询意见、实行统计监督的任务。随着社会经济的发展，国家管理系统的分工和完善，尤其是社会经济信息对于国家决策、生产管理及社会生活各方面具有重要的地位，国家统计的职能正在逐步扩大。按照现代管理科学的理论，国家管理系统应由科学的决策系统、高效的执行系统、灵敏的信息系统、完备的咨询系统和严密的监督系统所组成。国家统计系统作为国家管理系统的重要组成部分,同时兼有信息、咨询、监督三种系统的职能。

(一)信息职能

信息职能是指统计部门根据科学的统计指标体系和统计调查方法,准确、丰富、灵敏、系统地采集、处理、传输、存贮和提供大量的以数量描述为基本特征的社会经济信息。而且要及时提供给决策机关,并向全社会发布。

(二)咨询职能

咨询职能是指统计部门利用已经掌握的丰富的统计信息资源,运用科学的分析方法和先进的科学技术,深入开展综合分析与专题研究,并向各级党政领导与各部门提供咨询建议和对策方案。

(三)监督职能

监督职能是指统计部门运用统计手段,根据统计调查与分析,及时、准确地从总体上反映经济、社会和科技现象的数量运行状态,实行全面、系统的定量检查、监测和预警,以促进国民经济按照客观规律的要求,持续、稳定、协调地发展。国家统计局建立宏观经济监测与预警制度,用整套统计指标反映国民经济的运行情况,发现异常情况,及时向国务院提出预警报告,并提供具有量化特征的宏观调控建议。

统计的三大职能是相互联系、相互作用、相辅相成的。统计信息职能是保证统计咨询和监督职能有效发挥的基础,是统计工作的基本职能。统计咨询职能是统计信息职能的延续和深化。而统计监督职能是在信息、咨询职能基础上的进一步扩展,并促进统计信息和咨询职能的优化。统计的信息、咨询、监督三大职能,彼此依存,相互联系,彼此制约,相互促进,组成一个有机的整体,并将三种职能凝聚成一个合力,发挥统计的整体功能,促进统计工作的更快发展。

二、统计的基本任务

为了使我国的统计工作适应社会主义现代化建设事业的需要,国家制定了《中华人民共和国统计法》(简称《统计法》),其目的是有效地、科学地组织统计工作,保障统计资料的准确性和及时性,发挥统计在了解国情国力、指导国民经济和社会发展中的重要作用,促进社会主义现代化建设事业的顺利发展。《统计法》规定:"统计的基本任务是对经济社会发展情况进行统计调查、统计分析,提供统计资料和统计咨询意见,实行统计监督。"这一完整的条文,可分解为三个要点来理解。

(一)进行统计调查、统计分析

统计是认识社会的有力武器之一。认识社会的根本目的是认识事物的本质。基于这一点,要对国民经济和社会发展情况有本质的认识,就要通过搜集、整理和分析有关统计资料。这是统计经常的活动,是提供统计资料和统计咨询意见的前提,是实行统计监督的基础,是统计的首要任务。

（二）提供统计资料和统计咨询意见

统计活动的目的之一是要提供统计资料和统计咨询意见。统计资料是统计工作的主要成果。及时向党和国家各级领导机关提供统计资料，依据国家规定定期公布统计资料，提供咨询意见是统计必须完成的任务。

（三）实行统计监督

统计的认识活动，不是消极的、被动的，而是积极发挥其管理手段作用的，为此就不仅限于提供统计资料，更重要的是通过统计资料对国民经济和社会发展情况实行统计监督。

为实现统计任务，统计人员必须如实提供资料，保守国家机密，及时完成统计工作任务。各级领导机关和有关人员要认真执行《统计法》，不得随意篡改统计数字。统计机构和统计人员要依法独立行使统计调查、统计报告和统计监督的职权，并且不受侵犯。

三、统计的组织和管理

统计工作要顺利进行，必须建立相应的统计管理体制，科学地组织统计工作。世界各国政府的统计管理体制有分散型和集中型两种。分散型的统计体制是指统计工作由中央一级的统计各主管部门分别进行，各主管部门为实施管理所需的统计资料，基本上由其所属的统计机构提供。集中型的统计体制，是指中央一级的统计工作，基本上集中在国家的统计机构进行，其他各主管部门一般不负责统计工作，国家的统计机构对全国的统计工作实行集中统一领导。

我国的统计工作基本上属于集中型。《统计法》明确规定："国家建立集中统一的统计系统，实行统一领导、分级负责的统计管理体制。"所谓集中统一的统计系统，是指上至国务院，下至各级人民政府、各部门和企业事业组织，根据统计任务的需要设置相应的统计机构和统计人员，全国形成完整的统计系统。同时，国家有计划地用现代信息技术装备各级人民政府统计机构，建立健全国家统计信息自动化系统。所谓统一领导、分级负责，是指国务院设立国家统计局，负责组织领导和协调全国统计工作，包括统一制定全国的统计制度方法，统一管理全国性的报表，统一布置和组织全国性的普查和其他调查，统一管理和提供全国性的重要统计资料等。各地方、各部门和各单位领导监督统计机构、统计人员和其他有关人员执行《统计法》和全国统一的统计制度。各级统计组织必须严格贯彻执行全国统一制定的统计工作方针、政策和计划。全国统一规定的统计指标体系、统计分类标准、统计调查项目及有关各项目的计算方法，各级统计组织必须贯彻执行，不得擅自变更。统计报表和统计数字，按照统一规定，分级管理。统一领导只有和分级负责管理相结合，才能使各级统计部门和业务部门统计组织，既能完成国家统一的统计任务，同时也能完成本地区、本部门、本单位的统计任务。

随着社会主义市场经济的发展，为适应社会经济发展的需要，我国也出现并存在着同国家统计组织相对称的民间统计组织（也可称非官方统计组织，即官方统计组织的对称）。它是我国全社会统计系统不可或缺的组成部分。目前，我国民间统计组织的类型主要有：

(1)社会经济信息服务公司；

(2)社会调查事务所、市场调查所或统计事务所；

(3)信息协会；

(4)统计信息咨询服务中心或服务部；

(5)行业协会；

(6)科研单位或大专院校设置的咨询服务部；

(7)工会、妇联、共青团等社会团体的统计活动组织。

这些类型的统计组织主要从事必要的统计数据资料的搜集、传播和信息咨询服务与交流。民间统计组织虽然服务内容、技术手段和活动形式尚不够完善，但却展示出较大的活力，必然会进一步发展，成为我国统计活动的重要力量。为了依法管理其统计活动，我国《统计法》也做了法律规范。

为适应我国社会主义现代化建设的需要，要加强统计工作现代化。《统计法》规定："国家有计划地加强统计信息化建设，推进统计信息搜集、处理、传输、共享、存储技术和统计数据库体系的现代化。"国家有计划地优先把各级政府统计机构用现代化的计算技术和数据传输技术武装起来，逐步建立健全现代化的国家统计信息系统。统计现代化包括采用先进的现代化技术进行资料的搜集、编辑、修改、存贮、查询、计算、制表、印刷、装订等一系列过程。达到这样的水平后，我国将建成一个完整的国家统计自动化系统，国家统计调查的各种资料都可得到迅速处理。

【技能训练】

(单选题)下列选项中，属于统计职能的是( )。

A.统计工作　　　　B.统计监督　　　　C.统计调查　　　　D.统计资料

任务四　统计学的基本概念

统计学是一门方法论科学，在论述其理论与方法中，经常要运用它所特有的专门的概念。明确这些基本概念，有利于掌握统计学科学的基本理论与基本方法，而且也有利于本书以后各章的学习。

一、统计总体与总体单位

(一)统计总体

统计总体是指客观存在的、由许多性质相同的个别事物构成的集合体，简称为总体。例如，全部工业企业是一个总体，它包括许多工业企业，工业企业是客观存在的，每个工业企业都是从事工业生产活动的，即性质相同。

统计总体具有以下几个特点：

1.大量性。大量性是指统计总体是由足够多的个体单位构成的。统计研究的目的是揭示现象总体的数量特征和本质规律,个别或少数几个单位不能构成总体,也不能或很难说明总体的基本特征,只有通过对许多个体单位的观察,才能使个别单位某些偶然因素的影响相互抵消,从而显示出总体的本质和规律性。统计总体按其包含的总体单位是否可数分为有限总体和无限总体。有限总体的总体单位是有限的、可数的,社会经济现象大多是有限总体。无限总体的总体单位是无限的、不可数的。例如,连续生产的某些工业小件产品,其产量随着时间而无限延伸,是无限的。有限总体可以进行全面调查或非全面调查。而无限总体只能采用非全面调查,以推算总体。

2.同质性。同质性是指总体中的各个单位必须具有某种共同的属性。例如,国有企业总体中的每个企业,其共同属性是国家所有。同质性是统计总体的根本特征,只有个体单位是同质的,统计才能通过对个体特征的观察研究,归纳和揭示出总体的综合特征和规律性。

3.差异性。差异性是指总体中的各单位之间有一个或若干个可变的标志。例如,全国工业企业总体,尽管它们都从事工业生产活动,但是各企业间存在着产值、职工人数、劳动生产率等方面的差异。

统计总体只有同时具有大量性、同质性和差异性三个特征,才能对其进行一系列统计计算和分析研究。

(二)总体单位

总体单位就是构成统计总体的个别事物,简称单位或个体。总体单位可以是人、物或部门,例如,全部工业企业中的每个工业企业,全国人口总体中的每个人等。

在统计研究中,确定总体单位和统计总体非常重要,它决定于认识对象的性质和研究的目的。随着研究目的和任务的变动,总体和总体单位也可以发生相应的变动。例如,要了解某个企业工人的基本情况,则该企业的所有工人就是总体,总体单位就是每个工人。

(三)总体与总体单位的关系

总体与总体单位是相对的概念,不是固定不变的,可以随着研究的目的与任务的不同而相互转换。例如,全国零售商业企业总体中,每个零售商业企业是总体单位。如果我们要研究其中某大型国有零售企业,这时某大型国有零售企业就是总体,而这个企业内部所属的营业部(组)就成为总体单位。

【技能训练】
(单选题)构成统计总体的前提条件是各单位的(　　)。
A.同质性　　　　B.大量性　　　　C.具体性　　　　D.社会性

二、标志与指标

(一)标志

标志是用来说明总体单位特征的概念或名称。例如,说明工业企业特征的经济类型、职工人数、工业总产值等,说明每个工人特征的性别、职业、年龄等。所以,标志的承担者是总体单位。

标志按其是否可以用数字来表示分为数量标志和品质标志。数量标志表明总体单位的数量特征,用数字来表示,例如,工人的年龄用"20 岁""30 岁"表示,工资用"2 000 元""2 500 元"表示等。品质标志表明总体单位的属性特征,只能用文字表示,例如,工人的性别用"男""女"表示,民族用"汉""满"表示等。

品质标志和数量标志的区别是很明显的。品质标志是用文字对个体做定性描述,数量标志是用数字对个体做定量描述,但在某种情况下两者是可以转化的。如学生成绩用优、良、中、及格与不及格表示为品质标志,用百分制表示则是数量标志。

标志按照变异情况可分为不变标志和可变标志。不变标志就是总体的各单位中表现都相同的特征,如女生总体中人的性别、管理专业学生总体中每个学生的专业等。不变标志在一个总体中至少有一个,即把总体单位结成同质总体的那个标志。而在总体的各单位中表现不尽相同的特征即是可变标志。如人的身高、体重,学生的成绩,企业的产值、利润等。

(二)指标

指标即统计指标,是用来说明总体数量特征的概念和具体数值。例如,我国 2020 年国内生产总值为 1 015 986.2 亿元。统计指标包括五个构成要素:一是时间,如 2020 年;二是地点或空间,如我国;三是指标名称,如国内生产总值;四是数值,如 1 015 986.2;五是计量单位,如亿元。这五个组成部分缺一不可。统计指标有时也仅指反映总体数量特征的科学概念,即指标名称,如国内生产总值、粮食产量等。

统计指标具有三个特征:

1.数量性。统计指标反映的是客观现象的量,而且一定是可以用数字表示的。

2.综合性。统计指标说明的对象是总体而不是个体,它是许多个体现象的数量综合的结果。如一个人的年龄、工资不能叫统计指标,而许多人的平均年龄、工资总额和平均工资才能叫作统计指标。

3.具体性。即统计指标不是抽象的概念和数字,而是客观存在的某种现象的反映,但指标本身却具有抽象性。

统计指标按总体内容不同分为数量指标和质量指标。数量指标是说明事物广度的统计指标,反映现象的总规模、总水平或工作总量,一般用绝对数表示。例如人口总数、企业总数、工资总额、国民生产总值等。其数值大小随总体范围大小而增减,是认识现象总体的出发点。质量指标是反映社会现象总体内部数量关系或总体各单位一般水平的统计指标,一般用相对数、平均数表示。例如单位产品成本、平均工资、劳动生产率等,其数值大小不随总体范围大小而增减。

统计指标按表现形式不同分为总量指标、相对指标和平均指标。总量指标是反映现象总体规模和总水平的统计指标,说明总体的广度、发展结果、工作成果等。相对指标是两个有联系的统计指标相比较的比率,说明总体内部的结构、发展变化程度、比例、强度、密度等。平均指标是反映总体各单位某一数量标志一般水平的统计指标。三个指标中,总量指标是基本指标,相对指标和平均指标是总量指标的派生指标。

统计指标按计量单位不同分为实物指标、价值指标和劳动指标。实物指标是以实物单位计量的、反映事物使用价值量的指标。优点是反映事物的使用价值量,如自然单位、度量衡单位。价值指标又称货币指标,是以货币计算的统计指标,反映事物的价值量。劳动指标是以劳动时间表示的劳动消耗量的统计指标,如工时、工日等。

一个指标一般只能说明现象一个方面的特征,由于社会经济现象是很复杂的,常常需要用多个指标即统计指标体系才能全面地加以说明。统计指标体系是由各种相互联系的指标群所构成的整体,用以比较全面地说明所研究现象的各个方面及其相互依存、相互制约的关系。例如,工业企业是人财物、产供销相互联系的整体,因此需要建立能够反映以上六方面活动的统计指标体系。

指标体系是由一系列相互联系的指标构成的。按指标体系作用的不同,可分为基本统计指标体系和专题指标体系。前者是指反映社会经济基本情况的主要指标所构成的指标体系,如我国国民经济核算基本框架形成的指标体系。后者是指反映某方面社会经济问题的指标体系,如能源指标体系、运输指标体系、教育指标体系等。

(三)标志与指标的区别与联系

标志和指标是两个既有区别又有联系的概念。

1.两者的区别

(1)说明的对象不同

标志是说明总体单位特征的,而指标是说明总体特征的。

(2)表示方法不同

标志有不能用数值表示的品质标志与能用数值表示的数量标志,而指标都能用数值表示。

2.两者的联系

(1)许多统计指标的数值是从总体单位的数量标志值汇总而来的

例如,我国钢产量(统计指标)是由我国每一个钢铁企业(总体单位)的钢产量(数量标志)的具体数值汇总而来的。所以,数量标志是统计指标的基础。

(2)有些统计指标与数量标志之间在一定条件下存在着变换关系

由于研究目的的不同,原来的统计总体可以变为总体单位,相应的统计指标就变成数量标志。例如,当把某企业作为统计总体时,其产量、职工人数都是统计指标;当把该企业作为总体单位时,其产量、职工人数就成了数量标志。反过来也一样。

【技能训练】

(单选题)有三个同学的成绩分别为67、87、89,这三个数据是(　　)。

A.数量标志　　　　B.标志值　　　　C.指标　　　　D.数量指标

三、变异与变量

(一)变异

统计中的标志和指标都是可变的,标志和指标的具体表现存在的差别,称之为变异。变异又分为属性变异和数量变异两类。前者如性别标志,表现为男、女;后者如年龄标志,表现为18岁、20岁等。变异是统计的前提,没有变异就不需要统计。

(二)变量

变量就是可变的数量标志和统计指标。变量的数值表现就是变量值。如年龄是一个变量,18岁、19岁、20岁……这些年龄数值就是变量值。

按变量值的连续性,变量可分为连续变量与离散变量两种。连续变量即相邻两个变量值之间可以无限分割,也就是可取无限多个数值,例如身高、体重、劳动生产率等。连续变量的数值要通过测量或计算的方法取得。离散变量的数值都是以整数断开的,如人数、工厂数、机器台数等只能取整数,不能取小数。其数值必须用计数的方法取得。

变量按其性质不同可分为确定性变量与随机变量。确定性变量是指影响变量值变动的因素是确定的,如圆的面积随着半径的长度变化,变化关系是确定的,圆的面积是确定性变量。随机变量是指影响变量值变动的因素带有随机性,是不完全确定的。例如,用同一台机器加工出的零件的尺寸,测量结果不完全相同,带有一定的偶然性,零件的尺寸是随机变量。

【技能训练】

(多选题)三个同学的成绩分别为 67、87、89,则"成绩"是(　　)。

A.数量标志　　　　B.标志值　　　　C.指标　　　　D.变量

小 结

本模块所阐述的统计学的基础理论和基本概念是全书内容的概括,学习了解本模块内容对掌握以后各章非常重要。统计有三个方面的含义。统计工作(活动)是基础,统计资料是统计实践活动的产物。统计科学是统计实践经验的理论概括和科学总结,它来源于统计实践又高于统计实践,反过来又指导统计实践。

统计的研究对象是大量社会经济现象总体的数量方面。统计的特点是:数量性、总体性、具体性和社会性。统计研究的基本方法包括大量观察法、统计分组法、综合指标法及归纳推断法。统计工作过程包括统计设计、统计调查、统计整理和统计分析。

统计有三大职能:信息职能、咨询职能和监督职能。

统计学的几个基本概念,既是本章的重点,又是本章的难点。由于这些概念比较抽象,比较难以理解,学习时,要紧密联系实际,比较、对照、具体、形象地学习、理解和掌握。

案例分析

通过本模块的学习,我们已经知道统计的研究对象是大量社会经济现象总体的数量方面。

投资缓中趋稳　结构不断优化

——国家统计局投资司首席统计师罗毅飞解读2021年1—11月份投资数据

1—11月份,各地区各部门认真贯彻落实党中央、国务院决策部署,着力推进重大项目建设,积极扩大有效投资,固定资产投资缓中趋稳,结构不断优化。全国固定资产投资(不含农户)同比增长5.2%,比1—10月份回落0.9个百分点,回落幅度收窄0.3个百分点;以2019年1—11月份为基期,两年平均增长3.9%,增速比1—10月份加快0.1个百分点;11月份环比增长0.2%。

一、大项目投资带动作用显著

1—11月份,计划总投资亿元及以上项目(以下简称"大项目")完成投资同比增长7.5%,高于全部投资2.3个百分点。大项目投资占全部投资的比重为50.4%,对全部投资增长的贡献率高达71.1%。

二、制造业投资延续两位数增长

1—11月份,制造业投资同比增长13.7%;两年平均增长4.3%,增速比1—10月份加快0.5个百分点。其中,装备制造业投资同比增长16.4%,原材料制造业投资增长13.6%,消费品制造业投资增长12.2%。

1—11月份,制造业企业技改投资同比增长15.3%,高于全部制造业投资增速1.6个百分点,2021年以来持续高于制造业投资增速;技改投资占全部制造业投资的比重为41.0%,比1—10月份提高0.3个百分点。

三、高技术产业投资两年平均增速加快

1—11月份,高技术产业投资同比增长16.6%;两年平均增长14.2%,增速比1—10月份加快0.7个百分点。

高技术制造业投资同比增长22.2%;两年平均增长17.4%,增速比1—10月份加快0.9个百分点。其中,航空、航天器及设备制造业投资同比增长30.1%,计算机及办公设备制造业投资增长26.1%,电子及通信设备制造业投资增长24.7%,医疗仪器设备及仪器仪表制造业投资增长24.5%。

高技术服务业投资同比增长6.4%,增速比1—10月份加快0.4个百分点;两年平均增长8.2%,增速加快0.5个百分点。其中,电子商务服务业投资同比增长47.5%,检验检测服务业投资增长14.8%,研发设计服务业投资增长14.2%。

四、社会领域投资保持较快增长

1—11月份,社会领域投资同比增长10.3%;两年平均增长10.8%,增速比1—10月份加快0.1个百分点。其中,卫生和社会工作投资同比增长21.3%;两年平均增长22.5%,增速比1—10月份加快0.1个百分点。教育投资同比增长9.5%;两年平均增长11.7%,增速加快0.1个百分点。

受基数抬升、疫情散发等因素影响,1—11月份全国固定资产投资同比增速有所放缓,缓中趋稳,结构优化。下阶段,随着保供稳价、助企纾困和稳投资等政策效果的进一步显现,全国固定资产投资有望缓中企稳。

资料来源:国家统计局

阅读以上的案例回答下列问题：

(1)举例说明统计的研究对象是什么？

(2)什么是统计总体，案例中的统计总体有什么？什么是总体单位？案例中的总体单位有什么？

(3)案例中提到的标志有几种？举例说明什么是指标？

综合技能训练

一、单项选择题

1."统计"一词的基本含义是（　　）。

A.统计调查、统计整理、统计分析

B.统计设计、统计分组、统计计算

C.统计方法、统计分析、统计预测

D.统计科学、统计工作、统计资料

2.就一次统计活动来讲，一个完整的统计过程包括的阶段有（　　）。

A.统计调查、统计整理、统计分析、统计决策

B.统计设计、统计调查、统计整理、统计分析

C.统计设计、统计调查、统计审核、统计分析

D.统计调查、统计整理、统计分析、统计预测

3.调查某大学2 000名学生的学习成绩，则总体单位是（　　）。

A.2 000名学生　　　　　　　　B.2 000名学生的学习成绩

C.每一名学生　　　　　　　　D.每一名学生的学习成绩

4.下列标志中，属于数量标志的是（　　）。

A.学生的年龄　　　　　　　　B.学生的性别

C.学生的专业　　　　　　　　D.学生的籍贯

5.下列变量中属于连续变量的是（　　）。

A.中等学校数　　　　　　　　B.国有企业数

C.在校学生身高　　　　　　　D.在校学生人数

二、多项选择题

1.统计总体的基本特征表现为（　　）。

A.大量性　　　　　　　　　　B.数量性

C.同质性　　　　　　　　　　D.差异性

E.客观性

2.下面各项中属于数量标志的是（　　）。

A.企业的职工人数　　　　　　B.企业的男职工人数

C.企业所属部门　　　　　　　D.企业现有设备台数

E.企业管理人员数

3.品质标志表示事物的质的特征，数量标志表示事物的量的特征，所以（　　）。

A.数量标志可以用数值表示　　B.品质标志可以用数值表示

C.数量标志不可以用数值表示　　　　D.品质标志不可以用数值表示

E.两者都可以用数值表示

4.指标和标志之间存在着变换关系,这是指(　　)。

A.在同一研究目的下,指标和标志可以互相对调

B.指标有可能成为标志

C.标志有可能成为指标

D.在不同研究目的下,指标和标志可以互相对调

E.在任何情况下,指标和标志都可以相互对调

5.下列变量属于离散变量的有(　　)。

A.机器台数　　　　　　　　　B.身高

C.国有企业数　　　　　　　　D.人数

E.体重

三、判断题

1."女性"是品质标志。　　　　　　　　　　　　　　　　　　(　　)

2.变量值是由标志值汇总得来的。　　　　　　　　　　　　　(　　)

3.一般来说,以绝对数表示的指标都是数量指标;以相对数或平均数表示的指标都是质量指标。　　　　　　　　　　　　　　　　　　　　　　　　　　(　　)

4.标志的承担者是总体,指标的承担者是单位。　　　　　　　(　　)

5.变异是指各种标志(或各种指标)之间名称的差异。　　　　(　　)

6.任何一个统计指标值,都是总体在一定时间、地点、条件下的数量表现。(　　)

7.统计是在质与量的辩证统一中,研究社会经济现象质的方面。(　　)

8.构成统计总体的前提条件,是各单位的差异性。　　　　　　(　　)

9.一个统计总体只有一个总体单位总量指标。　　　　　　　　(　　)

10.变量是指可变的数量标志和统计指标。　　　　　　　　　　(　　)

学习模块二

统计调查与应用

认知目标

1. 了解统计调查的含义；
2. 熟悉统计调查的种类；
3. 掌握统计的基本概念。

能力目标

1. 学会应用调查方式；
2. 学会应用不同的调查方式认识不同的现象；
3. 学会设计调查方案。

任务导入

社会经济现象都是错综复杂的，要想真正从整体上认识现象，把握现象发展变化过程中的利弊，首先要懂得统计调查的方式方法，学会应用统计调查方法。无论是企业经营，还是国家以及政府的管理过程，都需要拨开迷雾，了解现象的本来面目，找出现象发展变化的规律性，所以，我们有必要学会统计调查的方式方法。

提出问题

近几年，如何对待农民问题，如何对待农业问题，甚至如何对待农民工问题，一直是政府制定政策、决策的中心工作。要做好这些工作，首先要真正了解相关现象的客观情况。那么，怎么做，才能真正了解现象的客观情况呢？

解决问题

任务一　统计调查的一般问题

一、统计调查的意义与要求

（一）统计调查的意义

统计调查是按照统计研究的目的和任务，运用科学的方法，有计划、有组织、有步骤地向调查对象搜集数据资料的工作过程。在统计工作的整个过程中,统计调查是搜集统计数据、获得感性认识的阶段,它既是对现象认识的开始,也是对数据进行统计整理和统计分析的前提条件。"没有调查就没有发言权",的确,统计调查阶段工作质量的好坏将直接关系到统计工作的成败。如果统计调查得来的资料不可靠,统计信息失真,统计分析所做出的判断就失去了意义,当用此分析作为实际工作的依据时,将会给企业带来意想不到的损失。因此,统计调查在整个统计工作过程中的意义显而易见。

(二)统计调查的基本要求

为了充分发挥统计在现代经济建设中的作用,更好地完成统计工作,统计调查必须具备以下三个基本要求:

1.准确性,也称真实性。它是指调查资料必须如实、客观地反映现象的本质特征。真实是统计的生命。如果统计数据不真实,则以后各环节的工作都将偏离实际,给企业乃至国家带来不良影响。所以,任何虚报、瞒报或伪造、篡改统计资料的行为在法律上都是不允许的。作为统计工作人员,应该具有高度的责任感,把如实反映情况、维护统计资料真实性作为自己的光荣职责。

2.及时性,也称时效性。是指在统计方案规定的时间内搜集到符合调查要求的资料。如果不按规定的时间提供资料,贻误统计整理和分析的时间,将影响到整个统计工作的开展,甚至会使整项工作失去指导现实的意义。

3.全面性,也称完整性。就是要求搜集的资料必须全面系统,避免出现重复、遗漏等现象,以保证研究对象的全貌和社会经济现象的总体特征。

统计调查的准确性、及时性、全面性是互相结合、互相依存的,是辩证统一的。在每项统计调查过程中,要根据实际情况,分清主次缓急,以准确为核心,做到"准中求快,快中求准",用尽可能小的成本取得完整系统的资料。

【技能训练】

(单选题)统计调查所搜集的是( )。

A.原始资料　　　　B.二级资料　　　　C.次级资料　　　　D.历史文献

二、统计调查的种类

统计调查种类是对整个统计调查方式、方法的概括。根据调查范围、调查时间和组织形式的不同有不同的分类。参见图2-1。

(一)按照调查对象包括的范围不同,可分为全面调查和非全面调查

全面调查也叫普查,是一种对研究对象总体中的所有单位都进行调查的组织形式。例如,要了解我国的人口结构和素质,就要对全国的所有人口进行调查。进行全面调查,一般应注意以下几点:1.统一调查的时间。2.调查项目和指标一旦确定下来就不得随意改变。3.各个调查单位应尽可能同时进行调查,并力求在最短的时间内完成。

非全面调查是对研究对象总体中的一部分单位所进行的调查。抽样调查、重点调查和典型调查都属于非全面调查的范畴。例如,研究我国职工的消费水平,只需抽取一部

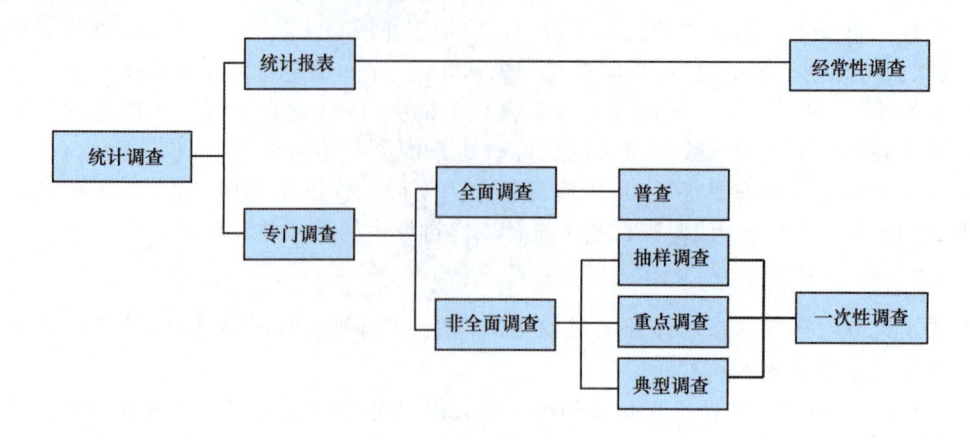

```
                    ┌── 统计报表 ─────────────────── 经常性调查
                    │
                    │                 ┌── 全面调查 ── 普查
           统计调查 ─┤                 │
                    │                 │              ┌── 抽样调查
                    └── 专门调查 ─────┤              │
                                      └── 非全面调查 ├── 重点调查 ── 一次性调查
                                                     │
                                                     └── 典型调查
```

图 2-1　统计调查的种类

分职工进行调查即可。

（二）按照调查登记的时间是否连续，可分为经常性调查和一次性调查

经常性调查，又称连续性调查，是指随着被研究对象的变化和发生时间，而进行的经常性、连续不断的登记的一种调查方式。其目的主要是获得关于事物的全部发展变化过程及其结果的统计资料。例如，主要原材料、工业产品产量、燃料和动力消耗等情况经常发生变化，必须经常登记才能取得一定时期的结果。

一次性调查，又称为非连续性调查，是指对被研究对象的调查具有间隔性和不连贯性，一般两次调查的间断时间在一年以上的一种调查方式。例如，人口数及构成、固定资产总值、商品库存数等，可以间隔一段时间调查一次。

（三）按照统计调查的组织方式不同，可分为统计报表和专门调查

统计报表是指按照国家统一规定的表式和要求、统一的指标项目、统一的报送时间，自上而下统一布置，自下而上逐级提供基本统计资料的调查方式。统计报表具有统一性、全面性、周期性、可靠性等特点。专门调查是指出于一定的研究目的而专门组织的调查。通常包括普查、抽样调查、重点调查、典型调查等方式。

【技能训练】

（多选题）专门调查包括（　　）。

A.抽样调查　　　　B.典型调查　　　　C.重点调查　　　　D.统计报表

三、统计调查的方案设计

统计调查是一项复杂而又细致的工作，具有较高的科学性和群众性，因此在统计调查工作正式开始之前，必须制定一个切实可行、周密细致的调查方案。统计调查方案，就是为了科学地组织统计调查工作而制订的计划。它对统计调查工作具有指导性，是保证统计调查有计划、有组织地进行的首要步骤。一个完整的统计调查方案应包括以下几项内容：

(一)明确调查目的

在设计调查方案时,首先要明确调查目的、任务和意义。其中,调查目的是指在此次调查过程中所要达到的具体目标,即明确为什么要进行统计调查,搜集哪些资料,解决哪些问题,满足什么要求,具有什么样的社会经济意义等。只有明确了调查目的,才能确定调查的内容和范围,避免工作的盲目性。

例如,第七次全国人口普查全面查清了我国人口数量、结构、分布等方面情况,掌握了人口变化的趋势性特征,为完善我国人口发展战略和政策体系、制定经济社会发展规划、推动经济高质量发展提供了准确的统计信息支持。这次普查,既摸清了我国人口总量,掌握了人口规模的变化趋势;也查清了人口结构和分布状况、人口迁移流动状况,反映了人口结构演变和人口社会变迁等情况。

(二)确定调查对象和调查单位

调查目的确定后,就需要确定调查对象和调查单位。正确确定调查对象和调查单位,将直接影响调查的正确性和完整性。调查对象是指根据调查目的所确定的现象的总体,是由许多个性质相同的个体单位组成的。调查对象通常是一种社会经济现象。

确定调查对象时,首先要根据调查目的对所研究的现象进行认真分析,掌握其主要特征;其次要明确规定调查对象的总体范围界限,避免因与其他社会现象之间的界限不清而导致资料重复和遗漏,保证所搜集资料的准确性。例如,第七次人口普查的调查对象就是具有中华人民共和国国籍并在中华人民共和国境内常住的人口。

调查单位是指构成调查对象总体的个体单位。它是构成调查总体的基本单位,是调查登记标志表现的直接承担者。调查单位的选择取决于调查目的和对象,如果调查目的和对象改变了,那么调查单位也就不同了。明确调查单位,就必须把它与报告单位区别开。报告单位,又称填报单位,是指负责向上级报告调查内容、提交统计资料的单位。调查单位可以是个人、企事业单位,也可以是物,而报告单位一般则是指在行政上、经济上具有一定独立性的单位。因此,调查单位与报告单位,有时是一致的,而有时又是不同的。例如,在工业企业普查时,每个工业企业既是调查单位又是报告单位;但在进行工业企业职工基本状况的普查时,调查单位就变成员工个人,而报告单位仍是工业企业单位。

此外,还要注意调查单位与总体单位的关系。全面调查中,两者是一致的;而非全面调查时,两者是不一致的,前者仅是后者的一部分。

(三)确定调查项目

调查项目就是向调查单位进行调查登记的内容,即向调查单位调查什么。确定调查项目时,应该注意以下三点:

1.调查的项目既要满足调查目的,又要具有可能得到答案的内容。根据自身情况,选择容易取得的资料列入项目之中。

2.调查项目的表述必须明确、统一、易懂,不能出现不确定性因素。要保证被调查者可以充分理解所调查的内容,而使所得到的答案具有真实性和准确性。

3.列入项目的调查内容应尽可能地相互联系,以便于对整体进行分析和同类项目之间的衔接问题。

(四)拟定调查表和调查问卷

调查表是指将各个调查项目按照一定的顺序排列而成的用来反映调查单位特征的表格。调查表有两种形式,一种是一览表,一种是单一表,通常由表头、表身、表脚三部分组成。其中,一览表是指把许多调查单位填写在一张表上。此种方式简便,便于合计和核对数据,见表2-1。单一表是指将每个调查单位分开填写,可容纳许多标志,又便于分类整理,见表2-2。统计调查时可根据调查目的、任务选择所需的表式。

从结构上看,调查表包括以下三部分内容:

1. 表头。用来说明调查表的名称、填报单位的名称、隶属关系等。
2. 表体。包括调查表所要说明的具体项目内容、栏号、计算单位等,是调查表的主要部分。
3. 表脚。包括被调查单位填表人签名、盖章处及填表日期等。

关于调查表与调查问卷的设计,将在下一任务中进行详细的介绍。

表 2-1　　　　　　　　身体发育状况调查表　　　　　　　　编号:

检查序号	姓名	性别	出生年月日	年龄	身高	体重	胸围	呼吸差	肺活量	坐高

　　　　　　　　　　　　　　　　　　　　　　　　填表人:　　　　填表日期:

表 2-2　　　　　　年末职工家庭就业人口调查表　　家庭人口:人　　就业人口:人

姓 名	与户主关系	性别	年龄	工作单位	职业	职务职称

　　　　　　　　　　被调查户主姓名:　　　　填表人:　　　　填表日期:

(五)确定调查时间和调查时限

调查时间是指调查资料所属的时间,具体来说,就是时点指标的时点或时期指标的时期。在统计调查中,如果调查的现象是时点现象,则要明确规定统计的标准时点。例如,我国第七次人口普查规定调查时点为2020年11月1日零时。如果调查的现象是时期现象,则要明确规定现象的起止时间。例如,要调查2021年上半年我国工业产品的产量、产值或利润指标等,就要明确是从1月1日至6月30日这段时期。

调查期限就是指完成调查任务所需要的工作期限,包括从收集资料开始到报送资料为止的整个调查工作所需要的时间。例如,第七次人口普查的现场登记工作,从2020年11月1日开始到2020年11月10日结束。

(六)确定调查方法

统计调查方法是指搜集调查资料的方法。常用的调查方法有直接观察法、报告法、采访法、问卷调查法、登记法、卫星遥感法等。

1.直接观察法。直接观察法是指调查人员在进行现场调查时,通过观察、清点和计量,取得资料的一种方法。直接观察法具有真实性和准确性,但需要消耗大量的人力、物力、财力和时间,而且对历史资料无法搜集。

2.报告法。报告法是指调查单位通过隶属关系将由各种原始记录和核算资料组成的统计资料提供给上级的一种方法。我国现行的统计报表多采用这种方法。

3.采访法。采访法是指通过被调查者的回答来搜集统计资料的方法,又分为口头询问法、被调查者自填法和开调查会法。人口普查就是采访法。此法需要大量的人力和时间。

4.问卷调查法。问卷调查法是指将调查项目根据统计调查的要求制成调查问卷的形式,交给被调查者自愿按照要求书面回答的一种统计方法。例如,广告业中对某项产品的问卷调查就是一种典型的问卷调查法。这种方法省时省力,目前被广泛应用。

5.登记法。登记法是指由于某种原因,当事人被告知到某机构进行登记,填写登记材料的方法。例如,人口的出生、死亡及流动等情况,需到公安机关进行登记。

6.卫星遥感法。这是一种使用卫星高度分辨辐射计,提供地面资料的农作物绿度资料来估计农产量的方法。采用卫星遥感法的关键是选择恰当的时间,过早或过晚都将影响资料的准确性,同时将卫星遥感资料与地面其他资料相印证,以便做出综合分析。卫星遥感法如运用得当,可以达到投入少、速度快、准确度高的要求。我国运用这种方法估计北方冬小麦产量已有十多年,取得了一定的成绩,今后将会进一步完善。

(七)组织实施调查工作

组织实施调查工作包括以下几项内容:

(1)组织领导机构和调查人员。统计调查需要动员许多单位和人员参加,所以需要有严密的组织计划和工作安排。由什么机关领导,哪些人员参加等都应该在组织计划中明确指出。

(2)调查的方式方法。根据调查的目的、任务、对象等方面综合评估,确定采取什么样的调查方式方法。不同的调查目的、任务需采用不同的调查方式方法。

(3)调查经费。调查经费是指在开展调查工作过程中所需支付的各种费用,如工时费、会务费、补助费、宣传费等。要做好预算,保证经费的充足,以免影响工作的正常进行。

(4)调查前的准备工作。调查前应安排好人员的培训、调查教育工作、文件印刷等方面的事情。

(5)调查资料的报送方式和公布调查结果的时间。在调查开始前,应明确调查的方式和调查结果公布时间,做好调查的整体计划。

总之,没有在前六项中提及的内容都包括在本项内容中。

【技能训练】

(单选题)统计调查时间主要是指(   )。

A.资料所属时间   B.调查工作期限

C.上级规定的时间   D.提交资料的时间

任务二 统计调查方式

一、统计资料的搜集方式

社会经济现象复杂多样,调查对象千差万别,统计研究的任务亦是多种多样。因此,应该根据不同的调查对象和调查目的,灵活运用各种调查方式方法,准确、及时、全面地搜集所需的资料。

从使用者的角度来看,统计资料的来源主要有第一手或直接的原始统计资料和第二手或间接的统计资料。其中第一手资料是通过直接调查和科学试验得来的,而第二手统计资料可以通过书籍、网络等多方面得到。一般对于小企业而言,所有的统计资料都来源于直接统计调查。原始统计资料的搜集主要包括以下几种方式:

(一)普查

普查是专门组织的出于某种特定目的而进行的一次性全面调查,一般多用来搜集重要国情、国力和资源状况的资料,如人口普查、工业普查、教育人员普查、物资库存普查等。普查多半是在全国范围内进行的,所搜集的资料主要是某一现象在某一时点的情况,时效性要求很强,因此需要投入很大的人力、物力和财力。

普查一般有两种组织方式:一是专门的普查机构,由大量的专业普查人员,对调查单位进行直接登记,如人口普查等;二是利用调查单位的原始记录和核算资料,由调查单位发放一定的问卷表格,由填报单位进行填报即可,如物资库存普查等。第二种普查方式适用于内容单一、涉及范围小的情况,应用也比较广泛。

普查作为一种专门组织的一次性的全面调查,不仅对资料的准确性和时效性要求高,而且面广量大,组织工作复杂繁重。同时,普查的对象随着时间和空间的变化,会发生较大的变动。这就要求组织普查应比其他调查方式有更多的集中领导和统一行动,并要严格遵循以下几个组织普查的原则:

1.规定统一的标准时点。标准时点是普查人员在对调查单位标志进行登记时所依据的统一时刻。就是说,在整个普查空间范围内所调查到的现象,都属于某一时点上的状态。例如,我国第七次人口普查的标准时点是2020年11月1日零时。无论普查员在哪一天入户登记,登记的人口及其各种特征都是反映这个时点上的情况。如果不规定一个统一的时点,就会出现口径不一致而导致调查来的资料无法使用的情况。确定人口普查的标准时点一般都是选择人口流动最少或开展普查工作比较方便的时间。

2.普查登记尽可能在短期内完成。在普查范围内各调查单位或调查点要同时行动,在方法、步骤上保持一致。要力求在最短的期限内完成,以保证普查资料的准确性和时效性。如果一味拖延,就会影响资料的汇总与分析。例如,我国第四次人口普查,统一调查登记的期限规定在20天以内,而第五次、第六次人口普查的现场登记工作,都是在10天内结束,第七次人口普查短表信息录入时间为15天。

3.统一规定调查项目。调查项目一经确定,任何普查的内容在各次普查中要尽可能保持一致，以便历次普查资料进行比较和分析。

4.尽可能按一定周期进行。为了便于普查资料的动态比较和分析，最好定期举行普查。例如近年我国人口普查每十年举行一次。新中国成立以来，我国已经成功进行了七次全国人口普查，分别是1953年、1964年、1982年、1990年、2000年、2010年、2020年。

此外，组织普查时，还要培训好普查队伍，充分做好普查前的试点工作和普查后的质量检验与修正工作。

快速普查是利用原始资料或核算资料由填报单位进行直接填报，属于第二种普查方式。它的目的是满足国家社会经济发展的迫切需要，将普查资料直接报送最高一级普查机构的普查方式。

（二）抽样调查

抽样调查是非全面调查的一种主要组织形式。它是按照随机原则，从调查对象中抽取一部分调查单位作为样本进行观察，根据获得的样本数据，对调查对象总体的数量特征进行估计和推算。它的目的是取得反映总体情况的信息资料，因而，也可起到全面调查的作用。

抽样调查不同于其他非全面调查，它具有以下几个特点：

1.按随机原则抽选样本。遵循随机原则，从全部总体中抽取样本单位，是抽样调查的基本要求，也是抽样推断的基础。所谓随机原则，首先表现在取样时必须保证总体中每个单位的中选或不中选都不受任何主观因素的影响，即单位的抽取既不取决于调查者的爱好、愿望，也不取决于被调查者的合作态度；其次表现在取样时必须保证总体中每个单位都有相同的中选机会。

2.根据抽样调查取得的部分单位的资料推断总体的数量特征。抽样调查一方面是非全面调查，另一方面又要达到对总体数量特征的认识，这一特点使它不同于全面调查，也与其他非全面调查有着显著区别。

3.抽样推断的抽样误差可以事先估计并在实际工作时加以控制。抽样推断是以部分资料推算全体，虽然存在一定的抽样误差，但它可以事先通过一定的资料加以估算，并且能够根据总体标志值的差异程度，从增加样本单位数或采用不同的抽样调查组织形式等途径来降低抽样误差，并以一定的可靠程度把抽样误差控制在一定范围内，从而保证抽样推断的结果达到一定的可靠程度。

抽样调查在非全面调查中是最科学、最有理论依据的调查方式，在市场经济国家得到广泛应用。

（三）典型调查

典型调查是根据统计调查目的和要求，在对研究对象进行全面分析的基础上，有意识地选出少数有代表性的单位，进行深入而细致调查的一种调查方法。典型调查属于认识事物发展变化规律性的非全面调查，是调查研究的基本方法，可以弥补其他调查方法的不足，为数字资料补充丰富的典型情况。在有些情况下，可用典型调查估算总体数字或验证全面调查数字的真实性。

典型调查的特点表现在：

(1)典型调查的调查单位都是根据调查目的和要求，有意识地选择出来的，选择的单位是总体内的少数，因此，调查可以省时省力，调查方法也比较灵活，可以提高调查的时效性。这也是典型调查与抽样调查的主要区别。

(2)典型调查是从典型入手，逐步扩大到认识事物的一般性和普遍性，所以典型调查所得到的资料具有很好的代表性。

(3)典型调查是深入实际进行的调查，所以可以搜集到有关的准确调查资料，并能够掌握具体、生动的情况，同时可以了解新情况、抓住新问题。

典型调查的作用，体现在：①典型调查可以研究新生的事物或典型的事例，也可以用作其他统计调查的补充；②在一定的条件下，典型调查可以验证全国调查数字的真实性；③能够通过资料估算出总体数字。

典型调查的选典方式，大体可以分为"解剖麻雀"式和"划类选典"式。其中，"解剖麻雀"式通常用在调查单位之间差异较小的调查中，进行个别典型单位的调查研究。正如解剖一只麻雀可以知道天下麻雀的身体结构一样。"划类选典"式通常用在调查单位之间差异较大的调查中，把现象的总体按照与研究目的和要求有关的标志划分，然后再选择典型单位进行调查。这时可以通过各类资料和各个类型在总体中所占的比重推算出总体资料。

典型调查的关键是典型单位的选择。根据统计研究的目的和要求来选择典型单位。如果要做总体数量特征的近似估计，可用"划类选典"法。如果要总结经验，则选择好的典型；如果要吸取教训，则选择差的典型。

(四)重点调查

重点调查是指在调查对象中，选取一部分重点单位进行调查，借以了解总体基本情况的一种非全面调查。它也是一种专门组织的调查方式。通常重点单位是指在总体中具有举足轻重地位的单位，这些少数单位的某一标志总量占总体标志总量的绝大部分。通过对这些单位的了解，可以反映总体的基本情况。例如，鞍钢、宝钢等少数几家钢铁公司的产量在全国钢铁企业产量中占绝大多数。对于重点企业进行调查，可以及时、省力地了解其行业全国的基本状况。

重点调查的关键是选择重点单位。重点单位的选择主要着眼于其在研究对象中所占的比重，因而，对该单位的选择不具有主观因素。一般而言，重点单位的数目在总体单位数目中占很小的比重，但其标志值却占总体标志总量的绝大部分。而且重点单位应该具有比较健全的管理制度和比较充实的统计力量，只有这样才能及时、准确地取得资料。

关于重点单位的选择可参考使用"二八比例"，即重点单位数占总体单位数的20%以下，而重点单位的某一数量标志值占总体标志总量的80%以上。

重点调查的目的是反映总体的基本情况，但并不能完整地反映现象总量，因此不能通过重点调查所得到的资料来估计或推断总体相应的指标数值。

(五)统计报表

统计报表是指登记统计综合资料的各种表格。它是按照国家有关法规的规定，以行政手段自上而下地统一布置,基层企事业单位自下而上,层层汇总,并逐级提供基础统计数据的一种调查方式。

统计报表的类型较多,有全面与非全面、定期与临时之分。其中大部分及主要的统计报表是全面的、定期的报表。

统计报表的资料,通常来源于基层单位的原始记录。从原始记录到统计报表要经过统计台账和企业内部报表来完成。因此,建立和健全原始记录、统计台账和企业内部的统计报表制度,是保证统计报表质量的基础。

统计报表具有统一性、时效性、全面性、相对可靠性等特点,并且统计报表必须要定期上报,内容要求稳定,以便于经常搜集和积累资料,用来与历史资料进行对比,进一步系统地分析社会经济现象发展变化的规律性。

统计报表在我国搜集统计资料过程中,发挥了重要的作用,但仍有一些局限性。例如,逐级上报的中间环节太多,容易受人为因素的干扰,使数据的准确性难以保持;报表的内容固定,通常无法反映新出现的情况等。因此,应该开辟多种调查渠道,采用多种调查方式才能搜集到所需的资料。

【技能训练】

（单选题）下列选项中,属于全面调查的是( )。

A.抽样调查　　　　B.典型调查　　　　C.重点调查　　　　D.普查

二、统计资料的搜集方法

统计资料的搜集必须按照调查目的、调查对象和调查项目的特点,采用不同的调查方法与技术。通常,调查方法的选择和运用,对调查结果有很大的影响。如果方法运用得当,则获得结果的可信度就高;反之,会降低调查结果的准确度。统计资料的搜集方法很多,在实际调查中,经常采用的方法有访问法、被调查者自填法、网上调查法、观察法和实验法。

（一）访问法

访问法是指通过询问的方式向被调查者了解情况,搜集资料的一种方法,又称采访法。在访问调查过程中,调查人员可以按照事先设计好的调查表或调查问卷的内容,依次提问,被调查者只需做出回答即可;也有事先不制作统一的表格或问卷的,此时没有统一的提问顺序,由调查人员和被调查者根据给出的题目或提纲自由交谈,以此获得所需的资料。

访问法具有灵活多样的特点,根据调查人员同被调查者接触方式的不同,可以分为当面采访调查、电话采访调查等。

1.当面采访调查

当面采访调查是指调查人员与被调查者直接面谈,询问有关问题,当面听取意见的一种搜集资料的调查方法。在谈话过程中,要注意做好谈话记录,以便事后整理分析。当面采访调查是访问法中比较通用的形式。当面采访调查的交谈方式有个别访问、小组采访和集体采谈三种。采访可以一次完成，也可以分多次进行。采用哪种采访方式，要根据调查目的、时间、费用和被调查者的具体情况而定。

（1）个别访问。个别访问是指调查人员与被调查者面对面地进行单独谈话的调查方式。这种访问方式灵活方便，便于彼此的思想沟通，因此能够产生很好的激励效果；个别访问还能够控制问题的次序，使谈话内容集中、有针对性，获得的资料也比较丰富。但是个别访问的费用较高，并且很容易受环境的影响，有时会很难控制局面，特别是需要对较多人进行调查时，耗费的时间较长。

在个别访问中包括"深度访问"法。这种方法需要不断深入地访问被调查者，努力挖掘出其行为背后的真实动机。因此"深访"需要调查人员运用大量的追问技巧，尽可能地使被调查者自由发挥，进而表达出被调查者的想法和感受。通常"深访"可以挖掘出被调查者的动机、非表面化的深层意见。

（2）小组采访和集体采访。小组采访是指将选定的被调查者分成若干个小组进行交谈，由调查人员分头搜集意见，听取反映的调查方法。小组采访分组的依据一般为被调查者的特点或某一具体问题，每小组 3~5 人不等。与个别访问相比，小组采访便于节省时间，而且兼具个别访问的优点。集体采访是指通过召开座谈会的形式进行采访，它是将被调查者集中在调查现场，让他们对调查内容发表意见，从而获取资料的一种调查方法。这种方法能够产生集思广益、相互启发、省时省费的效果。集体采访的人数一般为 6~10 人。小组采访实际上是一种特殊形式的集体采访。

集体采访和个别访问都属于定性方法，它们通过对一些具体问题或特定主体的讨论，得到有关的定性定量资料，其全面性与准确性都取决于被调查者的配合度与回答的真实性，因此其真实性亦有待验证。这种方法多用于企业市场调查、民意测验等专项调查中。

当面采访具有直接性和灵活性的特点，能够直接接触被调查者，搜集第一手资料，而且可以根据被调查者的具体情况深入询问，从而取得良好的调查效果。当面采访的问题回收率高，样本代表性强，有很高的可信度。企业调查人员可以根据调查目的、要求等随时选择被调查者，及时了解市场情况。

当面采访的主要缺陷是调查费用高、调查时间长。因为是调查人员到被调查者处进行询问，不利于调查工作的监督、检查。而且，当面采访对调查人员的谈话技巧要求很高，要善于引导谈话对象、归纳谈话记录等。所以，当面采访在实践中受到一定的限制，只有调查问题不多，不太复杂时，才采用此种方法。

2.电话采访调查

电话采访调查是指调查人员利用电话与被调查者进行语言交流，获得所需资料的一种调查方法。电话采访的时效快、费用低，因此得到广泛的应用。电话采访调查一般是按照事先设计好的问卷或者针对某一专门问题进行调查。

（二）被调查者自填法

被调查者自填法的主要形式有邮寄调查和留置调查两种。其中，邮寄调查是指将设计并印刷好的调查表或问卷，通过邮寄的方式交给被调查者，由被调查者填写后再寄回的一种调查方式。留置调查是指把有关的调查表或问卷留给被调查者，由被调查者填写后,再回收整理汇总的一种调查方法。

邮寄调查的空间范围大,不受调查所在地的局限,只要是通邮的地方,无论是全国还是全球范围内,都可能被选为调查样本;邮寄调查的样本数目可以很多,且调查时间短,又可以同时发放和收回;邮寄调查的被调查者有充裕的考虑时间,因此能够得到较真实可靠的资料。其不足之处为回收率低。

邮寄调查的调查表或问卷发放方式有邮寄、宣传媒介传送、专门场所分发三种。

邮寄调查的基本程序一般是在问卷设计好的基础上,先在小范围内进行预调查,用来检查问卷设计内存在的问题,以便加以修改、纠正;然后再选择一定的方式将问卷发放出去,进行正式的调查;最后将问卷收回,并进行处理和分析。

(三)网上调查法

通过互联网进行调查的主要方式有:E-mail 问卷和网络调查系统两种。

E-mail 问卷是指将调查问卷通过 E-mail 的形式,发送到被调查者的 E-mail 地址,被调查者填写完毕后,再回复给调查机构的一种调查方式。通常,调查机构内有专门的程序进行问卷准备、列制 E-mail 地址和收集数据。E-mail 问卷制作方便、分发迅速、时间短、费用低,且出现在被访者的私人信箱中,因此能够得到注意,现被广泛地应用。

网络调查系统是指专门用来进行网络调查而设计的网络调查问卷连接和传输软件。这种设计包括整体问卷设计、网络服务器、数据库和数据传输程序四部分。问卷由简易的可视问卷编辑器产生,自动传送到因特网服务器上,通过网站,使用者可以随时在屏幕上对回答数据进行整体统计或图表统计。

1.网上调查的样本

在互联网上每提交一份答卷,就生成一个样本。互联网上的样本可以分为随机样本、过滤性样本和选择性样本三种。

(1)随机样本。随机样本是指按照随机原则组织抽样,登录网站的任何人都可以成为被调查单位,没有任何限制条件。

(2)过滤性样本。过滤性样本是指通过对期望样本特征的配额,来限制一些自我挑选的不具代表性的样本。通常是以分支或跳问形式安排问卷,以确定被选者是否适宜回答全部问题。有些网上调查能够根据过滤性问题立即进行市场分类,确定被访者所属类别,然后根据被访者的不同类型提供适当的问卷。调研者也可以通过创建样本收藏室,将填写过分类问卷的被访者进行分类重置。最初问卷的信息用来将被访者进行归类分析,只有那些符合统计要求的被访者,才能填写适合该类特殊群体的问卷。

(3)选择性样本。选择性样本是指网上调查中需要对样本进行更多限制的目标群体。被访者均通过电话、邮寄、E-mail 或个人方式进行补充完善,当认定符合标准后,才向他们发送 E-mail 问卷或直接与问卷连接的站点。在站点中,通常使用密码账号来确认已经被认定的样本,因为样本组是已知的,因此可以对问卷的完成情况进行监视,或督促未完成问卷以提高回答率。另外,选择样本对于已建立抽样数据库的情形最为适用。例如,以顾客数据库作为抽样总体选择参与顾客满意度调查的样本。

2.网上调查的优点

网上调查在 20 世纪 90 年代以来发展迅速,其优点主要表现在:易获得连续性数据、速度快、费用低、调研群体大、调研内容设置灵活、在视觉效果上能够吸引人。这些优点是网络调查所独有的,任何其他调查方式都无法比拟。

3.网上调查的缺点与不足

(1)网上调查的代表性问题。上网人群普遍年轻化,局限性比较大。

(2)互联网的安全性问题。网络使用者很为私人信息担忧,加上媒体的报道及针对使用者的各种欺骗性文章,使这一问题更加突出。

(3)互联网的无限制样本问题。如果同一个人重复填写问卷的话,问题就变得复杂了。例如,Info World(一家电脑使用者杂志)决定第一次在网上进行1997年读者意向调查。由于重复投票,调研结果极其离谱,以至于整个调研无法进行,编辑部不得不向读者们请求不要再这样做。一个简单的防止重复回答的方法便是在他们回答后锁住其所处站点。

【技能训练】

(多选题)在实际调查中,经常采用的方法有( )。

A.访问法　　　　B.被调查者自填法　　　　C.观察法　　　　D.实验法

E、网上调查法

三、调查表及调查问卷的设计

(一)调查表的设计

邮寄调查法和被调查者自填法都涉及调查表或问卷的设计与回收问题。特别是被调查人员的主观配合程度非常重要。一般调查表的设计,都运用询问的形式,其中主要的形式有图解评价量表法、一对比较法和项目核对法。

1.图解评价量表法

图解评价量表法是借助图表表示若干评价尺度,由被调查者按填写要求在图片上画相应的符号,便形成了评价量表。如图 2-2 所示。

```
    2          1          0         -1         -2
  很喜欢      比较喜欢     无所谓      不太喜欢     很不喜欢
```

图 2-2　图解评价量表

通过上述评价量表,可以看出评价尺度的差别是从左向右依次降低的。如果被调查者表示比较喜欢,可以在图 2-2 中的 1 点画上符号。

为了便于统计,通常会在图解评价量表的各点标注数量值进行计量。如图 2-2 所示,从左边起分别为 2,1,0,-1,-2。

2.一对比较法

一对比较法是指把调查对象中同一类型不同品种的商品,两两配对,由被调查者进行对比,并把认为好的填写在调查表的有关栏内,由此来了解被调查者的态度。为了便于了解被调查者对所调查产品态度上的差别,可以在不同品种的商品之间划分若干个评价尺度,方便被调查者进行评定。

例如,有 A 和 B 两种牌号的电视机,涉及图表如图 2-3 所示,由被调查者在有关位置填写规定的符号。

A							B
	非常好	相当好	较好	相等	较好	相当好	非常好

图 2-3　一对比较法的调查表

将 A、B 两个牌号放在一起,经被调查者对比,在与本身看法相符的栏中画上符号,如"√"号。最后再汇总统计,得出消费者对这两种牌号的电视机的态度。

3.项目核对法

项目核对法是指在调查表中列出产品的主要特征,被调查者根据自己的态度用规定的符号填写的一种间接询问方法。见表 2-3。

表 2-3　　　　　　　　　　　　某企业调查表

特　征	重　要	不重要	无所谓
品种齐全			
环境舒适			
价格合理			
服务态度好			
有促销活动			

被调查者根据表中所列特征,在栏中画上规定的符号,用来表示自己的看法,再由调查人员进行汇总、整理和分析。

(二)调查问卷的设计

一般来说,调查问卷有两种类型:封闭式问卷和开放式问卷。开放式问卷又叫无结构型问卷。其特点是项目的设置和安排没有严格的结构形式,所调查的问题是开放式的,以问卷设计者提供问题,由被调查者自行构思自由发挥,从而按自己意愿答出问题的问答题型为主。但无结构型问卷并非真的完全没有结构,只是结构较松懈或较少。所谓封闭式调查问卷,是指答案已经确定,由调查者从中选择答案的调查问卷。封闭式调查问卷的优点是便于综合,缺点是有时答案可能包括不全。因此,使用封闭式调查问卷时,必须要把答案给全。

1.问卷设计的步骤

设计调查问卷的目的是更好地进行市场信息搜集,因此,在设计调查问卷的过程中,应该把握好调查目的和要求,力求被调查者的充分合作,以保证所提供的信息准确有效。调查问卷的设计具体可分为以下几步:

(1)根据调查目的和要求确定所需的信息资料。

(2)根据所需的信息,对问题进行设计和选择,并确定问题的排列顺序。一般简单、容易的放在前面,往后逐渐加大难度。

(3)对设计好的问卷进行测试和修改。通过预调查对问卷进行测试,根据发现的问题进行修改、补充和完善。

2.问卷设计的技术

一份好的问卷应做到内容简明、信息全面;问题安排要合乎逻辑、通俗易懂;要便于资料的分析和处理。问卷的结构通常由前言、主体内容和结束语三部分组成。前言是对调查目的、意义和填表要求的简要说明，其中包括问卷标题、调查说明及填表要求。主体内容是调查所要搜集的主要资料，它由多个问题及相应的选择项目组成。问卷结束语是问卷的最后部分，通常是对被调查者的合作表示感谢，并记录下被调查人的姓名、调查时间和调查地点等。

3.问卷的设问技巧

问卷中的问题要合理、排列要科学，这样才能够提高问卷的回收率和信息的质量。文字的表达要准确，切忌模糊不清。如"您外出旅行时会选择什么样的旅游鞋？"这样表达就很准确，不会产生歧义。问卷要避免使用引导性的语句，如"××牌号的旅游鞋质优价廉，您是否准备选购？"问卷的问句设计要求具有艺术性，避免对填表人产生刺激而不能得到准确的资料。例如：

您至今未买××产品的原因是什么？

A.买不起　　　　B.没有用　　　　C.性能不了解　　　　D.其他

问卷不要提一些不好回答的问题，不要涉及被调查者的心理、习惯和隐私等方面的问题。鼓励被调查者提供他们不愿提供信息的方法，有如下几种：(1)将敏感的问题放在问卷的最后。此时，被调查者的戒备心理已大大减弱，愿意提供信息。(2)给问答题加上一个"序言"，说明有关问题(尤其是敏感问题)的背景和共性——克服被调查者担心自己行为不符合社会规范的心理。(3)利用"第三者"技术来提问答题，即从旁人的角度涉入问题。

调查问卷的每个问答题应包括什么，考虑是否全面，是否切中要害？在此，针对每个问题，我们应反问：(1)这个问题有必要吗？(2)是需要几个问答题还是只需要一个就行了？我们的原则是，问卷中的每一个问答题都应对所需的信息有所贡献，或服务于某些特定的目的。如果从一个问答题得不到可以满意的使用数据，那么这个问答题就应该取消。

第一个原则是确定某个问答题的必要性，第二个原则就是必须肯定这个问答题对所获取的信息的充分性。有时候，为了明确地获取所需的信息，需要同时询问几个问答题。例如，大多数关于商品、节目等的选择方面的"为什么"问题都涉及两方面的内容：(1)"不好看，但舒适性还可以"；(2)"不舒适，但好看"；(3)"既不好看，也不舒适"。此处为了获取所需的信息，应该询问两个不同的问答题：(1)"您是否认为××品牌的服装好看？"(2)"您是否认为××品牌的服装穿着舒适？"

【技能训练】

请设计一个某款化妆品的调查问卷(以封闭式问卷为主)。

小 结

统计资料的调查、搜集、整理与显示是统计工作的重要组成部分，本模块主要阐释了统计调查的意义、要求、种类、方案设计；统计资料搜集的组织方式、方法、调查表及问卷的设计。学会调查、搜集资料，这将给资料进一步加工整理成我们所需要的数据打下坚实的基础，也为顺利进入下一个统计工作过程即统计整理做好充分的准备。

案例分析

通过对本模块的学习,我们已经知道对现象如何进行调查,那么相关的实践活动是怎样进行的呢?阅读如下资料之后,回答问题。

第七次全国人口普查公报(第二号)
——全国人口情况

根据第七次全国人口普查结果,现将2020年11月1日零时我国人口的基本情况公布如下:

一、总人口

全国总人口为 1 443 497 378 人,其中:

普查登记的大陆31个省、自治区、直辖市和现役军人的人口共 1 411 778 724 人;

香港特别行政区人口为 7 474 200 人;

澳门特别行政区人口为 683 218 人;

台湾地区人口为 23 561 236 人。

二、人口增长

全国人口[①]与2010年第六次全国人口普查的 1 339 724 852 人相比,增加 72 053 872 人,增长 5.38%,年平均增长率为 0.53%。

历次人口普查全国人口及年均增长率如图2-4所示。

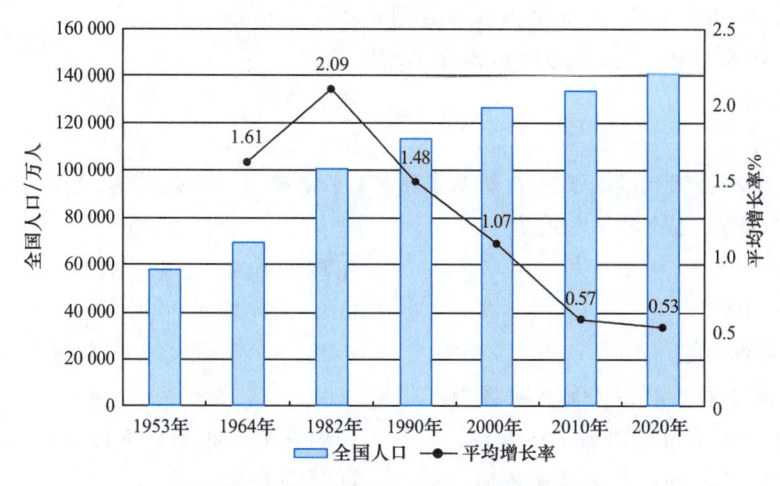

图2-4 历次人口普查全国人口及年均增长率

三、户别人口

全国共有家庭户 494 157 423 户,集体户 28 531 842 户,家庭户人口为 1 292 809 300 人,集体户人口为 118 969 424 人。平均每个家庭户的人口为 2.62 人,比2010年第六次全国人口普查的 3.10 人减少 0.48 人。

---

① 全国人口是指大陆31个省、自治区、直辖市和现役军人的人口。

四、民族人口

全国人口中,汉族人口为 1 286 311 334 人,占 91.11%;各少数民族人口为 125 467 390 人,占 8.89%。与 2010 年第六次全国人口普查相比,汉族人口增加 60 378 693 人,增长 4.93%;各少数民族人口增加 11 675 179 人,增长 10.26%。

资料来源:国家统计局

阅读以上的案例回答下列问题:
(1)案例中提到了哪种调查方式?
(2)案例中的调查范围是什么?
(3)案例中的调查目的是什么?

综合技能训练

一、单项选择题

1.统计调查按调查对象包括的范围不同,可分为(　　)。

A.定期调查和不定期调查　　　　B.经常性调查和一次性调查

C.统计报表和专门调查　　　　　D.全面调查和非全面调查

2.统计调查中,搜集统计资料的方法有(　　)。

A.直接观察法、普查和抽样调查

B.直接观察法、采访法、报告法和问卷调查法

C.报告法、统计报表和抽样调查

D.采访法、典型调查、重点调查和问卷调查法

3.在统计调查中,调查标志的承担者是(　　)。

A.调查对象　　　　　　　　　　B.调查单位

C.填报单位　　　　　　　　　　D.一般单位

4.为了了解全国钢铁企业生产的基本情况,可对首钢、宝钢、武钢、鞍钢等几个大型钢铁企业进行调查,这种调查方式是(　　)。

A.非全面调查　　　　　　　　　B.典型调查

C.重点调查　　　　　　　　　　D.抽样调查

二、多项选择题

1.抽样调查和典型调查的主要区别有(　　)。

A.选择调查单位的原则不同　　　B.调查单位的多少不同

C.在能否计算和控制误差上不同　D.调查目的不同

E.调查的组织方式不同

2.在我国专门调查有(　　)。

A.统计报表　　　　　　　　　　B.普查

C.典型调查　　　　　　　　　　D.重点调查

E.抽样调查

3.我国第五次人口普查属于(　　)。

A.全面调查　　　　　　　　　　B.一次性调查

C.专门调查　　　　　　　　　　D.经常性调查

E.直接观察法

4.常用的搜集统计资料的方法有(　　)。

A.直接观察法　　　　　　　　　B.大量观察法

C.报告法　　　　　　　　　　　D.通信法

E.采访法

5.下列统计调查中,调查单位与报告单位一致的有(　　)。

A.工业企业设备普查　　　　　　B.零售商店调查

C.人口普查　　　　　　　　　　D.高校学生健康状况调查

E.工业企业普查

三、判断题

1.一般而言,全面调查的结果更全面、准确,所以得到普遍应用。　　　(　　)

2.统计调查中的调查单位与填报单位是一致的。　　　　　　　　　　(　　)

3.统计报表一般属于经常性的全面调查。　　　　　　　　　　　　　(　　)

4.统计报表中的资料主要来源于基层单位的原始记录、统计台账。　　(　　)

5.由于直接观察法能保证资料的真实性和可靠性,因而在进行大规模调查时,应采用这种方法。　　　　　　　　　　　　　　　　　　　　　　　　　　(　　)

6.在非全面调查中,最完善、最有科学依据的方法是抽样调查。　　　(　　)

7.单一表能容纳较多的标志,因而能把许多单位的资料填列于一张表中,这有利于比较和分析。　　　　　　　　　　　　　　　　　　　　　　　　　　(　　)

8.典型调查中典型单位的选取可以不遵循随机原则。　　　　　　　　(　　)

9.当调查项目较多时,应采用一览表。　　　　　　　　　　　　　　(　　)

10.对统计总体中的全部单位进行调查称为普查。　　　　　　　　　(　　)

11.调查对象是调查项目的承担者。　　　　　　　　　　　　　　　(　　)

学习模块三

统计整理与应用

认知目标

1. 理解统计整理的意义和步骤；
2. 掌握统计分组的方法；
3. 掌握变量数列的编制方法；
4. 运用编制统计表的原则，编制统计表，绘制统计图。

能力目标

1. 能够恰当选择分组标志，把原始调查资料进行统计分组；
2. 能够编制变量数列；
3. 能够编制统计表；
4. 能够绘制统计图。

任务导入

很多人都认为统计整理工作极其普通和简单，不需要培训，任何人都能做统计整理工作。事实上，通过统计调查获得的原始资料，必须经过科学的统计整理和加工工作，才能开展随后的统计分析工作以得出正确的结论。因此，统计整理工作是进行统计分析的前提，统计整理的结果关系着统计分析结果的准确性。那么应该如何审核原始资料呢？统计整理工作有哪些方法和程序？如何编制变量数列？如何编制统计表、绘制统计图？

提出问题

亚太地区 25 所知名商学院有关情况

在整个亚太地区，成千上万的人对于暂时搁置自己的工作并花两年的时间来接受工商管理系统教育，显示了日益增长的热情。这些工商管理课程显然十分繁重，包括经济学、金融学、市场营销学、行为科学、劳工关系学、决策论、运筹学、经济法等。表3-1是Asia公司提供的数据，显示了亚太地区25所知名商学院的情况。

表 3-1　　　　　　　　　　　　亚太地区 25 所知名商学院资料

商学院名称	录取名额	每系人数	本国学生学费($)	外国学生学费($)	年龄
墨尔本商学院	200	5	24 420	29 600	28
新南威尔士大学(悉尼)	228	4	19 993	32 582	29
印度管理学院(阿默达巴得)	392	5	4 300	4 300	22
香港大学	90	5	11 140	11 140	29
日本国际大学	126	4	33 060	33 060	28
亚洲管理学院(马尼拉)	389	5	7 562	9 000	25
印度管理学院(班加罗尔)	380	5	3 935	16 000	23
新加坡国立大学	147	6	6 146	7 170	29
印度管理学院(加尔各达)	463	8	2 880	16 000	23
澳大利亚国立大学(堪培拉)	42	2	20 300	20 300	30
南洋理工大学(新加坡)	50	5	8 500	8 500	32
昆士兰大学(布里斯班)	138	17	16 000	22 800	32
香港理工大学	60	2	11 513	11 513	26
麦夸里商学院(悉尼)	12	8	17 172	19 778	34
Chulalongkorn 大学(曼谷)	200	7	17 355	17 355	25
Monash Mt.Eliza 商学院(墨尔本)	350	13	16 200	22 500	30
亚洲管理学院(曼谷)	300	10	18 200	18 200	29
阿德莱德大学	20	9	16 426	23 100	30
梅西大学(新西兰,北帕默斯顿)	30	15	13 106	21 625	37
墨尔本皇家工商学院	30	7	13 880	17 765	32
Jamnalal Bajaj 管理学院(孟买)	240	9	1 000	1 000	24
柯廷理工学院(珀思)	98	15	9 475	19 097	29
拉合尔管理科学院	70	14	11 250	26 300	23
马来西亚 Sains 大学(槟城)	30	5	2 260	2 260	32
De La Salle 大学(马尼拉)	44	17	3 300	3 600	28

商学院名称	年龄	国外学生比例(%)	是否要求GMAT	是否要求英语测试	是否要求工作经验	起薪($)
墨尔本商学院	28	47	是	否	是	71 400
新南威尔士大学(悉尼)	29	28	是	否	是	65 200
印度管理学院(阿默达巴得)	22	0	否	否	否	7 100
香港大学	29	10	是	否	否	31 000
日本国际大学	28	60	是	是	否	87 000
亚洲管理学院(马尼拉)	25	50	是	否	是	22 800
印度管理学院(班加罗尔)	23	1	是	否	否	7 500
新加坡国立大学	29	51	是	是	是	43 300
印度管理学院(加尔各达)	23	0	否	否	否	7 400
澳大利亚国立大学(堪培拉)	30	80	是	是	是	46 600
南洋理工大学(新加坡)	32	20	是	否	是	49 300
昆士兰大学(布里斯班)	32	26	否	否	是	49 600
香港理工大学	26	37	是	否	是	34 000

(续表)

商学院名称	年龄	国外学生比例(%)	是否要求GMAT	是否要求英语测试	是否要求工作经验	起薪($)
麦夸里商学院(悉尼)	34	27	否	否	是	60 100
Chulalongkorn 大学(曼谷)	25	6	是	否	是	17 600
Monash Mt.Eliza 商学院(墨尔本)	30	30	是	是	是	52 500
亚洲管理学院(曼谷)	29	90	否	是	是	25 000
阿德莱德大学	30	10	否	否	是	66 000
梅西大学(新西兰,北帕默斯顿)	37	35	否	是	是	41 400
墨尔本皇家工商学院	32	30	否	否	是	48 900
Jamnalal Bajaj 管理学院(孟买)	24	0	否	否	是	7 000
柯廷理工学院(珀思)	29	43	是	否	是	55 000
拉合尔管理科学院	23	2.5	否	否	否	7 500
马来西亚 Sains 大学(槟城)	32	15	否	是	是	16 000
De La Salle 大学(马尼拉)	28	3.5	是	否	是	13 100

要求对该表数据做出分析并写出分析报告,分析报告应包括:

(1)用描述统计的方法概括表中数据,并讨论你的结论。

(2)对变量数据的最大值、最小值、平均数以及适当的分位数进行评价和解释;通过这些描述统计量,你对亚太地区的商学院有何看法或发现?

(3)对本国学生学费和外国学生学费进行比较。那么应该如何进行分析呢?分析之前应该先进行什么工作?如何进行?

解决问题

任务一 统计整理概述

一、统计整理的概念和意义

(一)统计整理的概念

所谓统计整理,就是根据统计研究的目的和任务,对统计调查所搜集的原始资料进行分类、汇总等科学的加工整理,使之条理化、系统化的工作过程,从而为统计分析奠定基础。统计整理既包括对原始资料的整理,也包括对已经整理过的统计资料进行加工,使其满足统计分析的要求,即对次级资料的整理。

经过统计调查所取得的资料是反映总体各个单位的原始资料,是不系统、分散的,不能说明事物的总体情况和本质特征,带有一定的片面性,而统计研究的目的就是要揭示社会经济现象总体的数量特征及其规律性,所以必须要对资料加以整理、汇总,使之系统化、条理化。

(二)统计整理的意义

统计整理,属于统计工作的第三阶段,介于统计调查和统计分析之间,是一个非常重要的中间环节,在统计工作中起承上启下的作用,既是统计调查阶段的继续,又是统计分析的基础和前提条件。通过统计整理工作,可以将说明个体的、局部情况的原始资料转化为反映总体的、全局情况的综合资料,即实现由反映总体单位特征的标志向反映总体综合数量特征的统计指标的转化,是从对社会经济现象个体量的观察到对社会经济现象总体量的认识的连接点,是人们对社会经济现象从感性认识到理性认识的过渡阶段。

不恰当的统计整理会歪曲事实真相,得到错误的统计结论,从而会使辛苦调查得到的数据失去本应有的价值和意义。因此,统计整理工作的质量好坏,直接影响着能否对社会经济现象进行准确而真实的数量描述和数量分析。

二、统计整理的步骤

统计整理的步骤由内容来决定,大体分为以下几个步骤:

(一)设计统计整理方案

统计整理方案与调查方案应紧密衔接。整理方案的科学性,对于统计整理乃至统计分析的质量都是至关重要的。统计整理和汇总方案的设计一般包含两个方面:一是确定总体的处理方法,即统计分组及分组体系;二是确定分析总体的统计指标,即根据研究目的设计一套汇总表。

(二)对调查资料进行审核、订正

在对原始资料进行统计整理和汇总前,要对调查得来的原始资料进行审核,审核它们是否准确、及时、完整,发现问题,加以纠正。调查资料的审核内容包括三个方面:第一,统计资料的完整性,也就是要审核对应调查的单位是否有遗漏或者重复,调查的项目是否填写齐全等;第二,统计资料的及时性,即审核资料是否按规定的时间上报;第三,统计资料的准确性,即审核资料的统计口径、范围、计算方法等是否符合要求,是否统一,计算是否准确以及资料填写是否符合逻辑性,指标之间是否有矛盾等。例如,在人口调查中,"与户主关系"填"父子",而在"性别"的调查中,却填"女",这其中必然有一个是错误的。

(三)进行科学的统计分组

只有按照一定的组织形式和方法,对原始资料进行科学的分组,才能对被研究的社会经济现象进行准确的统计分析。因此,科学的统计分组是统计整理的前提和基础,直接影响统计整理工作的质量。

(四)统计汇总

对分组后的资料,进行汇总和必要的计算,就使得反映总体单位特征的资料转化为反映总体数量特征的资料。统计汇总是统计整理的中心内容。

(五)编制统计表,绘制统计图

将整理结果用统计表和统计图的形式反映出来,可以清晰地、简明扼要地、直观地表述统计资料的内容,能够形象生动地反映社会经济现象在数量方面的具体表现和有关联系。统计表是统计资料整理的结果,统计表和统计图是表达统计资料的重要形式之一。

任务二 统计分组

统计整理的主要工作内容就是对调查资料进行分组、计算和汇总,其中统计分组是进行科学合理计算和汇总的前提,是一切统计工作的基础和前提。

一、统计分组的概念

统计分组是统计学的基本统计方法之一,统计工作从始至终都离不开统计分组的应用,在统计调查方案中必须对统计分组做出具体规定,才能搜集到能够满足分组需要的资料。统计资料整理的任务是使零散资料系统化,但怎样使资料系统化,本着什么目的归类,这就取决于统计分组。在取得完整、正确的统计资料前提下,统计分组的优劣是决定整个统计研究成败的关键,它直接关系到统计分析的质量,关系到统计分析的结论是否正确合理。

统计分组是指根据统计研究任务的要求和研究现象总体的内在特点,把现象总体按某一标志划分为若干性质不同但又有联系的组成部分的工作过程。通过统计分组,实现组间异质、组内同质。统计分组相对于总体来讲是"分",把总体分成性质相异的若干部分;相对于个体而言则是"合",把某些方面性质相同的个体集合在一起。例如:人口按年龄、性别、民族、职业、文化程度等进行分组;学生成绩按优、良、中、及格和不及格分组;企业规模按固定资产总额、销售额、利润额等进行分组。

【技能训练】

(单选题)统计分组的结果表现为(   )。
A.组内同质性,组间同质性　　B.组内差异性,组间同质性
C.组内同质性,组间差异性　　D.组内差异性,组间差异性

二、统计分组的作用

统计分组在统计研究中的作用主要表现为三个方面:

(一)区分社会经济现象类型,反映各类型组数量差异

这种统计分组也被称为类型分组。社会经济现象极其复杂,存在着多种类型。各种不同类型的现象在规模、发展水平、发展速度、结构、比例关系等方面的数量表现存在差异性。利用统计分组能根据统计研究的任务和目的,把统计总体分成各种性质不同的类型,从而研究各类型现象的数量特征及数量差异。例如,2021年吉林省三大产业资料见表3-2。

表 3-2　　　　　　　　　　2021年吉林省三大产业资料

	产业活动单位点数		从业人数（人）		实收资本（千元）		增加值（千元）	
	绝对值	比重%	绝对值	比重%	绝对值	比重%	绝对值	比重%
总计	2 949	100	70 702	100	1 297 539	100	337 043	100
第一产业	147	5	1 236	2	1 570	1	97 788	29
第二产业	478	16	45 199	64	983 893	75	122 397	36
工业	444	15	32 172	46	731 276	56	89 970	27
建筑业	34	1	13 027	18	252 167	20	32 427	10
第三产业	2 324	79	24 267	34	312 076	24	116 858	35
其中:交通运输业	50	2	2 729	4	89 726	7	18 788	6
批零餐饮业	232	8	2 075	3	82 543	6	38 201	11
社会服务业	61	2	391	1	22 096	2	11 035	3

（二）研究总体内部结构

这种统计分组亦称结构分组。通过统计分组,计算各组单位数在总体中所占比重,从而对社会经济现象的内部结构进行研究,揭示总体内部构成,说明现象部分与总体、部分与部分之间的基本性质和特征。例如,某服装制造企业职工性别构成见表3-3。

表 3-3　　　　　　　某服装制造企业职工性别构成

按性别分组	职工人数（人）	比重（%）
男	120	24
女	380	76
合计	500	100

从上表中可以发现,该服装制造企业职工中,女性职工占76%,男性只占24%,符合服装制造企业的特点。

（三）研究经济现象间的依存关系

这种分组称为分析分组。一切社会经济现象都不是孤立存在的,而是互相之间存在着不同程度的相互联系和制约的依存关系。通过统计分组,将性质上相关的分组资料联系起来进行分析,即可解释经济现象之间的联系和依存关系。例如,某年某地区部分商店商品流通费用率见表3-4。

表 3-4　　　　　　某年某地区部分商店商品流通费用率

按商品流转额分组（万元）	商店个数（个）	商品流通费用率（%）
200以下	30	16
200～400	80	11
400～600	130	8
600～800	80	6
800～1 000	35	5
1 000以上	10	3

通过上表可以看出,商品流通费用率与商品流转额之间的关系为,商品流转额越高,商品流通费用率越低,即两者之间存在着负相关关系。

三、统计分组的类型

按照不同的分组标志,统计分组可划分成不同的类型。

(一)根据分组标志的性质,统计分组可分为品质标志分组和数量标志分组

1.品质标志分组

品质标志分组是选择反映事物性质和属性差异特征的品质标志作为分组标志,在品质标志变异的范围内划定各组之间的界限,从而将总体区分成若干性质不同的部分。例如,人口按性别、民族、文化程度等标志进行分组。

品质标志分组一般较简单,概念、界限比较明确,分组标志一旦确定,组数、组名、组与组之间的界限也就确定。但在多数情况下,品质标志分组比较复杂,涉及的组数多,组与组之间的界限也不容易划分,例如人口按职业进行分组等。

因此,在统计工作实践中,对一些重要的品质标志分组有标准的分类目录,例如《工业部分分类目录》《主要商品目录》等。

2.数量标志分组

数量标志分组就是选择反映社会经济现象数量差异的数量标志作为分组标志,在数量标志变异范围内划定各组数量界限,将总体划分为不同的组。例如,职工按工资收入分组,工业企业按产值分组、按计划完成程度分组等。

少数情况下,根据变量值的大小差异来确定分组的数量界限是比较容易的,例如工人按日产量、学生按学习成绩分组等。但在大多数情况下,按数量标志分组的分组界限往往不容易确定。这种情况下,就要根据统计研究的目的,进行科学分析,进而选定数量分组标志,确定组数,然后再根据实际情况确定各组之间的数量界限。

例如,研究企业规模,可以选择产量、销售额、固定资产额作为分组标志,从而将企业规模分成大、中、小三组,但同时也应该根据不同行业的具体情况,确定该行业各类企业的数量标准。

数量标志分组按各组变量值的个数,可分为单项式分组和组距式分组。单项式分组标志是离散变量,每组只有一个变量值,且变量的个数少。例如,工人日产零件数。组距式分组标志是连续变量,变量的个数多,每组不是一个变量值,而是一个区间。例如,企业按销售额、利润额进行分组,职工按工资进行分组等。

(二)根据分组标志的个数,统计分组可分为简单分组和复合分组

1.简单分组

简单分组也称单一分组,即对被研究对象总体按一个标志进行分组。例如,企业按销售额、利润额、固定资产额、职工人数等标志分别进行分组。简单分组只能反映社会经济现象在某一个标志特征方面的差异情况,而不能反映在其他方面的差异。

2.复合分组

复合分组即对统一总体采用两个或两个以上的标志结合起来进行的分组。例如,企业按所有制类型进行分组,在此基础上再按销售额分组,然后再按利润额等标志进行复合分组。复合分组只能反映经济现象某几个方面的内容,也不能充分说明总体全貌。为了全面分析某一社会经济现象,实际工作中往往需要采用多个分组标志进行多种分组,

形成分组体系。

要注意,复合分组与平行分组的区别。平行分组是对同一总体选择多个标志分别进行简单分组。例如,为了全面认识我国工业企业发展概况,可以分别按经济类型、轻重工业企业规模、工业部门进行简单分组,这几个简单分组相互补充,相互联系,形成平行分组体系,更全面地认识经济现象。

复合分组体系是将多个标志层叠起来分组,能够更全面深入地说明问题。例如,人口先按性别分组,再按文化程度分组,再按职业分组。

但是,一般不宜采用太多的标志进行复合分组,当分组标志数目较多时,组数会成倍增加,不利于看出问题的实质。

【技能训练】

1.(单选题)下列分组属于按品质标志分组的是(　　)。
A.学生按考试分数分组　　　　B.产品按品种分组
C.企业按计划完成程度分组　　D.家庭按年收入分组

2.(判断题)按一个标志进行的分组就是简单分组,按两个或两个以上标志进行的分组就是复合分组。(　　)

3.(单选题)对某银行职工先按性别分组,在此基础上再按工资等级分组,则这样的分组属于(　　)。
A.简单分组　　B.平行分组　　C.复合分组　　D.复杂分组

四、统计分组方法

分组标志的选择和各组组限的确定是统计分组的关键。

分组标志,即将同质总体区分为不同组的标准或依据。例如,人口按职业分组,则职业就是分组标志。分组标志一旦选定,就必然突出了总体在该标志下的性质差别。分组标志选择不当,不但无法显示现象的根本特征,甚至会混淆事物的性质,歪曲社会经济的真实情况。正确选择分组标志需要注意以下几方面问题:

首先,必须根据统计研究的具体任务和目的来确定。对于同一总体,不同的研究任务和目的,选择的分组标志也应不同,这样才能获得符合统计任务要求的分组资料。例如,研究企业的规模,可以选择职工人数、固定资产、年销售量、销售额等标志作为分组标志;研究企业的经营运行成果,可采用劳动生产率、利润率、投资回报率等作为分组标志。

其次,要选择能够反映现象本质或主要特征的分组标志。在总体单位的标志中,有些是反映本质特征的,有些不是反映本质特征的,只有选择揭示现象总体本质特征的标志作为分组标志,才能真正揭示研究对象总体的本质特征,才能获得涉及分析问题实质的分组资料。例如,要研究居民的生活水平,选择按居民的职业和收入水平分组,这样更能反映问题的实质。

再次,结合所处的具体历史条件或社会经济发展条件选择分组标志。在不同的历史条件和社会经济发展水平下,标志的重要程度会发生变化。例如,在技术不发达或劳动密集的企业中,选择职工人数作为分组标志,能够反映企业的规模情况。但在技术进步或技术装备比较先进的现代企业,采用生产能力或固定资产的价值作为分组标志则更符合实际情况。解决温饱问题的标准、达到小康水平的标准等,也要根据不同的社会经济发展水平来确定。

最后,在选择分组标志时,还要遵从"互斥"和"穷尽"两个原则。互斥原则是指统计分组时总体的每一个单位只能属于其中一个组,而不能出现重复分组;穷尽原则是指在分组时必须保证每一个总体单位都能归入其中一个组,而不能出现遗漏。

分组界限就是要在分组标志的变异范围内,划定各相邻组间的性质界限和数量界限。分组界限划分不当,就会混淆组间的性质差别。

【技能训练】
(单选题)统计分组的依据是(　　)。
A.标志　　　　B.指标　　　　C.标志值　　　　D.变量值

任务三　次数分布

一、次数分布的概念和分类

(一)次数分布的概念

次数分布是在统计分组的基础上,将现象总体的所有单位按组别归类,并按一定顺序排列,形成总体各单位在各组的分布。又叫分配数列,或频数分布。

次数分布包括两个组成部分:各组名称(组别)和各组的单位数(次数或频数)。各组单位数占总体单位数(总次数)的比重叫频率,它说明总体内部各部分的组成情况,频率越大,说明该组变量值对总体的相对作用程度越大。任何一个次数分布都必然满足:各组的频率大于0,各组的频率之和等于1(或100%)。

次数分布是调查数据经过整理之后的一种重要表现形式,可以说明总体的构成情况和分布特征,是计算总体数量特征值的基础。

(二)次数分布的分类

根据分组标志特征的不同,次数分布可以分为品质分布数列和数量分布数列。

1.品质分布数列

品质分布数列是指按品质标志分组编制的分布数列,简称品质数列。例如某班级学生的性别构成见表3-5。

表3-5　　　　　某班级学生的性别构成

性别	学生人数(人)	比重(%)
男	38	76

(续表)

性别	学生人数(人)	比重(%)
女	12	24
合计	50	100

在上表中,男性组和女性组是两组名称,各组的学生人数和所占比重是频数和频率。在按照品质标志分组时,要注意选择恰当的分组标志,这样更有利于将总体各单位之间的本质差异表现出来。

2.数量分布数列

数量分布数列是指按照数量标志分组编制的分布数列,又称变量分布数列,简称变量数列。例如某班级学生的身高分布见表 3-6。

表 3-6　　　　　　　　　　班级学生的身高分布

身高(cm)	学生人数(人)	比重(%)
150 以下	2	4
150～160	5	10
160～170	25	50
170～180	15	30
180 以上	3	6
合计	50	100

在上表中,变量数列也由两部分组成:一是各变量值形成的分组,一是各组出现的总体单位数及所占总次数的比重。

变量数列按照各组变量值的个数不同,可以分为单项变量数列和组距变量数列。

(1)单项变量数列

单项变量数列是指数列中每组的数值只有一个变量值,即一个变量值代表一个分组,简称单项数列。示例见表 3-7。

表 3-7　　　　　　　　　　班级学生的年龄构成

年龄(岁)	学生人数(人)	比重(%)
18	3	6
19	12	24
20	30	60
21	5	10
合计	50	100

由上表可以看出,单项数列一般适合变量值不多、变动幅度不大的离散型变量,通常有几个不同的变量值就分几个组。

(2)组距变量数列

当变量值较多或者变量值的变动范围较大时,编制单项数列便不太适合,此时就需要编制组距变量数列。

组距变量数列是指在分组中,用两个变量值确定的一个数值区间(组距)代表一个组别所形成的数列,简称组距数列。示例见表 3-8。

表 3-8　　　　　　　　　　　班级学生的统计成绩分布

统计成绩	学生人数(人)	比重(%)
60 分以下	2	4
60～70	5	10
70～80	18	36
80～90	20	40
90～100	5	10
合计	50	100

由上表可以看出,组距数列一般适合于连续型变量或者变量值较多的离散型变量。

在组距数列中,需要明确以下几个概念:

①组限。组距数列中,各组的数量界限称为组限。组限包括上限和下限,下限是每组中最小的变量值,上限是每组中最大的变量值。根据各组上、下限是否齐全,分为开口组和闭口组。如果各组上、下限齐全,称为闭口组;最小组缺下限或最大组缺上限为开口组。

确定组限时,应注意以下问题:

a.组限最好是整数(组限末位数最好取 0 或 5),以方便计算;

b.第一组下限≤资料中最小值,最末组上限≥资料中最大值;

c.在划分连续型变量组限时,采用"重叠分组"和"上限不在内"原则,即每组变量值以下限为起点,不包括上限,与上限相等的标志值计入下一组。

d.划分离散型变量组限时,相邻组的上下限应当间断,即"不重叠分组",但在实际中为求简便也可采用"重叠分组"。此外,当变量出现极大值或极小值时,可采用开口组,即用××以下或××以上表示。

②组距和组数。

组距,每组下限和上限之差,即:

$$组距 = 上限 - 下限$$

根据各组组距是否相等,组距数列可以分为等距数列和不等距数列。等距数列是指各组的组距都相等,适用于变量值分布均匀的情况;不等距数列是指每组的组距不相等,通常用于变量值变动范围较大或者有特殊目的、要求的情况。

编制变量数列必须确定组距和组数。组数的多少通常和组距大小成反向变化。全距一定时,组距越大,组数越少;组距越小,组数越多。组距和组数先确定哪一个,并无统一规定,一般按照实际需要和习惯来确定,能准确、清晰地反映总体分布特点即可。通常在实际应用中,组数尽可能取奇数,避免取偶数,一般取 5～7 组;组距则最好为 5 或者 10 的整数倍,以计算简单方便。

③组中值,即各组上限和下限之间的中点数值。因为组距数列是以一变量区间代表一组,掩盖了组内各单位的实际变量值,所以通常用组中值近似地代表每个组若干变量的一般水平。组中值在统计分析中运用较广泛,如计算组距数列的平均值、标准差等。计算公式为

$$组中值 = \frac{上限 + 下限}{2}$$

若遇开口组,则:

$$\text{缺下限开口组的组中值} = \text{该组上限} - \frac{\text{邻组组距}}{2}$$

$$\text{缺上限开口组的组中值} = \text{该组下限} + \frac{\text{邻组组距}}{2}$$

当各组内变量值均匀分布时,组中值可以代表各组变量值的平均水平;当各组内变量值不是均匀分布时,组中值只能近似代替各组实际平均值。

【技能训练】

(单选题)某连续变量的分组中,其末组为开口组,下限为 200,又知其邻组的组中值为 170,则末组的组中值为(   )。

A.120　　　　　B.215　　　　　C.230　　　　　D.185

二、变量数列的编制

(一)单项数列的编制

由于单项数列适用于变量值较少、变动范围不大的离散型变量,且每组只有一个变量值,各组之间界限划分非常清晰明确,因此编制比较简单。编制单项数列时,首先将调查所得数据资料按数值大小从小到大顺序排列;然后确定各组变量值和组数,一般有几个不同的变量值就可以分几组;最后,汇总出各变量值出现的次数,编制单项数列即可。

(二)组距数列的编制

组距数列通常用于连续型变量或者变量值较多、变动范围较大的离散型变量,因此编制较为麻烦和复杂。其编制步骤主要包括:

1.将变量值排序,确定全距

首先将零散的、毫无规律的变量数值按照从小到大顺序排列,找出最大变量值和最小变量值。最大变量值和最小变量值之差即为全距,全距是确定组距和组数的依据。

2.确定组距和组数

在确定组距和组数时,应该考虑全距的大小、变量值的变动范围和分散程度等因素,同时应尽可能保证分组时组与组之间数量界限分明,组内同质、组间异质,清晰明了地反映总体数量分布特征。分组时,组数太多,组距太小,分布数列就会显得琐碎,不利于反映总体数量特征;组数太少,组距较大,数列又会显得过于笼统,同样难以反映总体分布特征。如前所述,组数尽可能取奇数,最好取 5~7 组;组距则最好为 5 或者 10 的整数倍。

此外,还应该根据现象的特点以及研究目的,确定编制等距数列还是不等距数列。

3.确定组限,根据需要计算组中值

根据变量值的实际分布情况和要求,确定编制开口组或闭口组。此外,在确定组限时,一般按照"重叠组限"和"上组限不在内"原则,做到变量值分组时无重叠、无遗漏。

4.计算各组频数、频率、累计频数、累计频率等,编制组距数列

经过整理分组,确定了全距、组距、组数和组限之后,就可以把各变量值按组别归类得出各组单位数,然后据以计算频率、累计频数和累计频率等,编制组距数列。

【例 3-1】对某企业 30 个工人完成劳动定额的情况进行调查,其原始资料如下(%):

98	81	95	84	93	86	91	102	100	103	105	100
104	108	107	108	106	109	112	114	109	117	125	115
120	119	118	116	129	113						

试就这些数据编制变量数列。

(1)第一步:将各变量值按照由小到大顺序排列,同时计算全距

81	84	86	91	93	95	98	100	100	102	103	104
105	106	107	108	108	109	109	112	113	114	115	116
117	118	119	120	125	129						

全距　　$R = 129\% - 81\% = 48\%$

(2)第二步:确定组数和组距

根据工作成绩的一般分类原则,可以将其分成优、良、中、一般和不合格五档次,因此,确定组数为 5。为了符合习惯和计算方便,组距近似地取 10%。

(3)第三步:确定组限和频数

①为了方便计算,组限应尽可能取整数,最好是 5 或 10 的整倍数。

②第一组下限≤最小变量值,最末组上限≥最大变量值。

本例变量值中最小值为 81%,因此第一组下限可以取 80%;本例变量值中最大值为 129%,故最末组上限可以取 130%。根据变量值的实际分布情况,本例编制闭口组。

③根据"上组限不在内"的原则将各变量值分别归到各组别。

(4)第四步:计算所需内容,编制组距数列,见表 3-9。

表 3-9　　某企业 30 个工人劳动定额完成情况分布

劳动定额完成程度(%)	频数(人)	频数(%)
80~90	3	10.0
90~100	4	13.3
100~110	12	40.0
110~120	8	26.7
120~130	3	10.0
合计	30	100.0

有时为了研究整个变量数列的次数分布状况和进行某项统计计算,编制数列时通常还计算组中值、累计频数及频率。累计次数和累计频率表明总体在某一变量值的某一水平上、下共计包括的总体次数和频率,其计算方法一般有两种:向上累计和向下累计。向上累计又称较小值累计,是将各组次数或频率由变量值小的组别向变量值大的组别累计,其意义是低于某分组上限的累计频数/频率;向下累计又称较大值累计,是将各组次数或频率由变量值大的组别向变量值小的组别累计,其意义是高于某分组下限的累计频数/频率。

例如,本例中劳动定额完成 100%的共计多少人?占全部人数多大比重?没有完成定额的工人有多少人?占全部人数多大比重?其结果见表 3-10。

表 3-10　　　　　某企业 30 个工人劳动定额完成情况

劳动定额完成程度(%)	频数(人)	频数(%)	组中值(%)	向上累计		向下累计	
				累计频数(人)	累计频率(%)	累计频数(人)	累计频率(%)
80～90	3	10.0	85	3	10.0	30	100.0
90～100	4	13.3	95	7	23.3	27	90.0
100～110	12	40.0	105	19	63.3	23	76.7
110～120	8	26.7	115	27	90.0	11	36.7
120～130	3	10.0	125	30	100.0	3	10.0
合计	30	100.0	—	—	—	—	—

观察上表数据,可知本例中劳动定额完成 100% 的共计 23 人,占全部人数比重为 76.7%;没有完成定额的工人有 7 人,占全部人数比重为 23.3%。可见,累计频数和累计频率可以更加简便地概括总体各单位的数量特征。

【技能训练】

（单选题）某同学考试成绩为 80 分,应将其计入(　　)。
A.成绩为 80 分以下人数中　　　　B.成绩为 70～80 分的人数中
C.成绩为 80～90 分的人数中　　　D.根据具体情况来具体确定

任务四　统计表与统计图

通过对零散的、毫无规律性的原始数据进行初步的整理和加工后,统计工作已初见成果。那这些成果如何展示出来以便于人们分析和利用呢？一般说来,主要有两种方法:统计表和统计图。

一、统计表

统计表是最常见的一种数据表现形式。统计调查得到的大量原始资料,经过加工整理后,得到一系列数量指标值,将这些值按照一定的逻辑顺序填入相应的表格内,这种表格就是统计表。

（一）统计表的结构

1.从外表形式上看,统计表由四部分组成

（1）总标题:它是统计表的名称,位于表的上端中央位置,用以概括统计表中数字资料的主要内容。

（2）横行标题:它是各分组的名称,一般在表的左边位置,用来反映总体单位的分组情况,是统计表要说明的对象。

（3）纵栏标题:它是总体各分组标志或指标的名称,一般位于表的上方,用来说明纵栏所列各项资料的内容。

（4）数字资料:也称指标数值,是统计表的具体内容,处在各横行标题和各纵栏标题交叉处,每一个指标数值都由相对应的横行标题和纵栏标题加以限定。

此外,有时为了补充说明,统计表往往还附有一些备注、说明,如资料来源、计算方法、填表单位和日期等。

2.从内容上看,统计表由两部分构成

(1)主词:它是统计表所要说明的对象,总体各单位、各分组名称或各个时期等内容的排列,是统计表的主体,通常用横行标题表示。

(2)宾词:它是统计表用来说明主词的各个指标,包括指标名称、指标数值和计量单位等,一般由纵栏标题和指标数值组成。统计表的结构展示见表3-11。

表3-11　　　　班级学生的统计成绩分布

统计成绩	学生人数(人)	比重(%)
60 分以下	2	4
60~70	5	10
70~80	18	36
80~90	20	40
90~100	5	10
合计	50	100

(二)编制统计表的注意事项

统计表编制得科学与否,直接关系到统计表作用发挥的好坏。编制统计表应遵循目的明确、科学实用、内容具体、清晰准确、美观简洁等原则,以便于人们进行阅读、计算和分析。因此,在编制统计表过程中,应注意以下问题:

1.统计表的内容要科学

(1)统计表的内容应设计紧凑、重点突出,反映问题要一目了然,避免庞杂。

(2)统计表的总标题应简明确切地概括统计表内容,防止文字累赘和含糊不清,一般需要表明统计数据的时间(When)、地点(Where)以及何种数据(What),即标题内容应满足 3W 要求。

(3)统计表的主词和宾词的排列顺序要正确反映内容的逻辑关系。例如先有计划,后有实际,之后才有计划完成程度;先有局部,后有整体,然后列出总计。主词分组层次应合理,宾词分组标志不宜过多。

(4)表中的计量单位要清楚注明。当表中只有一种计量单位时,应将其写在表的右上角。如果有几个不同的计量单位,可在横行标题右侧专设计量单位一栏,也可与纵栏标题指标名称标注在一起。

2.统计表的形式要合理

(1)统计表的形式要美观,一般为长方形,表的长宽比例要恰当;表的上端和下端应分别用粗线或双线划出;表的左右两侧不划线,采用开口式;各纵栏间应用细垂直线分开,各横行间可不划线,但合计行与分行间应划线分开。

(2)统计表的栏次较多时,应加编号,主词栏用甲、乙、丙等文字表示。宾词栏用(1)(2)(3)等阿拉伯数字表示。必要时还可用加、减、乘、除标出各栏间数字运算关系,例如(5)=(2)×(3)。

(3)表中的"合计行"一般列在最后一行或最前一行。表中的"合计栏"一般列在最前一栏。

3.统计表的填写应规范

(1)统计表中的数字应填写工整、清楚,要对准位数,数据一般是右对齐,有小数点时应以小数点对齐,同类数字要保留相同的小数点后位数。

表中数字填写部分不能留下空白。某表格不应有数字时,用符号"—"表示;某表格缺乏数据时,用符号"……"表示;某表格数字为 0 或因数小可忽略不计时,用符号"0"表示。如果各行或各栏中有相同数字,应全部填写,不可用"同上""同左"等字样。

(2)在使用统计表时,必要时可以在表的下方加上"附注"或"说明",特别要注意标明资料来源,以表示对他人劳动成果的尊重,方便读者查考。

二、统计图

统计表虽然准确具体,但展示数据时不太直观。统计图也是统计资料的一种重要表现形式,它是将经过整理的资料用几何图形或具体形象表现出来,直观、生动、醒目和形象地展示总体各单位分布状况及其规律性。

统计图可以展示现象总体的规模、水平、结构、发展趋势和总体各部分之间的对比、依存关系等内容,目前主要利用 EXCEL 软件依据数字资料绘制。

常见的统计图主要有直方图、条形图、折线图、曲线图和饼图等,在实际统计工作中应当根据资料性质和分析目的选用适当的统计图。

(一)直方图

直方图是用矩形的宽度和高度来表示频数分布的图形。矩形的宽度代表各组的组距(一般各组组距不等时,应折合成等距再绘图),高度代表各组的频数或频率。直方图适用于表示数值变量的频数分布。如图 3-1 所示。

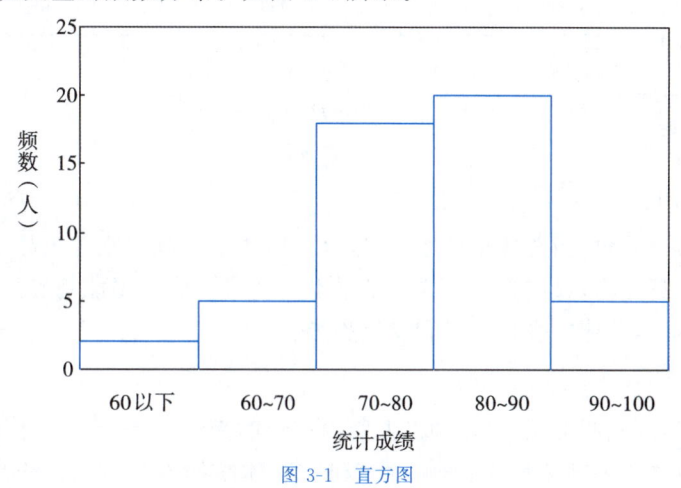

图 3-1 直方图

(二)条形图

条形图用相同宽度的直条长短来表示某统计指标的数值大小和它们之间的对比关系,适用于比较、分析分类型数据。如图3-2所示。

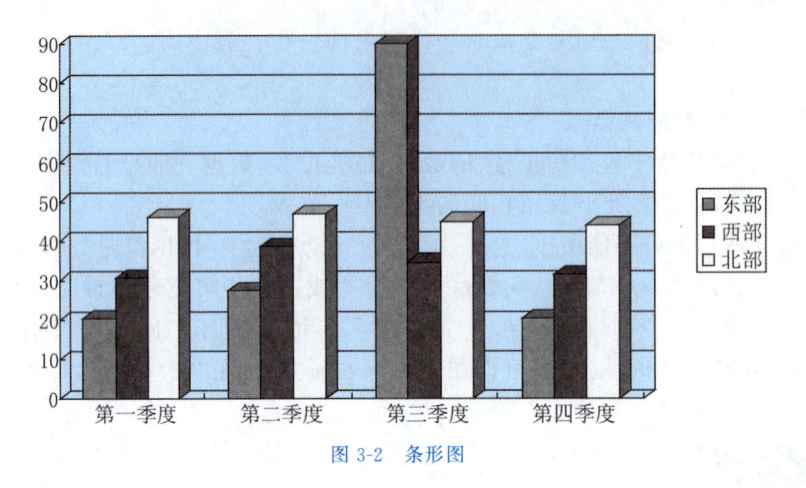

图3-2 条形图

(三)折线图

在直线图的基础上,将每个矩形顶端中点以直线连接,即形成折线图。折线图的两个终点要交于X轴,具体做法是从折线两端端点连到横轴两边组距的中点。折线图不仅可以表示数量的多少,还可以反映现象发展变化的情况。如图3-3所示。

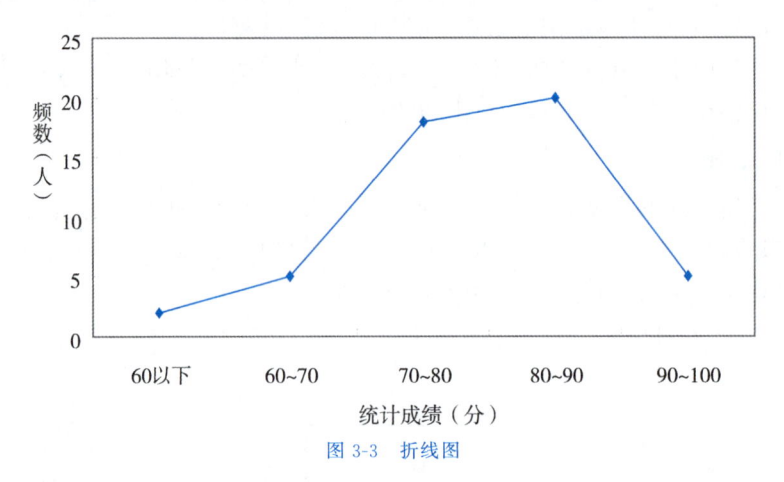

图3-3 折线图

(四)曲线图

从折线图可以看出,当总体单位数越多,分组组数越多且组距越来越小时,所绘制的折线图就会越来越光滑,最终近似形成一条平滑的曲线。曲线图能精确描述总体数量特征的分布状况,显示总体的变化情况和发展趋势。

(五)饼图

饼图也叫扇形图、圆形图,是用圆形及圆内扇形的面积来表示占总体比重的统计图,主要用于表示总体内各部分所占比例,对于研究总体结构十分有用。绘制饼图时,起点一般从 12 点位置开始，顺时针排列，各部分用不同颜色或阴影表示，并附图例。如图 3-4 所示。

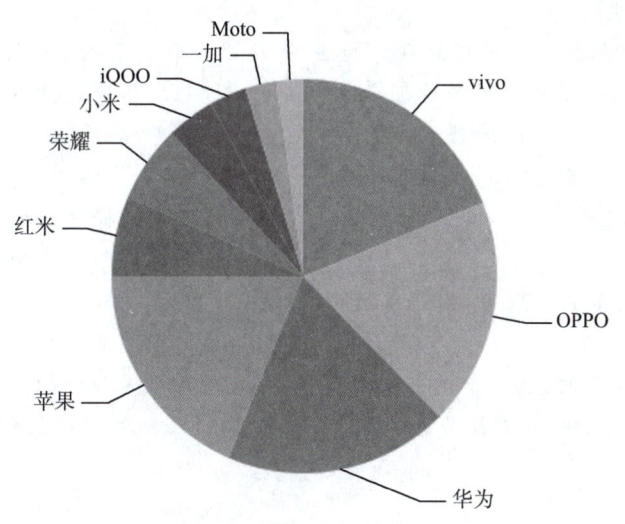

资料来源：ZDC 互联网消费调研中心，2022 年 8 月

图 3-4　饼图

【技能训练】

（多选题）统计表从外表形式看，包括如下内容（　　　）。

A．总标题　　　　　　　　B．横行标题

C．纵栏标题　　　　　　　D．数字资料

小　结

统计整理就是根据统计研究任务的要求，将调查所得的大量原始资料进行科学的加工和整理，使之呈现条理化和规律化，并将整理结果以图表的形式表示出来，以反映总体数量特征。

统计整理工作顺利进行的前提是统计分组，统计分组的核心问题是选择分组标志。按分组标志性质的不同可以分为品质标志分组和数量标志分组。

在分组的基础之上，将总体的各个单位按组归类整理，并按一定顺序排列，形成总体各单位在各组之间的分布，即为次数分布。

次数分布分为品质数列和变量数列两类。变量数列又可分为单项数列和组距数列。

组距数列的编制步骤：将变量值排序；确定全距；确定组距和组数；确定组限，根据需要计算组中值；计算各组频数、频率、累计频数、累计频率等，编制组距数列。

将次数分布的结果展示出来，以便于人们分析和利用的方法主要有两种：统计表和统计图。

综合技能训练

一、单项选择题

1. 统计分组时根据统计研究的目的和任务,按照一个或几个分组标志(　　)。
   A.将总体分成性质相同的若干部分　　B.将总体分成性质不同的若干部分
   C.将总体分成数量相同的若干部分　　D.将总体分成数量不同的若干部分

2. 进行统计分组的关键是(　　)。
   A.划分各组组限　　　　　　　　　　B.正确选择分组标志
   C.确定各组组距　　　　　　　　　　D.计算各组组中值

3. 划分离散变量的组限时,相邻两组的组限(　　)。
   A.必须是间断的　　　　　　　　　　B.必须是重叠的
   C.既可以是间断的,也可以是重叠的　D.应当是相近的

4. 某连续变量数列,其末组为开口组,下限为500,又知其邻组组中值为480,则末组组中值为(　　)。
   A.490　　　　　　　　　　　　　　　B.500
   C.510　　　　　　　　　　　　　　　D.520

5. 在全距一定的情况下,组距的大小与组数的多少成(　　)。
   A.正比　　　　　　　　　　　　　　B.反比
   C.无比例关系　　　　　　　　　　　D.有时成正比有时成反比

6. 简单分组与复合分组的区别在于(　　)。
   A.总体的复杂程度不同　　　　　　　B.组数多少不同
   C.选择分组标志的性质不同　　　　　D.选择的分组标志的数量不同

7. 等距分组适合于(　　)。
   A.一切变量　　　　　　　　　　　　B.变量变动比较均匀的情况
   C.呈急剧升降变动的变量　　　　　　D.按一定比率变动的变量

8. 变量数列中各组频率的总和应该(　　)。
   A.小于1　　　　　　　　　　　　　 B.等于1
   C.大于1　　　　　　　　　　　　　 D.不等于1

9. 某连续变量分为5组:第一组为40~50,第二组为50~60,第三组为60~70,第四组为70~80,第五组为80以上。依习惯上规定(　　)。
   A.50在第一组,70在第四组　　　　　B.60在第二组,80在第五组
   C.70在第四组,80在第五组　　　　　D.80在第四组,50在第二组

10. 在分配数列中,频数是指(　　)。
    A.各组单位数与总体单位数之比　　　B.各组分布次数的比率
    C.各组单位数　　　　　　　　　　　D.总体单位数

11. 累计次数或累计频率中的"向上累计"是指(　　)。
    A.将各组变量值由小到大依次相加
    B.将各组次数或频率由小到大依次相加
    C.将各组次数或频率从变量值最低的一组向最高的一组依次相加

D.将各组次数或频率从变量值最高的一组向最低的一组依次相加

12.变量数列是（　　）。

A.按数量标志分组的数列　　　　B.按品质标志分组的数列

C.按数量标志或品质标志分组的数列　　D.按数量指标分组的数列

13.有20个工人看管机器台数资料如下：2,5,4,4,3,4,3,4,4,2,2,4,3,4,6,3,4,5,2,4。如按以上资料编制分配数列，应采用（　　）。

A.单项式分组　　　　　　　　　B.等距分组

C.不等距分组　　　　　　　　　D.以上几种分组均可以

14.对某班学生进行以下分组,表3-12属于（　　）。

表3-12

分　　组	人　数（人）
按性别分组	
男	30
女	20
按年龄分组	
20岁以下	38
20岁以上	12

A.简单分组　　　　　　　　　　B.平行分组体系

C.复合分组体系　　　　　　　　D.以上都不对

二、多项选择题

1.统计分组的作用在于（　　）。

A.区分现象的类型　　　　　　　B.反映现象总体的内部结构变化

C.比较现象间的一般水平　　　　D.分析现象的变化关系

E.研究现象之间数量的依存关系

2.正确的统计分组应做到（　　）。

A.组间有差异　　　　　　　　　B.各组应等距

C.组内属同质　　　　　　　　　D.组限不应重叠

E.不应出现开口组

3.下列（　　）分组是按品质标志分组。

A.职工按工龄分组　　　　　　　B.人口按民族分组

C.人口按地区分组　　　　　　　D.企业按所有制分组

E.科技人员按职称分组

4.构成频数分布表的基本要素是（　　）。

A.各组的组别　　　　　　　　　B.组限

C.组中值　　　　　　　　　　　D.分配在各组的次数

E.组距

5.某单位100名职工按工资额分为3 000元以下、3 000～4 000元、4 000～6 000元、6 000～8 000元、8 000元以上5个组。这一分组（　　）。

A.是等距分组　　　　　　　　　B.分组标志是连续变量

C.末组组中值为 8 000 元　　　　　　　　D.相邻的组限是重叠的

E.某职工工资 6 000 元,应计在 6 000～8 000 元组内

6.变量数列中频率应满足的条件是(　　)。

A.各组频率大于 1　　　　　　　　　　　B.各组频率大于或等于 0

C.各组频率之和等于 1　　　　　　　　　D.各组频率之和小于 1

E.各组频率之和大于 0

7.统计表从构成形式上看,一般包括(　　)。

A.总标题　　　　　　　　　　　　　　　B.横行标题

C.纵栏标题　　　　　　　　　　　　　　D.数字资料

E.调查单位

8.指出表 3-13 表示的数列属于什么类型(　　)。

表 3-13

按劳动生产率分组(件/人)	职工人数(人)
120～130	12
130～140	18
140～150	37
150～180	13
合　　计	80

A.品质数列　　　　　　　　　　　　　　B.变量数列

C.组距数列　　　　　　　　　　　　　　D.等距数列

E.异距数列

三、判断题

1.无论离散变量还是连续变量都可以编制单项数列。　　　　　　　　　(　　)

2.凡是将总体按某个标志分组所形成的数列都是变量数列。　　　　　　(　　)

3.区分简单分组和复合分组的根据是采用分组标志的多少不同。　　　　(　　)

4.进行组距分组时,当标志值正好等于相邻两组的上下限值时,一般将此标志值归为作为上限的一组。　　　　　　　　　　　　　　　　　　　　　　　　(　　)

5.统计表的主词栏是说明总体各项统计指标的。　　　　　　　　　　　(　　)

6.连续型变量和离散型变量在进行组距式分组时,均可采用相邻组组距重叠的方法确定组限。　　　　　　　　　　　　　　　　　　　　　　　　　　　　(　　)

7.按数量标志分组形成的分配数列和按品质标志分组形成的分配数列,都可称为次数分布。　　　　　　　　　　　　　　　　　　　　　　　　　　　　(　　)

四、计算题

1.某公司工人月收入水平分组情况和各组工人数情况见表 3-14。

表 3-14　　　　　　　　　某公司工人资料

月收入(元)	工人数(人)
2 400～2 500	20

(续表)

月收入(元)	工人数(人)
2 500～2 600	30
2 600～2 700	50
2 700～2 800	10
2 800～2 900	10

指出这是什么组距数列,并计算各组的组中值和频率分布情况。

2.某班组 20 名工人看管机器数资料如下:(单位:台)

2、5、4、2、3、4、4、2、2、4、3、4、5、3、4、4、2、4、3、2

要求:据上述资料编制变量数列。

3.某电脑公司六月销售额见表 3-15。

表 3-15　　　　　　　　**某电脑公司六月销售额**　　　　　　　　单位:万元

60	60	62	65	66	65	67	70	71
72	73	74	75	76	76	76	76	77
78	78	79	79	80	82	83	84	84
86	87	88	89	89	90	91	92	92

根据上述资料进行适当分组,并编制频数分布表,要求写出具体解题过程。

学习模块四

统计分析与应用

单元一 统计对比分析

认知目标

1. 理解总量指标与相对指标的概念、作用与种类；
2. 掌握相对指标的计算与应用；
3. 区分各种相对指标。

能力目标

1. 能够运用经济生活中常用的总量指标；
2. 能够准确地计算各种相对指标；
3. 能够利用相对指标，分析有关经济问题。

任务导入

经过统计调查和资料整理可以得到反映社会经济现象的一系列综合性数字，这些数字在统计中叫什么呢？这些数字之间是否有联系？利用这些数字之间的关系是否可以计算出有意义的数据，进而对经济活动进行分析呢？

提出问题

A 市 2021 年实现生产总值 1 139.17 亿元，比上年增长多少？分产业看，第一产业实现增加值 147.58 亿元，比上年增长多少？第二产业实现增加值 447.68 亿元，比上年增长多少？第三产业实现增加值 543.91 亿元，比上年增长多少？三种产业之比为多少？比 B 市发展得快还是慢？该市人均产值是多少？

> 解决问题

任务一　计算与运用总量指标

一、总量指标的概念和作用

(一)总量指标的概念

总量指标是在统计调查、统计整理基础上直接获得的数量指标,是统计中最简单、最直接、最基本的指标。例如国家各级统计局每年公布的统计资料,其中最主要的就是各项总量指标,如农林牧渔业总产值、全年肉类总产量、财政收入、财政支出、蔬菜播种面积、粮食作物播种面积等。

总量指标是用来说明客观现象在一定时间、地点、条件下的总规模,总水平或工作总量的统计指标。总量指标用绝对数形式表示,因此也称为绝对指标,也是数量指标。总量指标也可以表示同类数量指标间的差额,如总增加量或总减少量。例如,某市2021年全社会固定资产投资累计完成739.30亿元,较上年增加150.08亿元;社会消费品零售额完成453.81亿元,较上年增加68.02亿元;年末全市常住人口302.16万人,较上年末增加1.54万人,这些就是总量指标。它反映了该市固定资产投资、社会商品零售额、人口的总水平或总规模。总量指标数值受总体范围的制约,总体范围大总量指标数值大,反之则小。

(二)总量指标的作用

1.总量指标是认识社会经济现象总体的起点,它可以反映总体的基本情况和基本实力。例如,要从整体上了解一个企业的实力与规模,就需要知道它的固定资产、流动资产、销售收入、产值、利润、职工人数等一系列总量指标。例如,2021年某集团完成工业总产值58.65亿元,完成销售收入61.03亿元,利润达20.52亿元等,表明了该集团的基本状况。

2.总量指标是编制计划、实行经济管理的主要依据,国家及各级生产部门在编制和检查各项计划时都必须掌握各种社会经济总量指标,才能进行宏观调控和科学管理。

3.总量指标是计算相对指标和平均指标的基础。相对指标、平均指标都是运用相应总量指标计算的结果。相对指标、平均指标称为派生指标。因此,总量指标计算的科学性就会直接影响一系列派生指标的准确性。

【技能训练】

(单选题)下列指标中哪一项是总量指标(　　)。

A.某学校在校生人数　　　　B.学生出勤率
C.教师的平均工资　　　　　D.学生考试及格率

二、总量指标的分类

总量指标按不同的标志可以划分若干类型。

(一)按反映的内容分类

分为总体单位总量和总体标志总量。

1.总体单位总量,简称单位总量。它表示总体本身规模的大小,是指总体内所有单位数的总和,例如全校教职工人数、全国高等学校总数、全国在校研究生总数等。

2.总体标志总量,简称标志总量。它是指总体中各单位某数量标志值的总和,例如某市的国内生产总值、某市的税收收入等。

总体单位总量和总体标志总量并不是固定不变的,而是随研究目的不同而变化的。例如职工人数这一总量指标,在研究某企业职工平均工资时属于单位总量;而当研究某市工业企业经营状况时则属于标志总量。正确区分总体单位总量和总体标志总量指标,对于计算平均指标有重要的意义。

(二)按反映的时间状况分类

分为时期指标和时点指标。

1.时期指标,表明总体在一段时间内累积的总量。例如,产品产量、产值、商品销售额、人口出生数等。

2.时点指标,表明总体在某一时刻(瞬间)的数量状态。例如,人口数、职工人数、设备台数、商品库存量等。

时期指标与时点指标异同:

相同点:都是总量指标。

不同点:

(1)时期指标的各期数值具有可加性,相加后可以说明社会经济现象总体在较长的时期内所发生的总量。时点指标的各期数值直接相加求和没有实际意义,不具有可加性,只是在需要计算某些派生指标时才把时点指标的数值直接相加。

(2)同一总体时期指标数值的大小与时期的长短有直接关系。时点指标数值的大小与时点间的间隔长短没有直接关系。

(3)时期指标是连续登记、累计的结果。时点指标数值是间断计数的。

(三)按采用的计量单位分类

分为实物指标、价值指标、劳动指标。

1.实物指标,是根据事物的属性和特点采用自然物理计量单位的总量指标。有自然单位、度量衡单位、双重单位、复合单位和标准实物单位等。例如人口按"人"、牲畜按"头"、质量用"千克"、长度用"米"、电机用"千瓦/台"、货物周转量用"吨/公里"等,它反映了社会经济现象的实物内容,但缺乏综合性。

2.价值指标,是以货币为单位计算的总量指标,又称货币指标,例如国内生产总值、固定资产投资额、社会商品零售额等。它具有广泛的综合性能和高度的概括能力,但脱离了物质内容,比较抽象,甚至不能确切反映实际情况。因此,在实际工作中,往往把实物指标和价值指标结合使用,才能比较全面地认识事物。

3.劳动指标,是以劳动时间为单位计算的总量指标。例如出勤工日、实际工时、定额工时等。劳动指标主要在企业内部的核算中使用。

【技能训练】

(单选题)下列统计指标中属于时期指标的有(　　)。

A.机器台数　　　B.企业数　　　C.耕地面积　　　D.销售收入

任务二　计算与运用相对指标

一、相对指标的概念、作用和表现形式

(一)相对指标的概念

相对指标是用两个有联系的指标进行对比的比值来描述现象数量特征和数量关系的综合指标,又叫相对数,常用来反映现象的结构、比例、密度、发展程度等关系,以相对数形式表示。

(二)相对指标的作用

1.相对指标可以较清楚地反映现象内部结构和现象之间的数量联系程度,可对现象进行更深入的分析和说明。例如,一个地区城镇人口占该地区总人口的比重,可以说明该地区城市化水平;一个企业的计划完成程度可以说明一个企业任务完成的情况;一个国家人均 GDP 可以说明一个国家的经济实力。

2.相对指标可以使那些利用总量指标不能直接对比的现象,找到可以对比的基础,使不可比的现象转化成可比的现象,从而比较准确地判断事物之间的差异程度。例如甲企业资本总额 200 万元,实现利税 20 万元,资本利税率 10%;乙企业资本总额 100 万元,实现利税 12 万元,资本利税率 12%。如果用总量指标实现利税比较,说明甲企业的经营效益大于乙企业,而从相对指标资本利税率看,说明乙企业的经营效益好于甲企业。应该准确地说,乙企业的经营比甲企业好。

3.相对指标是进行经济管理和考核企业经济活动成果的重要指标。企业的资产负债表、利润表、现金流量表中诸多数据属于总量指标,但在考核企业经济效益时经常要用这些表内的数据进行对比分析,反映企业的偿债能力、营运能力、盈利能力、发展能力等。

(三)相对指标的表现形式

相对指标的一般表现为无名数,少数表现为复名数(有名数)。无名数是一种没有计量单位的数值,是一种抽象化的数值,常见有百分数、千分数、成数、系数和倍数、百分点、番数等;复名数主要用来表示强度的相对指标,以表明事物的密度、强度和普遍程度等。例如,人均粮食产量用"千克/人"表示,人口密度用"人/平方公里"表示等。

二、相对指标的种类与计算

因统计分析目的的不同,两个相互联系的指标数值对比,可以采用不同的比较标准(即对比的基础),而对比所起的作用也有所不同,从而形成不同的相对指标。一般可以分为下列六种,即结构相对指标、比例相对指标、比较相对指标、动态相对指标、强度相对指标和计划完成程度相对指标。

(一)结构相对指标

结构相对指标又称结构相对数或比重指标,就是在分组的基础上,以各组的单位数与总体单位总数对比求得的比重,或以各组(或部分)的标志总量与总体的标志总量对比求得的比重,借以反映总体内部结构的一种综合指标。一般用百分数、成数或系数表示。其计算公式为

$$结构相对数 = \frac{总体某部分或组的数值}{总体全部数值} \times 100\%$$

该指标由于对比的基础是同一总体的总数,所以各部分(或组)所占比重之和应当等于100%或1。该指标分子属于分母的一部分,即分子、分母是一种从属关系,所以分子分母不能互换。

在社会经济统计中,广泛应用结构相对数。结构相对数具有重要意义。它经常用来反映总体的内部构成情况,说明事物的性质和特征。把不同时间的结构相对数进行对比分析可以说明现象的变化过程规律。示例见表4-1和表4-2。

表4-1　　　　　　　　某企业各车间产值所占比重

企业	产值(万元)	比重(%)
甲	(1)	(2)
一车间	100	20
二车间	150	30
三车间	250	50
合计	500	100

表4-2　　　　　　　　历次我国人口普查人口比重

普查次数	普查时点	全国	城市	农村
第一次人口普查	1953年7月1日零时	100	13.26	86.74
第二次人口普查	1964年7月1日零时	100	18.40	81.60
第三次人口普查	1982年7月1日零时	100	20.60	79.40
第四次人口普查	1990年7月1日零时	100	26.20	73.80
第五次人口普查	2000年11月1日零时	100	36.09	63.91
第六次人口普查	2010年11月1日零时	100	49.68	50.32
第七次人口普查	2020年11月1日零时	100	63.89	36.11

(二)比例相对指标

比例相对指标又称为比例相对数,即反映总体中各个组成部分之间的比例关系和均

衡状况的综合指标。它是同一总体中某一部分数值与另一部分数值静态对比的结果。其计算公式为

$$比例相对数 = \frac{总体中某一部分数值}{同总体中另一部分数值} \times 100\%$$

比例相对指标的数值，一般用百分数或一比几或几比几的形式来表示，分析总体中若干部分的比例关系时可采用连比形式。比例相对数的分子和分母是一种并列关系，因而分子分母可以互换。我国第七次人口普查的结果显示，城市人口 901 991 162 人，乡村人口 509 787 562 人，城乡人口比例为 1.77∶1。社会经济中的许多重大比例关系，例如人口的性别比例、积累与消费的比例、生产性投资与非生产性投资的比例、不同产业的比例，都可以用比例相对指标来反映，分析这些比例关系有助于发现社会经济现象中的规律，调整不合理的比例，促进社会经济协调发展。

（三）比较相对指标

比较相对指标又称为比较相对数，是将某一总体的指标数值与另一总体的同类指标数值做静态对比而得出的综合指标，表明同类事物在不同空间条件下的差异程度或相对状态。比较相对指标可以用百分数、倍数和系数表示。其计算公式为

$$比较相对数 = \frac{某一总体指标数值}{另一总体同类指标数值}$$

比较相对指标的分子、分母可以根据研究目的而定，即分子、分母可以互换，可以用来反映不同国家、不同地区或不同单位之间同类现象的差异程度。用来对比的分子、分母，既可以是绝对数，也可以是相对数或平均数。在经济管理工作中，广泛应用于比较相对数，例如用各种经济效益指标在企业之间进行对比，把各项技术经济指标与国家规定的标准条件对比，与同行业的先进水平或世界先进水平对比，借以找差距、挖潜力、定措施，为提高企业的经营管理水平提供依据。计算比较相对数应注意对比指标的可比性。甲、乙两个企业 2021 年的销售收入分别为 10 亿元和 5 亿元，则乙公司的销售收入是甲公司的 50%，甲公司是乙公司的 2 倍。甲公司每股收益 0.4 元，乙公司的每股收益是 1 元，那么乙公司的每股盈利是甲公司的 2.5 倍，或甲公司是乙公司的 40%。由此可见，公司的规模是甲公司大，但盈利能力却是乙公司强。

（四）动态相对指标

动态相对指标又称为动态相对数，是将同一总体在不同时期的同类指标进行动态对比而得出的相对数，说明现象水平发展变动的方向和程度。一般用百分数或倍数表示，也称为发展速度。其计算公式为

$$动态相对数 = \frac{报告期指标值}{基期指标值} \times 100\%$$

基期就是指作为对比的基础时期，根据研究的任务和需要，基期可以是前期、上年同期或某固定时期。报告期是指统计研究中所要分析计算的时期，亦称计算期。

例如，某企业 2020 年产品产量 12 万吨，2021 年该产品产量为 15 万吨，则 2021 年产量为 2020 年的 125%，2021 年比 2020 年增长了 25%。

(五)强度相对指标

强度相对指标又称为强度相对数,是两个性质不同但有一定联系的总量指标之比。它用来表明现象的强度、密度和普遍程度的综合指标。其计算公式为

$$强度相对数=\frac{某一总量指标数值}{另一性质不同而有联系的总量指标数值}$$

强度相对指标的计量单位可以是复名数,也可以是百分数、单名数。强度相对指标在社会统计中有特殊的作用,可以反映一个国家或一个地区的经济实力,可以反映事物的密度和普遍程度,还可以反映企业经济效益的好坏。例如人均粮食产量(经济实力)、人口密度(密度)、电话普及率(普遍程度)、流通费用率(经济效益)等,都是强度相对指标。

有些强度相对指标分子、分母可以互换,此时强度相对指标就有正逆之分,正指标是指强度相对指标数值与所研究现象的发展程度或密度成正比例;逆指标是指强度相对指标数值与所研究现象的发展程度或密度成反比例。

数据显示,2021年,全年国内生产总值 1 143 670 亿元,比上年增长 8.1%,两年平均增长 5.1%。其中,第一产业增加值 83 086 亿元,比上年增长 7.1%;第二产业增加值 450 904 亿元,比上年增长 8.2%;第三产业增加值 609 680 亿元,比上年增长 8.2%。第一产业增加值占国内生产总值比重为 7.3%,第二产业增加值占国内生产总值比重为 39.4%,第三产业增加值占国内生产总值比重为 53.3%。全年最终消费支出拉动国内生产总值增长 5.3 个百分点,资本形成总额拉动国内生产总值增长 1.1 个百分点,货物和服务净出口拉动国内生产总值增长 1.7 个百分点。全年人均国内生产总值 80 976 元,比上年增长 8.0%。国民总收入 1 133 518 亿元,比上年增长 7.9%。全员劳动生产率为 146 380 元/人,比上年提高 8.7%。

(六)计划完成程度相对指标

计划完成程度相对指标又称为计划完成相对数或计划完成百分比,是以现象在某一段时间内(如旬、月、季或年)的实际完成数与计划任务数对比,反映计划完成程度的综合指标。一般用百分数表示,其计算公式为

$$计划完成相对数=\frac{实际完成数}{计划任务数}\times 100\%$$

在企业、单位或在整个国民经济范围内,都经常应用计划完成相对数作为监督和检查计划的工具之一。

1.计划数为不同指标形式时,计划完成程度相对指标的计算——短期计划完成程度的检查

计算计划完成情况相对指标的基数是计划任务数。由于基数的表现形式有绝对数、平均数和相对数三种,因而计划完成相对数在形式上有所不同,但在计算方法上仍然以计划指标作为对比的基础或标准。

(1)计划任务数为绝对数,计算计划完成相对数的公式与基本公式相同,一般适用于研究分析社会经济现象的规模或水平的计划完成程度。

(2)计划任务数为平均数,计算计划完成相对数的公式为

$$计划完成相对数 = \frac{实际平均水平}{计划平均水平} \times 100\%$$

在经营管理中,有些计划任务是用平均数形式表示的,例如工业生产中的劳动生产率、单位产品成本、单位产品原材料消耗量;又如农业生产中的粮食亩产量等,可以采用上述方法检查这些计划任务的完成情况。

(3)计划任务数为相对数(提高率或降低率),计算计划完成相对数的公式为

$$计划完成相对数 = \frac{1 \pm 实际提高率(降低率)}{1 \pm 计划提高率(降低率)} \times 100\%$$

计划任务大多数是用计划数量指标或质量指标规定的,但有些计划任务是用计划提高的百分数或计划降低的百分数规定的,例如劳动生产率计划提高百分数、产品的成本降低率、流通费用降低率等。考核这些计划任务完成情况时,可以按上述公式计算相对指标的数值。假设某企业计划规定劳动生产率比上年水平提高 15%,实际比上年提高了 18.50%,则:

$$计划完成相对数 = \frac{118.50\%}{115\%} \times 100\% = 103.04\%$$

结果表明,劳动生产率超额 3.04% 完成计划。又如,某种产品的计划成本降低率为 4%,实际成本降低率为 5%,则该产品成本降低率计划完成相对数为

$$计划完成相对数 = \frac{100\% - 5\%}{100\% - 4\%} \times 100\% = 98.96\%$$

结果表明,单位成本计划完成了 98.96%,超计划完成 1.04%。所以,计划数为提高率或降低率时,计算计划完成相对数时,都应包括原有基数 100% 在内,不能直接以实际提高的百分数(或实际降低率)与计划提高的百分数(或计划降低率)对比。

上述计算公式,主要用来检查短期计划执行情况,可以按月度、季度、年度计算完成情况相对数。

2.长期计划执行情况的检查——五年计划或五年规划计划执行情况的检查

在我国,自 20 世纪 50 年代以来,曾经制订过若干个五年计划,2000 年后,称为十五规划。这种计划制订后,也需要进行检查,考核五年计划(或规划)完成程度,应根据计划指标的规定,针对不同的情况,分别采用水平法和累计法进行检查。

(1)水平法。凡是计划指标按计划期末最后一年应达到的水平来规定任务的,例如各种产品的产量、产值等指标,应采用水平法计算其计划完成相对数:

$$长期计划完成程度 = \frac{五年计划末年实际达到的水平}{五年计划末年规定的水平} \times 100\%$$

按水平法检查计划完成情况时,只要有连续一年(可以跨年)时间,实际完成数达到了计划期末年规定的水平,就算完成五年计划的任务。

(2)累计法。凡是计划指标按计划期内累计完成工作量或应达到的总量规定任务的,例如基本建设投资额、住宅建设、干部培训人数等指标,应采用累计法计算其计划完成相对数:

$$长期计划完成程度 = \frac{五年计划期间实际完成累计数}{五年计划规定的累计数} \times 100\%$$

采用累计法检查计划完成情况时,只要从计划期开始至某一个时期为止,实际完成的累计数已达到计划规定的累计数,就算完成计划任务。从计划期开始至某一时期完成规定的累计数为止,这段时期就是计划完成时期;用长期计划年限(如五年计划就是五年)减去计划完成时期,就是提前完成计划的时间。

某企业十三五规划规定,2020年产品产值应达到140万元,实际执行结果见表4-3。

表4-3　　　　　　　　　某企业十三五规划情况　　　　　　　　　单位:万元

年份	2016	2017	2018		2019				2020			
			上半年	下半年	一季度	二季度	三季度	四季度	一季度	二季度	三季度	四季度
产值	90	96	50	54	32	33	36	35	36	40	46	50

该企业五年规划完成程度为122.86%,超额22.86%完成计划,提前三个季度完成了该计划。

以上所述的各种方法有一个共同点,即都没有离开实际完成数与计划任务数之比,至于实际完成数是超过还是低于计划数为好,这要根据计划指标的性质和内容来决定,不能绝对用大于100%来衡量。

【技能训练】

1.(单选题)我国人口中每100名女性对应有106名男性,这是(　　)。
A.比例相对指标　　　　　　　　　B.比较相对指标
C.强度相对指标　　　　　　　　　D.平均指标

2.(单选题)某地区2021年地区生产总值为2020年的108.8%,此指标为(　　)。
A.结构相对指标　　　　　　　　　B.比较相对指标
C.比例相对指标　　　　　　　　　D.动态相对指标

3.(单选题)某市今年零售商业网密度 $= \frac{1\,659\,000 人}{10\,190 个} = 163$ 人/个,该指标是(　　)。
A.强度相对数正指标　　　　　　　B.总量指标
C.强度相对数逆指标　　　　　　　D.无法判断

4.(单选题)某市男性公民占55%,女性公民占45%,这种指标属于(　　)。
A.强度相对数　　　　　　　　　　B.动态相对数
C.结构相对数　　　　　　　　　　D.比较相对数

综合技能训练

一、单项选择题

1. 总量指标（　　）。
   A. 能从无限总体中计算出来
   B. 数值大小与总体的范围无关
   C. 与数学中的绝对数是一个概念
   D. 反映一定时间、地点、条件下某种经济现象的总规模或总水平

2. 总量指标数值大小（　　）。
   A. 随总体范围扩大而增大
   B. 随总体范围扩大而减小
   C. 随总体范围缩小而增大
   D. 与总体范围大小无关

3. 不同时点的指标数值（　　）。
   A. 具有不可加性
   B. 不具有可加性
   C. 可加或可减
   D. 都不对

4. 某建设施工队盖一栋大楼，计划320天完成，实际290天就完成了，若求计划完成程度，则下列选项正确的是（　　）。
   A. 计划完成程度为90.63%，没完成计划
   B. 计划完成程度为90.63%，超额9.37%完成计划
   C. 计划完成程度为110.34%，完成计划
   D. 计划完成程度为110.34%，超额10.34%完成计划

5. 假设计划任务数是五年计划中规定最后一年应达到的水平，计算计划完成程度相对指标可采用（　　）。
   A. 累计法
   B. 水平法
   C. 简单平均法
   D. 加权平均法

二、多项选择题

1. 时期指标的特点有（　　）。
   A. 不同时期的指标数值可以相加
   B. 不同时期的指标数值不能相加
   C. 某时期的指标数值大小与该期时间长短有直接关系
   D. 某时期的指标数值大小与该期时间长短无关
   E. 更长时期的指标数值可通过连续相加得到

2. 下列属于两个总体之间对比的相对指标有（　　）。
   A. 比较相对指标
   B. 强度相对指标
   C. 动态相对指标
   D. 比例相对指标
   E. 结构相对指标

3. 下列指标属于时点指标的有（　　）。
   A. 资产库存
   B. 耕地面积
   C. 全年人口出生数
   D. 进出口总额
   E. 年末全国城市数

4.国有企业的工业增加值有( )。
A.总量指标 B.时期指标
C.质量指标 D.时点指标
E.数量指标

5.下列指标属于相对指标的有( )。
A.某地区平均每人生活费 245 元 B.某地区人口出生率 14.3%
C.某地区粮食总产量 4 000 万吨 D.某产品产量计划完成程度为 113.3%
E.某地区人口自然增长率 11.5%

三、案例分析题

1.某地区土地面积为 4.4 万平方公里,人口统计资料见表 4-4。

表 4-4　　　　　某地人口统计资料　　　　　单位:万人

人口分布	2021 年
城市	240
农村	160
合计	400

要求:根据上述资料计算出所有可能计算的相对指标,并指出是哪一种相对指标。

2.某公司 2020 年、2021 年的产量资料见表 4-5。

表 4-5　　　　　某公司产量资料　　　　　单位:吨

公司	2020 年实际产量	2021 年产量	
		计划	实际
甲	35 070	16 000	42 480
乙	15 540	17 500	19 775
丙	7 448	8 350	8 016

要求:计算各产品的产量动态相对数及 2021 年计划完成相对数。

3.已知某市三个企业 2021 年下半年产值计划及执行资料,见表 4-6,试计算并填写该表格。

表 4-6　　　　某市三个企业 2021 年下半年产值计划及执行资料

企业	第三季度实际产值(万元)	第四季度				计划完成(%)	第四季度为上季的(%)
		计划		实际			
		产值(万元)	比重(%)	产值(万元)	比重(%)		
甲	100	120		140			
乙	150	180				100.00	
丙	250			290		96.67	
合计	500						

附1　Excel在统计对比分析中的应用

在Excel中的应用,计算主要步骤如下:

1.新建文件

【文件】→【新建】→【空白工作簿】→【保存】,在【文件名】处,输入"附1:Excel在统计对比分析中的应用"→【保存】。

2.输入数据

在单元格{D5:F7}中,输入统计的基础数据,如附图1-1所示。

附图1-1

	A	B	C	D	E	F
1			附1:Excel在统计对比分析中的应用			
2						
3	序号	指标名称	单位	2020年	2021年	2021年
4				实际	计划	实际
5	1	能耗总量	吨标煤	110000	106000	105000
7	3	产品产量	吨	68000	68500	68800

3.计算与"十三五"期末数据相比的有关数据

单击单元格E6,输入"=(E5－\$D\$5)/\$D\$5";同理,单击单元格F6,输入"=(F5－\$D\$5)/\$D\$5"。

计算单位产品能耗。单击单元格D8,输入"=D5/D7",同样,利用"填充柄功能",计算单元格E8、F8的数据。

单击单元格E9,输入"=(E8－\$D\$8)/\$D\$8";单击单元格F9,输入"=(F8－\$D\$8)/\$D\$8"。

如附图1-2所示。

附图1-2

	A	B	C	D	E	F
1			附1:Excel在统计对比分析中的应用			
2						
3	序号	指标名称	单位	2020年	2021年	2021年
4				实际	计划	实际
5	1	能耗总量	吨标煤	110000	106000	105000
6	2	与"十三五"期末能耗总量降低率相比	%		-3.64%	-4.34%
7	3	产品产量	吨	68000	68500	68800
8	4	单位产品能耗	吨标煤/吨	1.62	1.55	1.53
9	5	与"十三五"期末单位能耗降低率相比	%		-4.34%	-5.66%

4.计算 2021 年实际数与计划数的相关数据

(1)增减量的计算

单击单元格 G5,输入"＝F5－E5"。2021 年实际比计划减少 1 000 吨标煤。

单击单元格 G7,输入"＝F7－E7"。2021 年实际比计划增加 300 吨。

单击单元格 G8,输入"＝F8－E8"。2021 年实际比计划降低 0.02 吨标煤/吨。

(2)完成百分比和超额完成率的计算

单击单元格 H5,输入"＝F5/E5"。单击单元格 I5,输入"＝H5－1",即 2021 年能耗总量完成百分比 99.06％,能耗总量降低且超额完成率 0.94％。

单击单元格 H7,输入"＝F7/E7"。单击单元格 I7,输入"＝H7－1",即 2021 年产品产量完成百分比 100.44％,产品产量增加且超额完成率 0.44％。

单击单元格 H8,输入"＝F8/E8"。单击单元格 I8,输入"＝H8－1",即 2021 年单位产品能耗完成百分比 98.62％,单位产品能耗降低且超额完成率 1.38％。

如附图 1-3 所示。

附图 1-3

序号	指标名称	单位	2020年实际	2021年计划	2021年实际	2021年实际数与计划数相比		
						增减量	完成百分比(％)	超额完成率
1	能耗总量	吨标煤	110000	106000	105000	-1000	99.06％	-0.94％
2	与"十三五"末能耗总量降低率相比	％		-3.64％	-4.34％			
3	产品产量	吨	68000	68500	68800	300	100.44％	0.44％
4	单位产品能耗	吨标煤/吨	1.62	1.55	1.53	-0.02	98.62％	-1.38％
5	与"十三五"末单位能耗降低率相比	％		-4.34％	-5.66％		98.62％	-1.38％

5.统计分析

由上述计算过程可以得出以下结论:

(1)2021 年比 2020 年能耗总量降低了 4.34％,完成了降低 3.64％的计划指标。

(2)2021 年比 2020 年单位产品能耗降低了 5.66％,完成了降低 4.34％的计划指标。

(3)2021 年实际能耗总量比计划数减少 1 000 吨标煤。超额完成了 0.94％。

(4)2021 年单位产品能耗比计划数减少 0.02 吨标煤/吨。超额完成了 1.38％。

单元二　平均分析

认知目标

1. 理解平均指标的概念和作用；
2. 掌握各种平均数的计算原则、方法、应用条件；
3. 理解各种标志变异指标的作用、方法、应用条件；
4. 理解权数的意义和作用；
5. 理解平均指标和变异指标关系。

能力目标

1. 能够利用平均指标分析社会经济现象；
2. 能够利用标志变异指标分析社会经济现象；
3. 能够在实践中正确把握平均指标和标志变异指标的使用。

任务导入

通过统计整理，可以得到反映社会经济现象总体特征的资料。为了具体了解其基本特征，就需要对这些资料进行再加工，即指标分析。除了可以通过使用总体指标和相对指标认识到现象总体的总规模、总水平、现象之间存在的联系等，还可以认识到现象总体的什么特征，使得对总体的认识更为清晰、完整、深刻呢？例如，想了解一个企业所有员工的工资收入状况，应从何处考虑呢？影响员工工资收入的因素有哪些呢？

提出问题

某农科所新开发出两个新品种水稻，准备在各种不同条件试验田试种后再决定推广哪一个品种。假设甲、乙两品种水稻亩产量情况，见表4-7。

表4-7　　　　　　　　　　甲、乙两品种水稻亩产量情况　　　　　　　　　　单位：千克

试验田	1	2	3	4	5
甲品种	600	550	500	480	450
乙品种	640	600	530	430	405

那么，哪一品种具有更好的推广价值？

解决问题

任务一 计算与应用平均指标

一、平均指标的概念、特点和作用

(一) 平均指标的概念

平均指标又称平均数，是同类社会经济现象总体内各单位某一数量标志在一定时间、地点和条件下所达到的一般水平，是对同质总体各单位某种数量标志的差异抽象化。

一般情况下，总体各单位的同质性和差异性是计算平均数的前提条件。平均指标是某一变量数列分布的集中趋势的代表值，是反映同质总体一般水平的综合指标。

例如，对某单位职工的某月工资进行平均，得到职工的月平均工资；对某种产品的成本进行平均，就得到该种产品单位平均成本。这里的平均工资和平均成本都是平均指标，分别反映了工资和成本所达到的一般水平，分别代表了所有职工工资和所有产品成本的集中趋势。

(二) 平均指标的特点

1. 平均指标代表总体各单位的一般水平，是对总体数量差异的抽象化

所谓总体数量方面的一般水平，就是对总体中大的小的标志值"取多补少"，将差异"抵消"掉，起到一个"中和"的作用。平均指标可能不会是总体中的某一个标志值，但它是总体数量的平均水平、一般水平。例如某企业的职工平均工资、平均产品销售量等，就是将不同单位的数量差异抽象化，用平均指标说明总体的一般状况。对于能够用数值反映的标志一般都可计算平均指标，但也存在一些品质标志不能计算平均指标，例如企业职工的性别、联系方式等。

2. 平均指标是对同一总体内各单位的平均

同质性是计算平均指标的前提，即只有同一个总体中的单位，各单位具有某一个共同的标志表现，计算平均指标才有意义。如果混有不同总体的单位，那么就不能准确地反映该总体的真实一般水平，从而得到错误的结论。

3. 平均指标还反映了总体变量分布的集中趋势

所谓集中趋势，是指一组数据向其中心值靠拢的倾向。从总体各变量的分布情况看，大多数总体变量的分布都服从钟形分布，即不管用什么方法求得的平均数，都靠近分布的中间，而不会在两头。所以在一定程度上可以认为，平均数是反映总体变量集中趋势的代表值。

(三) 平均指标的作用

在社会经济统计中，平均指标被广泛地应用。其作用主要有：

1. 平均指标经常被用作评价事物的标准或依据

例如各车间物资消耗水平定额，通常以他们的平均物资消耗水平为依据。又如，评价某工人劳动效率的高低,可以用该工人所在车间、所在工厂全体工人的平均劳动效率来衡量。

2. 平均指标可以被用来对比同一现象在不同时期、不同空间的发展水平

例如评价不同工厂的生产能力,就不能用生产总值、工人总数等总量指标来进行对比,因为不同工厂的规模有差异,难以比较出高低。如果用平均指标,如劳动生产率等来对比,就能较好地评价它们的生产能力,反映其差距。

3. 平均指标可以进行数量上的推断

在推断统计中,常常利用计算部分单位的平均数来推算总体平均数,根据总体平均数和总体单位数来推算总体标志总量。

【技能训练】

1.(判断题)平均数反映了总体分布的集中趋势,它是总体分布的重要特征值。
（　　）

2.(判断题)平均数指标将总体内各单位的数量差异抽象化了,所以平均数指标数值的大小与总体单位标志值无关。
（　　）

二、平均指标的种类和计算

在社会经济统计中最常用的平均指标有算术平均数、调和平均数、几何平均数、众数、中位数。其中,算术平均数、调和平均数、几何平均数是根据总体各单位的标志值计算得到的,故被称为数值平均数。众数和中位数是根据标志值在分配数列中所处的位置来确定的,故被称为位置平均数。它们所反映的一般水平,具有不同的意义和应用场合。其中,算术平均数是统计中最常用的平均数。

(一)算术平均数

算术平均数的基本计算形式是用总体标志总量除以总体单位总量。即:

$$算术平均数 = \frac{总体标志总量}{总体单位总量} \qquad (公式4.1)$$

例如某单位某月的职工工资总额为 28 500 元,职工总数为 10 人,则该企业职工月平均工资为

$$月平均工资 = \frac{工资总额}{职工总数} = \frac{28\ 500}{10} = 2\ 850(元/人)$$

在社会经济现象中,算术平均数的计算形式是符合大多数社会经济现象平均水平的计算,都是通过对总体中各单位标志值加总除以总体中各单位总数。所以,算术平均数是统计研究中最常用、最基本、使用最广泛的平均指标。当未提及平均数是何种平均数时,一般指的就是算术平均数。

必须指出,平均指标与强度相对指标在计算形式上很相似,很容易混淆,所以,需要注意区分。平均指标与强度相对指标是有区别的:平均指标,是同一总体标志总量与单位总量之比,反映总体的一般水平,分子、分母是一一对应的;而强度相对指标,是两个不

同总体,两个性质不同而有一定联系的总量指标数值之比,反映强度、密度和普遍程度,分子、分母无对应关系。

【技能训练】
（多选题）以下指标属于平均指标的有（　　）。
A.每百户居民拥有电话机的数量　　B.人均粮食产量
C.人口密度　　D.粮食平均亩产量
E.从业人员平均劳动报酬　　F.人均粮食消费量

在实际工作中,由于所掌握的统计资料和程度的不同,利用公式 4.1 进行计算时,可分为简单算术平均数和加权算术平均数两种。

1.简单算术平均数

设一个总体中各单位的数量标志值分别为 $x_1, x_2, \cdots, x_n$,则简单算术平均数的计算公式为

$$\bar{x} = \frac{x_1 + x_2 + \cdots + x_n}{n} = \frac{\sum x}{n} \qquad \text{(公式 4.2)}$$

式中　$\bar{x}$——算术平均数;
　　　x_i——标志值($i=1,2,3,\cdots,n$,下同);
　　　n——标志值个数。

它是将总体各单位的标志值直接相加得出标志总量,然后再除以总体单位数得到平均数的。这里需要注意其应用前提是:单位数较少,且资料未分组。

▶【例 4-1】 某工厂一车间有 8 名工人,其日生产零件数分别为 107 件、115 件、110 件、108 件、109 件、115 件、114 件、102 件。则 8 名工人的平均日产量为

$$\text{平均日产量}\ \bar{x} = \frac{\sum x}{n} = \frac{107+115+110+108+109+115+114+102}{8} = 110(\text{件})$$

2.加权算术平均数

在统计总体中,有些总体单位的标志值具有相同性质,有些总体单位的标志值具有不同性质。在这种情况下,经过整理分组,所有的标志值形成了变量数列。此时,计算其平均数需采用加权算术平均法计算。这里需要注意其应用前提是:单位数较多,且资料已分组。

(1)掌握的资料为单项式分组资料,其计算公式根据掌握的资料和程度有两种,分别为:

已知频数时,从频数出发计算加权算术平均数:

$$\bar{x} = \frac{x_1 f_1 + x_2 f_2 + \cdots + x_n f_n}{f_1 + f_2 + \cdots + f_n} = \frac{\sum xf}{\sum f} \qquad \text{(公式 4.3)}$$

已知频率时,从频率出发计算加权算术平均数:

$$\bar{x} = x_1 \frac{f_1}{\sum f} + x_2 \frac{f_2}{\sum f} + \cdots + x_n \frac{f_n}{\sum f} = \sum x \frac{f}{\sum f} \qquad \text{(公式 4.4)}$$

式中　$\bar{x}$——算术平均数；

　　　x_i——标志值；

　　　f_i——各组总体单位数（频数）；

　　　$\dfrac{f}{\sum f}$——各组总体单位占总体单位总量的比重（频率）。

请思考：从频数出发计算的加权算术平均数与从频率出发计算的加权算术平均数是可以相互推导的，请写出推导过程。

▶【例 4-2】　某工厂某车间有 50 名工人，工人日产零件分布见表 4-8，计算该车间工人平均日产零件数。

表 4-8　　　　　　　　　某车间 50 名工人日产零件分布

按日产零件数分组（件）	工人数 f（人）	频率 $\dfrac{f}{\sum f}$
9	2	0.04
10	6	0.12
11	3	0.06
12	18	0.36
13	15	0.30
14	4	0.08
15	2	0.04
合计	50	1.00

若已知各组工人日产零件数和各组工人数，计算该车间工人平均日产零件数，从频数出发：

$$\bar{x}=\dfrac{\sum xf}{\sum f}=\dfrac{9\times 2+10\times 6+\cdots+15\times 2}{50}=\dfrac{608}{50}=12.16\text{（件）}$$

若已知各组工人日产零件数和各组工人占总人数比重，计算该车间工人平均日产零件数，从频率出发：

$$\bar{x}=\sum x\dfrac{f}{\sum f}=9\times 0.04+10\times 0.12+\cdots+15\times 0.04=12.16\text{（件）}$$

从以上计算过程可以看出，无论从频数出发，还是从频率出发，这两个计算方法实质是一样的。

（2）掌握的资料为组距式分组资料，计算时，要用各组的组中值来替代各组的变量值 x，它是假定各组内的标志值是均匀分布或对称分布的，所以计算的结果为近似值，若要求结果十分精确，那么需用原始数据的全部实际信息，如果计算量很大，可借助计算机的统计功能。

掌握的资料为组距式分组资料时，其（从频数出发）计算公式为：

$$\bar{x}=\dfrac{\dfrac{x_1+x_2}{2}f_1+\dfrac{x_2+x_3}{2}f_2+\cdots+\dfrac{x_n+x_{n+1}}{2}f_n}{f_1+f_2+\cdots+f_n}$$

$$=\frac{\sum(组中值\times f)}{\sum f}(也即 =\frac{\sum xf}{\sum f}) \qquad (公式 4.5)$$

▶【例 4-3】 某企业职工 9 月工资资料见表 4-9，计算该企业职工月平均工资。

表 4-9　　　　　　　　　　某企业职工 9 月工资资料

按月收入分组(元)	工人数(人) f	组中值	xf
1 800 以下	6	1 700	10 200
1 800～2 000	9	1 900	17 100
2 000～2 500	23	2 250	51 750
2 500～3 000	14	2 750	38 500
3 000 以上	8	3 250	26 000
合计	60	—	143 550

该企业职工月平均工资：

$$\bar{x}=\frac{\sum xf}{\sum f}=\frac{143\,550}{60}=2\,392.5(元)$$

利用组中值计算算术平均数，计算的结果与未分组数列的相应结果可能会有一些偏差，应用时应予以注意。

请思考：从频率出发，如何计算例 4-3 中企业职工月平均工资。

3. 权数问题

所谓权数是指各组变量值出现次数的多少，即各组对应频数的大小或频率的高低（即频数和频率）。它对平均数的计算结果起着一种权衡轻重的作用。

采用加权算术平均法计算平均数，影响其值的有两个因素，一个是研究对象的变量值 x，还有一个是权数。

▶【例 4-4】 请对比观察表 4-10、表 4-11 和表 4-12 的区别。

表 4-10　单项式变量数列 1

x	频数	频率(%)
1	20	25.0
2	40	50.0
3	20	25.0
合计	80	100.0

$\bar{x}_1=2$

表 4-11　单项式变量数列 2

x	频数	频率(%)
1	40	25.0
2	80	50.0
3	40	25.0
合计	160	100.0

$\bar{x}_2=2$

表 4-12　单项式变量数列 3

x	频数	频率(%)
1	20	25.0
2	20	25.0
3	40	50.0
合计	80	100.0

$\bar{x}_3=2.25$

通过观察对比，可以发现即使频数变了，均值也不一定变；频率分布变了，均值就一定会变。因此，严格地说，权数应指频率。只是习惯上，把频数和频率都称作权数。

另外，还需指出的是：当各组单位数相等时，权数的作用就会消失。这时加权算术平均数等于简单算术平均数。即：

$$\bar{x} = \frac{\sum xf}{\sum f} = \frac{f\sum x}{nf} = \frac{\sum x}{n}$$

可见,简单算术平均数是加权算术平均数的一个特例。

4.算术平均数的数学性质

利用算术平均数的某些数学性质,在手工计算时,可以进行算术平均数的简捷计算。

(1)各标志值与其算术平均数的离差之和等于零。

$$\sum(x-\bar{x}) = 0 \text{ 或 } \sum(x-\bar{x})f = 0$$

(2)算术平均数与总体单位数的乘积等于各单位标志值的总和。

$$n\bar{x} = \sum x \text{ 或 } \bar{x}\sum f = \sum xf$$

(3)各单位标志值与其算术平均值离差平方和为最小值。

$$\sum(x-\bar{x})^2 = \min \text{ 或 } \sum(x-\bar{x})^2 f = \min$$

(4)各单位标志值加或减去一个任意数 A,则平均数也要增加或减少该数 A。

$$\frac{\sum(x \pm A)}{n} = \bar{x} \pm A \text{ 或 } \frac{\sum(x \pm A)f}{\sum f} = \bar{x} \pm A$$

(5)各单位标志值乘以或除以一个任意数 A,算术平均数也要乘以或除以该数 A。

$$\frac{\sum Ax}{n} = \bar{x} \cdot A \text{ 或 } \frac{\sum Axf}{\sum f} = \bar{x} \cdot A \qquad \frac{\sum \frac{x}{A}}{n} = \frac{\bar{x}}{A} \text{ 或 } \frac{\sum \frac{x}{A} f}{\sum f} = \frac{\bar{x}}{A}$$

(二)调和平均数

在社会经济统计中,往往由于缺少总体单位数资料,不能直接采用算术平均数的方法计算平均数,这时就需要将算术平均数的形式加以改变,即使用调和平均法计算平均数。调和平均数是各个标志值倒数的算术平均数的倒数,又称为倒数平均数。

例如,假设某工厂三个车间工人月平均工资分别为 1 000 元/人、2 000 元/人和 3 000 元/人。要计算这三个车间工人月平均工资是多少,可能会出现如下两种情形:

第一种,已知三个车间工人数分别为 10 人,则三个车间工人月平均工资:

$$\bar{x} = \frac{\sum xf}{\sum f} = \frac{1\,000 \times 10 + 2\,000 \times 10 + 3\,000 \times 10}{30} = 2\,000 (\text{元}/\text{人})$$

即采用的是加权算术平均法。

第二种,已知三个车间的工资总额都是 24 000 元,则三个车间工人月平均工资是用三个车间工资总额除以三个车间的总工人数 44 $\left(= \frac{24\,000}{1\,000} + \frac{24\,000}{2\,000} + \frac{24\,000}{3\,000}\right)$ 人,即得三个车间工人月平均工资:

$$\bar{x} = \frac{24\,000 + 24\,000 + 24\,000}{\frac{24\,000}{1\,000} + \frac{24\,000}{2\,000} + \frac{24\,000}{3\,000}} = \frac{3}{\frac{1}{1\,000} + \frac{1}{2\,000} + \frac{1}{3\,000}} = 1\,636.36 (\text{元}/\text{人})$$

即采用的是调和平均法。它主要是作为算术平均数的变形来使用的。虽然,它在形式上与算术平均数不同,但实质上都是总体标志总量除以总体单位总量的值。一般分为简单调和平均数和加权调和平均数。调和平均数一般用 $\overline{x}_H$ 表示。

1. 简单调和平均数

当总体中各个标志值相应的标志总量相等时,采用简单调和平均法计算平均数。其计算公式为

$$\overline{x}_H = \frac{n}{\frac{1}{x_1} + \frac{1}{x_2} + \cdots + \frac{1}{x_n}} = \frac{n}{\sum \frac{1}{x}} \qquad (公式4.6)$$

式中 $\overline{x}_H$ ——调和平均数。

注意:调和平均数的变量 x 的值不能为 0。

▶【例 4-5】某工厂需要购进三种原材料,它们的价格分别为 0.1 元/千克、0.2 元/千克和 0.3 元/千克,若这三种原材料各购进 10 000 元,问三种原材料的平均价格是多少?

即为简单调和平均数,为算术平均数的变形。

三种原材料的平均价格:

$$\overline{x}_H = \frac{n}{\frac{1}{x_1} + \frac{1}{x_2} + \frac{1}{x_3}} = \frac{3}{\frac{1}{0.1} + \frac{1}{0.2} + \frac{1}{0.3}} = 0.163\ 6(元/千克)$$

2. 加权调和平均数

当总体中各个标志值相应的标志总量不同时,采用加权调和平均法计算平均数。其计算公式为

$$\overline{x}_H = \frac{m_1 + m_2 + \cdots + m_n}{\frac{m_1}{x_1} + \frac{m_2}{x_2} + \cdots + \frac{m_n}{x_n}} = \frac{\sum m}{\sum \frac{m}{x}} \qquad (公式4.7)$$

式中 m ——各组标志总量,即为加权调和平均法的权数。

▶【例 4-6】某工厂需要购进三种原材料,它们的价格分别为 0.1 元/千克、0.2 元/千克和 0.3 元/千克,若这三种原材料分别购进 10 000 元、12 000 元和 6 000 元,则这三种原材料的平均价格是多少?

$$\overline{x}_H = \frac{\sum m}{\sum \frac{m}{x}} = \frac{10\ 000 + 12\ 000 + 6\ 000}{\frac{10\ 000}{0.1} + \frac{12\ 000}{0.2} + \frac{6\ 000}{0.3}} = 0.155\ 6(元/千克)$$

另外,计算调和平均数除了要注意变量 x 的值不能为 0 以外,还要注意当计算资料是组距数列时,以组中值来代表变量真实值计算,调和平均数是一个近似值,代表性不足够可靠。

3. 调和平均数与算术平均数的比较

加权调和平均数与加权算术平均数的实质是相同的,都是总体标志总量与总体单位总量之比。只是由于所掌握的资料不同,采用的计算方法不同而已。它们的关系式为

$$\overline{x}_H = \frac{\sum m}{\sum \frac{m}{x}} = \frac{\sum xf}{\sum \frac{xf}{x}} = \frac{\sum xf}{\sum f} = \overline{x} \qquad \text{(公式 4.8)}$$

$$m = xf \qquad \text{(公式 4.9)}$$

式中　m——加权调和平均法的权数；

　　　f——加权算术平均法的权数。

【例 4-7】 某企业某商品有三种零售价格，销售资料见表 4-13、表 4-14。求此商品的平均价格。

表 4-13　某商品销售资料一

价格(元/盒) x	销售量(盒) f
15	360
18	300
20	270
合计	930

表 4-14　某商品销售资料二

价格(元/盒) x	销售额(元) m
15	5 400
18	5 400
20	5 400
合计	16 200

掌握商品销售资料一时，平均价格：

$$\overline{x} = \frac{\sum xf}{\sum f} = \frac{15 \times 360 + 18 \times 300 + 20 \times 270}{360 + 300 + 270} = 17.42 \text{(元/盒)}$$

掌握商品销售资料二时，平均价格：

$$\overline{x}_H = \frac{\sum m}{\sum \frac{m}{x}} = \frac{5\ 400 + 5\ 400 + 5\ 400}{\frac{5\ 400}{15} + \frac{5\ 400}{18} + \frac{5\ 400}{20}} = 17.42 \text{(元/盒)}$$

这两种情况中掌握的资料不同，一个是价格和销售量，一个是价格和销售额。但是，平均价格是相等的。就说明加权算术平均法和加权调和平均法中的 $m = xf$。

由本题可见，对于同一问题的研究，算术平均数和调和平均数的实际意义是相同的，采用哪一种方法完全取决于所掌握的实际资料。

一般的做法是，如果掌握的是相对指标基本公式中的分母资料，则以相对指标的分母为权数，采用加权算术平均法计算算术平均数；如果掌握的是相对指标基本公式中的分子资料，则以相对指标的分子为权数，采用调和平均数的计算公式。

(三) 几何平均数

几何平均数就是 n 个标志值连乘积的 n 次方根。它适用于各标志值相互联系、总量等于各分量乘积的情形，例如各年的发展速度、连续加工的产品合格率等。一般分为简单几何平均数和加权几何平均数。几何平均数一般用 $\overline{x}_G$ 表示。

1. 简单几何平均数

简单几何平均数适用于资料未分组的情况，其计算公式为

$$\overline{x}_G = \sqrt[n]{x_1 x_2 \cdots x_n} = \sqrt[n]{\prod x} \qquad \text{(公式 4.10)}$$

式中　$\overline{x}_G$——几何平均数。

【例4-8】某工厂某一流水生产线有前后衔接的四道工序。某日各工序产品的合格率分别为90％、92％、95％和88％,求整个流水生产线产品的平均合格率。

此例中,由于该流水生产线产品总的合格率不等于各工序合格率之和,而等于各工序合格率的连乘积,即不能使用算术平均法或调和平均法,即:

总合格率= $0.90 \times 0.92 \times 0.95 \times 0.88$。

这符合几何平均数的适用条件,故需采用几何平均法计算。

$$\overline{x}_G = \sqrt[n]{\prod x} = \sqrt[4]{0.90 \times 0.92 \times 0.95 \times 0.88} = 91.21\%$$

请思考:若上例中四道连续作业的流水生产线是四个独立作业的车间,并且各车间的合格率仍然分别为90％、92％、95％和88％,又假定各车间的产量相等,求该企业产品的平均合格率。

2. 加权几何平均数

若标志值较多,且出现的次数不同,则应采用加权几何平均数计算,其计算公式为

$$\overline{x}_G = \sum^f \sqrt{x_1^{f_1} \cdot x_2^{f_2} \cdot \cdots \cdot x_n^{f_n}} = \sum^f \sqrt{\prod x^f} \quad \text{(公式4.11)}$$

式中 f——各标志值出现的次数,即频数。

【例4-9】某金融机构一笔长期投资的年利率是按复利计算的,近15年来的年利率有4年为3％、3年为5％、2年为6％、3年为8％、2年为10％、1年为12％。求平均年利率。

假设这笔长期投资总额为1元,则经过15年,1元的本利和为

$1 \times 1.03^4 \times 1.05^3 \times 1.06^2 \times 1.08^3 \times 1.1^2 \times 1.12^1$

这笔长期投资15年总的本利率为

$$\frac{1 \times 1.03^4 \times 1.05^3 \times 1.06^2 \times 1.08^3 \times 1.1^2 \times 1.12^1}{1} = 1.03^4 \times 1.05^3 \times 1.06^2 \times 1.08^3 \times 1.1^2 \times 1.12$$

此时,总的本利率等于各年本利率的连乘积。即,本例中长期投资总的本利率等于各年本利率的连乘积,符合几何平均法的适用条件。所以平均年利率为

$$\overline{x}_G - 1 = \sum^f \sqrt{\prod x^f} - 1 = \sqrt[15]{1.03^4 \times 1.05^3 \times 1.06^2 \times 1.08^3 \times 1.1^2 \times 1.12} - 1 = 6.30\%$$

请思考:若上例中投资的年利率不是按复利,而是按单利计息,并且15年来的年利率仍为4年3％、3年5％、2年6％、3年8％、2年10％、1年12％。求平均年利率。

(四)众数

众数是指社会经济现象总体中出现次数最多或频率最高的标志值,是位置平均数。它可以反映总体中大部分单位达到的水平。在实际工作中具有弥补上述三种数值平均数的作用。它和之后的中位数本身并不是平均值,而是总体一般水平的代表值。例如某居民小区计算居民月户均收入平均数为2 500元/月,而调查资料显示,该小区居民有占总户数60％的居民每月户均收入为2 200元,月收入高于2 200元的只占总户数的10％,其余居民月收入都在2 200元以下。此时,若用平均数2 500元/月作为该小区居民收入水平,则过高地估计了居民的收入,会造成制定的相关政策有偏差;反之用出现次数多的众数2 200元作为制定相关政策的依据会比平均数更能代表居民的实际情况。

在实际工作生活中,众数比较常见。例如为了掌握菜市场上某种蔬菜的价格水平,消费者的服装、鞋帽、袜子等最普遍的号码(均码衣服)、日常生活中诸如"最佳""最受欢迎""最满意"等,都与众数有关系。此时,计算算术平均数没有意义。众数通常用 M_0 表示。

众数的确定一般有三种情况:

1.资料未分组时确定众数

资料未分组时确定众数,可直接按照定义判断,即出现次数最多或频率最高的标志值是众数。例如某车间 8 名工人日加工零件数分别为 8、7、5、7、7、8、6、9,其众数显然为 7。

2.由品质数列和单项式变量数列确定众数

资料为品质数列或单项式变量数列确定众数时,也直接根据定义判断。

【例 4-10】 根据某班某门课程学生成绩分组(表 4-15),求众数。

表 4-15　　　　　　　　　　学生成绩分布

成绩	不及格	及格	中	良	优
学生人数(人)	3	8	15	10	3

经观察,成绩为中的人数最多,所以众数为中。

【例 4-11】 根据某班学生年龄分组(表 4-16),求众数。

表 4-16　　　　　　　　　　学生年龄分布

年龄(岁)	18	19	20	21	22	23
学生人数(人)	6	25	18	6	3	2

经观察,年龄为 19 岁的人数最多,众数为 19 岁。

3.由组距式变量数列确定众数

资料为组距式变量数列确定众数时,首先,也和之前的确定方法一样,找到出现次数最多或频率最高的众数所在组;其次,利用插补法求众数近似值。在组距分组资料中,众数的计算是不能精确确定众数值的,是带有一定假定性的。利用插补法就是利用公式:

下限公式 $$M_0 = L + \frac{\Delta_1}{\Delta_1 + \Delta_2} \times i \qquad (公式 4.12)$$

或上限公式 $$M_0 = U - \frac{\Delta_2}{\Delta_1 + \Delta_2} \times i \qquad (公式 4.13)$$

式中　L ——众数组下限;
　　　U ——众数组上限;
　　　Δ_1 ——众数所在组次数与其下限的邻组次数之差;
　　　Δ_2 ——众数所在组次数与其上限的邻组次数之差;
　　　i ——众数组组距。

【例 4-12】 某工厂有职工 100 名,5 月份工人工资情况见表 4-17,试计算工人月工资的众数。

表 4-17　　　　　　　　　　　　5 月份工人工资情况

月工资额(元)	人数(人)
1 200~1 300	8
1 300~1 400	35
1 400~1 500	23
1 500~1 600	25
1 600~1 700	9
合计	100

首先确定众数所在组：35 人对应的第二组，即 1 300~1 400 元组；然后根据插值法计算众数近似值。

由资料可知：$L=1\ 300$，$U=1\ 400$，$i=100$，$\Delta_1=35-8=27$，$\Delta_2=35-23=12$。则

按下限公式：$M_0 = L + \dfrac{\Delta_1}{\Delta_1+\Delta_2} \times i = 1\ 300 + \dfrac{27}{27+12} \times 100 = 1\ 369.23(元)$

按上限公式：$M_0 = U - \dfrac{\Delta_2}{\Delta_1+\Delta_2} \times i = 1\ 400 - \dfrac{12}{27+12} \times 100 = 1\ 369.23(元)$

可见，按下限公式和按上限公式计算众数结果相同，故计算时用一个公式计算即可。

众数具有以下几个特点：

(1)由于众数是根据变量值出现的次数确定的，不需要通过全部变量值来计算，因此它不受极端值的影响；

(2)众数反映了一组数据的集中趋势，众数出现的次数越多，它就越能代表这组数据的整体状况，当一组数据大小不同，差异又很大时，就很难判断众数的准确值了；

(3)在单位数不多或无明显集中趋势的资料中，众数的测定是没有意义的；

(4)如果数列中有多个众数出现，这时就应重新分组，或将各组次数依序合并，取得一个明显的集中趋势，然后再确定众数。

(五)中位数

中位数是指将总体各单位标志值按大小顺序排列后，处于中间位置的那个标志值。它将所研究的现象标志值分成两部分，一部分小于中位数，另一部分大于中位数，也是表明总体一般水平的。若在数列中出现了极端数值，用中位数就要比用算术平均数更好，更能代表总体的一般水平。中位数通常用 M_e 表示。中位数的确定一般有三种情况。

1.资料未分组时确定中位数

资料未分组时确定中位数，可直接按照定义确定，即将总体各单位的标志值按大小顺序排列，确定数列的中间位次：

$$中位数位次 = \frac{n+1}{2} \qquad (公式 4.14)$$

此时，当总体单位数的项数 n 为奇数时，中位数位次的标志值即为中位数；当总体单位数的项数 n 为偶数时，则处于中间位次的两个标志值的简单算术平均数即是中位数。

【例 4-13】某班级 7 名学生参加某次国家级考试,其考试成绩按递升顺序为:47 分、50 分、58 分、60 分、62 分、72 分、88 分,则中位数位次为 $\frac{n+1}{2}=4$,即 $M_e=60$(分);若现增加第 8 名学生的考试成绩为 66 分,则中位数位次为 $\frac{n+1}{2}=\frac{9}{2}=4.5$,则 $M_e=\frac{60+62}{2}=61$(分)。

2.由单项式变量数列确定中位数

资料为单项式变量数列确定众数时,先计算各组的累计次数,然后根据中位数位次所在的组确定中位数,其位次为 $\frac{\sum f}{2}$。

【例 4-14】某车间有 100 名工人,其日生产零件数情况见表 4-18,试确定中位数。

表 4-18　　　　　某车间日生产零件数情况

按日生产零件数分组(件) x	工人数(人) f	累计次数 $\sum f$
7	8	8
8	15	23
9	38	61
10	22	83
11	12	95
12	2	97
13	3	100
合计	100	—

首先,中位数的位次为 $\frac{\sum f}{2}=50$,$23<50<61$,即可得中位数为累计次数 61 件对应的零件数:9 件。

此例中累计次数为向上累计。若按累计次数向下累计确定中位数,也同理,找到中位数位次 $\frac{\sum f}{2}$ 对应的标志值即为中位数。

3.由组距式变量数列确定中位数

资料为组距式变量数列确定中位数时,首先,也与资料为单项式变量数列的确定方法一样,先确定中位数位次 $\frac{\sum f}{2}$ 对应的中位数所在组;然后再用比例插值法计算中位数的近似值。之所以是近似值,是因为比例插值法假设中位数所在组内的各个数值是均匀分布的。此方法的计算公式是:

下限公式　　　　　$$M_e=L+\frac{\frac{\sum f}{2}-S_{m-1}}{f_m}\times i$$　　　　　(公式 4.15)

或上限公式

$$M_e = U - \frac{\frac{\sum f}{2} - S_{m+1}}{f_m} \times i$$

(公式4.16)

式中　L ——中位数组下限；

　　　U ——中位数组上限；

　　　S_{m-1} ——中位数组以前各组累计次数；

　　　S_{m+1} ——中位数组以后各组累计次数；

　　　f_m ——中位数组的次数；

　　　i ——中位数组组距；

　　　$\sum f$ ——总次数。

【例4-15】某地区居民家庭收入情况见表4-19，试计算居民家庭收入的中位数。

表4-19　　　　　　　　　某地区居民家庭收入情况

居民按年收入分组（元）	居民户数（户）	向上累计	向下累计
20 000 以下	22	22	670
20 000～25 000	44	66	648
25 000～30 000	68	134	604
30 000～35 000	165	299	536
35 000～40 000	247	546	371
40 000～50 000	69	615	124
50 000 以上	55	670	55
合计	670	—	—

首先，确定中位数的位次 $= \frac{\sum f}{2} = \frac{670}{2} = 335$，即得到中位数位于 35 000～40 000 这一组。所以，$L = 35\,000$，$U = 40\,000$，$S_{m-1} = 299$，$S_{m+1} = 124$，$f_m = 247$，$i = 5\,000$，则可利用下限公式：

$$M_e = L + \frac{\frac{\sum f}{2} - S_{m-1}}{f_m} \times i = 35\,000 + \frac{335 - 299}{247} \times 5\,000 = 35\,728.74（元）$$

或利用上限公式：

$$M_e = U - \frac{\frac{\sum f}{2} - S_{m+1}}{f_m} \times i = 40\,000 - \frac{335 - 124}{247} \times 5\,000 = 35\,728.74（元）$$

中位数具有以下几个特点：

第一，由于中位数是根据变量值出现的位置确定的，所以，它不受极端值的影响；

第二，由于它决定于处在中间位置的标志值，所以，缺乏灵敏性。

三、应用平均指标需注意的问题

(一)注意用组平均数补充说明总平均数

总平均数说明总体各单位的一般水平,有时会掩盖总体单位之间存在的其他一些性质的差别,由于这些差别的影响,总平均数就不能充分显示总体的特征。所以,我们应该重视影响总平均数的各个有关因素的作用,通过计算组平均数对总平均数做补充说明,从而克服认识上的片面性。

(二)注意用分配数列补充说明总平均数

由于平均指标说明总体的一般水平,是把总体各单位数量标志值的差异给抽象化了,从而掩盖了总体各单位的差异及其分布情况。所以,为了能够深入地认识总体,就需注意用分配数列补充说明总体的具体情况,以显示被平均数抽象掉的各单位差异及其分布。

(三)平均指标要与变异指标结合运用

平均指标虽然可以反映总体各单位分布的集中趋势,但这些标志值之间的差异是客观存在的,为了较全面深入地认识总体,仅仅用平均指标是不够的,还应该测定各单位标志值的差异程度,即标志变异指标。变异指标还可以评价平均指标代表性的高低。所以,平均指标应与变异指标结合运用。

【技能训练】

1.(单选题)加权算术平均方法中的权数为(   )。
   A.标志值   B.标志总量   C.次数之和   D.频率

2.(多选题)加权算术平均数和加权调和平均数计算方法的选择,应根据已知资料的情况来确定。以下叙述正确的有(   )。
   A.如果掌握基本公式的分母,则用加权算术平均数计算
   B.如果掌握基本公式的分子,则用加权算术平均数计算
   C.如果掌握基本公式的分母,则用加权调和平均数计算
   D.如果掌握基本公式的分子,则用加权调和平均数计算

3.(判断题)中位数和众数的数值与数列中的极端值无关,它们是位置平均数。
(   )

任务二　计算与应用变异指标

一、标志变异指标的概念和作用

(一)标志变异指标的概念

标志变异指标是指反映总体中各单位标志值差异程度的综合指标。它以平均数为

中心,是总体各单位标志值与其差异的平均大小或相对程度的测定。变异指标值越大,表明总体各单位标志的变异(差异)程度越大;反之,越小。

(二)标志变异指标的作用

1.评价平均指标代表性的依据

平均指标反映了总体各单位数量标志值的一般水平,而标志变异指标正是衡量其代表性的依据。一般来说,标志变异指标越大,平均指标代表性越小;标志变异指标越小,平均指标代表性越大。例如,甲班级学生平均成绩等于80分,乙班级学生平均成绩也等于80分,但甲班级各个学生成绩离散程度较大,乙班级离散程度较小,可以明显看出乙班级学生平均成绩的代表性要大。

2.说明现象变动的均衡性或稳定程度

例如,运用标志变异指标可以考察工业企业生产过程是否均衡稳定、产品销售过程是否均衡稳定、产品生产质量是否均衡稳定、农科所试验田种植所用的种子是否性能稳定等。一般来说,标志变异指标越小,社会经济活动过程越均衡、稳定;反之,则说明社会经济活动过程存在着起伏、波动的现象,需要加以调整和控制。

二、变异指标的种类与计算

常用的变异指标有:全距(或极差)、平均差、标准差和变异系数。

(一)全距

全距是指总体各单位变量值的两个极端变量值之差,所以也叫"极差",计算公式为

$$R = X_{\max} - X_{\min} \tag{公式 4.17}$$

式中　R——全距;

　　　$X_{\max}$——最大变量值;

　　　$X_{\min}$——最小变量值。

全距可反映总体标志值的差异范围。通过定义可知,全距易受极端值影响,并且未考虑数据的分布。例如甲总体数据分布为:1、1、2、2、3、3;乙总体数据分布为:1、3、3、3、3、3。两个总体的全距都是3-1=2,但数据分布相差甚多。另外,全距也是离散程度的最简单测度值。

(二)平均差

平均差是总体各单位标志值与其算术平均数离差的绝对值的算术平均数,其实质就是以算术平均数为中心,各标志值与平均数的平均距离。它能综合反映总体各单位标志值的变动程度。平均差越大,表示标志变异程度越大;平均差越小,表示标志变异程度越小。

根据掌握的资料不同,平均差的计算分为简单平均差和加权平均差两种。

1.简单平均差

简单平均差就是根据未分组资料计算的。其计算公式为

$$A \cdot D = \frac{|x_1 - \bar{x}| + \cdots + |x_n - \bar{x}|}{n} = \frac{\sum |x - \bar{x}|}{n} \tag{公式 4.18}$$

式中 $A \cdot D$ ——平均差。

【例 4-16】 某工人小组共有 7 人,其日产零件数分别为 8、9、10、14、9、8、12 件,求平均差。

$$\overline{x} = \frac{\sum x}{n} = \frac{8+9+10+12+9+8+14}{7} = 10(件)$$

$$A \cdot D = \frac{\sum |x-\overline{x}|}{n} = \frac{|8-10|+|9-10|+\cdots+|14-10|}{7} = 1.71(件)$$

2. 加权平均差

加权平均差就是根据分组资料计算的。其计算公式为

$$A \cdot D = \frac{\sum |x-\overline{x}| f}{\sum f} \quad (公式 4.19)$$

【例 4-17】 某车间 200 个工人按日产量分组编成分配数列,其平均差计算表见表 4-20,计算平均差。

表 4-20　　　　　工人日产量分组资料的平均差计算表

日产量(件)	工人数(人) f	组中值 x	xf	$x-\overline{x}$	$\|x-\overline{x}\|$	$\|x-\overline{x}\|f$
150 以下	10	140	1 400	−43	43	430
150~170	50	160	8 000	−23	23	1 150
170~190	70	180	12 600	−3	3	210
190~210	40	200	8 000	17	17	680
210 以上	30	220	6 600	37	37	1 110
合计	200	—	36 600	—	123	3 580

$$\overline{x} = \frac{\sum xf}{\sum f} = \frac{36\ 600}{200} = 183(件)$$

$$A \cdot D = \frac{\sum |x-\overline{x}| f}{\sum f} = \frac{3\ 580}{200} = 17.9(件)$$

一般来说,平均差越大,标志值变异(离散)程度越大,平均指标代表性越小;反之,平均指标代表性越大。平均差考虑了总体中所有标志值的差异程度,所以可以准确地综合反映总体的离散程度。但平均差的计算不能根据各离差的实际数值计算(因为 $\sum (x-\overline{x})f=0$),必须采用绝对值的方法。这就带来了不便于进行数学处理的问题,它不符合代数方法的演算,也降低了指标本身的灵敏度,因而在实际应用中受到了很大的限制,在统计研究中较少使用。

(三)标准差

方差是总体各单位标志值与其算术平均数离差平方的算术平均数,用 σ^2 表示。标准差即为方差的算术平方根,又称均方差,用 σ 表示。

标准差的计算是采用平方的方法消除离差正、负号,所以相对平均差,其意义基本相

同,但在数学处理上比平均差更为合理;方差的计量单位不便于从经济意义上进行解释,所以在统计实际工作中多用标准差来衡量研究总体的变异(离散)程度。标准差是标志变异指标中最主要、最常用的指标。

其计算公式为

1. 根据未分组资料计算标准差

$$\sigma = \sqrt{\frac{\sum(x-\overline{x})^2}{n}}$$ （公式 4.20）

2. 根据已分组资料计算标准差

$$\sigma = \sqrt{\frac{\sum(x-\overline{x})^2 f}{\sum f}}$$ （公式 4.21）

【例 4-18】 引用例 4-16 资料,即某工人小组共有 7 人,其日产零件数分别为 8、9、10、14、9、8、12 件,求标准差。

$$\overline{x} = \frac{\sum x}{n} = \frac{8+9+10+12+9+8+14}{7} = 10(\text{件})$$

$$\sigma = \sqrt{\frac{\sum(x-\overline{x})^2}{n}} = \sqrt{\frac{4+1+0+4+1+4+16}{7}} = 2.07(\text{件})$$

【例 4-19】 引用例 4-17 资料,即某车间 200 个工人按日产量分组编成分配数列,其标准差计算表见表 4-21,计算其平均差。

表 4-21　　　　　　　工人日产量分组资料的标准差计算表

日产量(件)	工人数(人) f	组中值 x	xf	$x-\overline{x}$	$(x-\overline{x})^2$	$(x-\overline{x})^2 f$
150 以下	10	140	1 400	−43	1 849	18 490
150～170	50	160	8 000	−23	529	26 450
170～190	70	180	12 600	−3	9	630
190～210	40	200	8 000	17	289	11 560
210 以上	30	220	6 600	37	1 369	41 070
合计	200	—	36 600	123	4 045	98 200

$$\overline{x} = \frac{\sum xf}{\sum f} = \frac{36\ 600}{200} = 183(\text{件})$$

$$\sigma = \sqrt{\frac{\sum(x-\overline{x})^2 f}{\sum f}} = \sqrt{\frac{98\ 200}{200}} = 22.16(\text{件})$$

一般来说,标准差越大,标志值变异(离散)程度越大,平均指标代表性越小;反之,平均指标代表性越大。

标准差也将总体中所有单位标志值的差异考虑在内,也可以准确地反映研究总体的变异(离散)程度;同时它还避免了求平均差时存在的取绝对值的问题。

标准差不能进行不同总体离散程度的比较。例如甲公司职工平均年龄 35 岁,标准差 5 岁;乙公司职工平均年龄 45 岁,标准差 6 岁,能不能说明甲公司的平均年龄代表性高些呢?显然不能。我们无法根据标准差大小来确定其离散程度的比较。

另外,当两个总体的计量单位不同时,即使标准差数值大小相等,也不能用标准差指标进行离散程度比较。因此,在比较不同平均水平和计量单位下的总体变异(离散)程度时,还需引入其他变异指标。

【技能训练】

(单选题)两个总体的平均数不等,但标准差相等,则( )。
A.平均数小,代表性大
B.平均数大,代表性大
C.两个平均数代表性相同
D.无法进行正确判断

(四)变异系数

变异系数又称离散系数,是指标志变异指标与其算术平均数对比的相对数,一般用百分数表示。全距反映了总体标志值的差异范围(属于绝对水平),平均差和标准差反映了总体各标志值变异(离散)的绝对水平,而变异系数反映的是变异(离散)的相对程度。它可以消除平均指标数值,以及总体间不同计量单位对标志值变异(离散)程度的影响。变异系数主要有全距系数、平均差系数和标准差系数等,其中最常用的是标准差系数。其计算公式为

$$V_\sigma = \frac{\sigma}{\bar{x}} \times 100\%$$

(公式 4.22)

【例 4-20】甲、乙两班学生会计实务课程考试成绩情况见表 4-22,请问:哪个班学生平均成绩的代表性大?为什么?

表 4-22　　　　　　甲、乙两班学生会计实务课程考试成绩情况

甲班级		乙班级	
成绩(分)	人数(人)	成绩(分)	人数(人)
55	2	55	3
65	8	65	6
75	12	75	10
85	3	85	8
95	5	95	3
合计	30	合计	30

$$\bar{x}_甲 = \frac{\sum xf}{\sum f} = \frac{55 \times 2 + 65 \times 8 + \cdots + 95 \times 5}{30} = \frac{2\,260}{30} = 75.3(分)$$

$$\bar{x}_乙 = \frac{\sum xf}{\sum f} = \frac{55 \times 3 + 65 \times 6 + \cdots + 95 \times 3}{30} = \frac{2\,270}{30} = 75.7(分)$$

$$\sigma_甲 = \sqrt{\frac{\sum(x-\overline{x})^2 f}{\sum f}}$$

$$= \sqrt{\frac{(55-75.3)^2 \times 2 + (65-75.3)^2 \times 8 + \cdots + (95-75.3)^2 \times 5}{30}}$$

$$= \sqrt{\frac{3\,896.7}{30}} = 11.397(分)$$

$$\sigma_乙 = \sqrt{\frac{\sum(x-\overline{x})^2 f}{\sum f}}$$

$$= \sqrt{\frac{(55-75.7)^2 \times 3 + (65-75.7)^2 \times 6 + \cdots + (95-75.7)^2 \times 3}{30}}$$

$$= \sqrt{\frac{3\,786.7}{30}} = 11.235(分)$$

通过计算可知,甲、乙两班学生的平均成绩分别是 75.3 分和 75.7 分,两个班级成绩的标准差分别为 11.397 分和 11.235 分。根据标准差系数公式,可得:

$$V_{\sigma甲} = \frac{\sigma_甲}{\overline{x}_甲} \times 100\% = \frac{11.397}{75.3} \times 100\% = 15.14\%$$

$$V_{\sigma乙} = \frac{\sigma_乙}{\overline{x}_乙} \times 100\% = \frac{11.235}{75.7} \times 100\% = 14.84\%$$

显然乙班级学生成绩的标准差系数小于甲班级,即乙班级成绩的变异(离散)程度低于甲班级成绩,所以乙班平均成绩的代表性大。

标准差系数的重要特点就是,不受标志值水平和计量单位的影响,消除了不同总体之间在平均值水平、计量单位方面的不可比性。

【技能训练】

1.(多选题)标志变异指标可以(　　)。
A.反映社会经济活动过程的均衡性　　　　B.说明变量的离中趋势
C.测定集中趋势指标的代表性　　　　　　D.衡量平均数的代表性
E.表明生产过程的节奏性

2.(判断题)总体各单位标志值的差异程度越小,平均数的代表性就越高;总体各单位标志值的差异程度越大,平均数的代表性就越低。　　　　　　　　　　(　　)

小 结

平均指标是同类社会经济现象总体内各单位某一数量标志在一定时间、地点和条件下所达到的一般水平,是对同质总体各单位某种数量标志的差异抽象化。主要包括算术平均数、调和平均数、几何平均数、众数和中位数。

算术平均数是计算平均数最常用的一种方法。若根据未分组资料计算平均数，应采用简单算术平均数；若掌握已分组的资料，则应采用加权算术平均数。若在分组资料中，缺少权数 f 项，而代之以总量 xf 的形式出现，应考虑采用调和平均数。若各变量间存在相互联系，且总量等于各分量的连乘积时，例如各年发展速度之间、流水作业各车间合格率之间，应采用几何平均数。众数是总体中出现次数最多或频率最高的标志值。中位数是将总体各单位标志值按大小顺序排列后，处于中间位置的那个标志值。

标志变异指标是反映总体中各单位标志值差异程度的综合指标，能反映出平均水平的代表性。变异指标值越大，表明总体各单位标志的变异（差异）程度越大，平均值的代表性越小；反之，变异指标值越小，平均值的代表性越大。常用的变异指标有：全距、平均差、标准差和变异系数。

全距是指总体各单位变量值的两个极端变量值之差，虽然计算很简单，但它只能反映总体标志值的差异范围，有较多弊端。平均差是总体各单位标志值与其算术平均数离差的绝对值的算术平均数，它能很好地衡量总体各单位的变异程度，但计算过程中有绝对值的计算，这不符合代数方法的演算，也降低了指标本身的灵敏度。标准差是总体各单位标志值与其算术平均数离差平方的算术平均数的平方根。它是最常用、使用最广泛地衡量总体各单位变异程度、总体稳定性、均衡性等的指标。但标准差不能对不同平均值或不同计量单位的两个总体之间的变异程度进行比较，而变异系数可以。变异系数是标志变异指标与其算术平均数对比的相对数，包括全距系数、平均差系数、标准差系数等，其中最常用的是标准差系数。

案例分析

2021年全国粮食总产量要保持在13 000亿斤以上

农业农村部种植业管理司一级巡视员陈友权12月24日表示，2021年要确保粮食总产量保持在13 000亿斤以上，把中国人的饭碗牢牢的端在自己的手中。

2021年12月24日上午，农业农村部就当前及元旦春节期间我国粮食和主要农产品市场形势、生产形势举行发布会。会上，有记者问：今年大家对粮食安全问题有所关心，请问今年粮食生产供应形势怎么样，有什么特点，而农业农村部对2021年的粮食生产有什么考虑和安排？

陈友权回应称，今年粮食生产形势比较好，全年粮食面积达到了17.5亿亩，比上年增加1 056万亩，扭转了连续4年下滑的势头，总产量达到13 390亿斤，比上年增加113亿斤，连续6年保持在13 000亿斤以上。三季粮食季季增产，夏粮、早稻、秋粮分别增产24.2亿斤、20.6亿斤、67.6亿斤。四大作物"三增一平"。稻谷、小麦、大豆分别增产45亿斤、13亿斤和30亿斤，玉米产量持平略减，但仍处于历史较高水平。

陈友权表示，粮食连年丰收，今年又高位增产，供需总量基本平衡。全国粮食人均占有量达到了480公斤左右，高于400公斤的国际粮食安全标准线。稻谷、小麦两大口粮产需平衡有余，库存充裕，尽管玉米产量持平略减，加上各方面的库存，供需也基本平衡。所以"口粮绝对安全，谷物基本自给"有保障。

陈友权指出，2021年是建党100周年、"十四五"开局之年，夺取粮食丰收具有特殊重要意义。农业农村部将坚决贯彻落实党中央、国务院的决策部署，把抓好粮食生产作为重大的政治任务摆在首要位置，工作再加力、手段再加强、措施再抓实，确保粮食种植面积稳定在17.5亿亩以上，同时优化种植结构，增加偏紧的农产品供给，着力提高单产，确保粮食总产量保持在13 000亿斤以上，把中国人的饭碗牢牢的端在自己的手中。

资料来源：中国新闻网

阅读案例之后，回答问题：
(1)案例中涉及了哪些指标？
(2)从哪几方面进行了分析？
(3)分析的重点是什么？

综合技能训练

一、单项选择题

1.在同一变量数列中，当标志值比较大的次数多时，计算出来的平均数（　　）。

　　A.接近标志值小的一方　　　　B.接近标志值大的一方

　　C.接近次数少的一方　　　　　D.接近哪方无法判断

2.某班51名同学进行考试，8人耗时50分钟，23人耗时60分钟，20人耗时70分钟，计算该班学生平均耗时应采用（　　）。

　　A.简单算术平均数　　　　　　B.加权算术平均数

　　C.简单调和平均数　　　　　　D.加权调和平均数

3.如果变量值中有一项为零，则不能计算（　　）。

　　A.算术平均数和调和平均数　　B.调和平均数和几何平均数

　　C.算术平均数和众数　　　　　D.几何平均数和中位数

4.如果两个类似数列是以不同计算单位来表示的，比较其离差程度的指标是（　　）。

　　A.全距　　　　　　　　　　　B.平均差

　　C.标准差　　　　　　　　　　D.标准差系数

5.权数对算术平均数影响作用的大小，取决于（　　）。

　　A.作为权数的各组单位数占总体单位数比重的大小

　　B.各组标志值占总体标志总量比重的大小

　　C.标志值本身的大小

　　D.标志值数量的多少

6.简单算术平均数的应用条件是（　　）。

　　A.所掌握的资料未分组，只知总体各单位的标志值

　　B.各标志值的次数不都相同

C.各标志值的次数都相同

D.应该用加权算术平均数,但没有掌握权数资料

7.影响算术平均数大小的因素有（　　）。

A.变量　　　　　　　　　　B.变量值

C.数量标志　　　　　　　　D.变量值所占比重

8.某公司有10个下属企业,现已知每个企业的产值计划完成百分比和实际产值资料,计算该公司平均产值计划完成程度时,所采用的权数应该是（　　）。

A.企业数　　　　　　　　　B.工人数

C.实际产值　　　　　　　　D.计划产值

9.计算平均比率最适宜的平均数是（　　）。

A.算术平均数　　　　　　　B.调和平均数

C.几何平均数　　　　　　　D.加权调和平均数

10.标志变异度指标中最容易受极端值影响的是（　　）。

A.全距　　　　　　　　　　B.平均差

C.标准差　　　　　　　　　D.标准差系数

11.受极端数值影响最小的平均数是（　　）。

A.算术平均数　　　　　　　B.调和平均数

C.几何平均数　　　　　　　D.位置平均数

12.由组距数列确定众数时,如果众数组相邻两组的次数相等,则（　　）。

A.众数为零　　　　　　　　B.众数组的组中值就是众数

C.众数不能确定　　　　　　D.众数组的组限就是众数

13.标准差指标数值越小,则反映变量值（　　）。

A.越分散,平均数代表性越低　B.越集中,平均数代表性越高

C.越分散,平均数代表性越高　D.越集中,平均数代表性越低

14.在标志变异指标中,由总体中最大变量值和最小变量值之差决定的是（　　）。

A.标准差系数　　　　　　　B.标准差

C.平均差　　　　　　　　　D.全距（极差）

15.用标准差比较分析两个同类总体平均指标的代表性,其基本的前提条件是（　　）。

A.两个总体的标准差应相等　B.两个总体的平均数应相等

C.两个总体的单位数应相等　D.两个总体的离差之和应相等

16.已知两个同类型企业职工平均工资的标准差分别为4.3和4.7,则两个企业职工平均工资的代表性是（　　）。

A.甲大于乙　　　　　　　　B.乙大于甲

C.一样的　　　　　　　　　D.无法判断

17.分配数列各组变量值不变,每组次数均增加25%,加权算术平均数的数值（　　）。

A.增加25%　　　　　　　　B.减少25%

C.不变化　　　　　　　　　D.无法判断

二、多项选择题

1. 下列属于平均指标的有（　　）。
   A. 某市人均住房面积
   B. 每平方公里所住的人口数
   C. 某产品的平均等级
   D. 某企业的工人劳动生产率
   E. 某企业各车间的平均产品合格率

2. 平均指标与强度相对数指标的区别有（　　）。
   A. 前者反映数值的一般水平，后者主要反映数量联系程度
   B. 前者可以反映现象的普遍程度，后者可以反映现象的强弱程度
   C. 前者是有名数，后者是无名数
   D. 平均指标基本公式中分子与分母属于同一总体，分母是分子的承担者，后者则不然
   E. 有些强度相对数指标带有平均的含义，但从本质上说不是平均数

3. 中位数是（　　）。
   A. 由标志值在数列中所处的位置决定的
   B. 根据标志值出现的次数决定的
   C. 总体单位水平的平均值
   D. 总体一般水平的代表值
   E. 不受总体中极端数值的影响

4. 不同总体间的标准差不能简单进行对比，这是因为（　　）。
   A. 平均数不一致
   B. 标准差不一致
   C. 计量单位不一致
   D. 总体单位数不一致
   E. 与平均数的离差之和不一致

5. 有些标志变异度指标是用有名数表示的，它们是（　　）。
   A. 全距
   B. 平均差
   C. 标准差
   D. 平均差系数
   E. 标准差系数

6. 在什么条件下，加权算术平均数等于简单算术平均数（　　）。
   A. 各组次数相等
   B. 各组变量值不等
   C. 变量数列为组距数列
   D. 各组次数都为1
   E. 各组次数占总次数的比重相等

7. 众数是（　　）。
   A. 位置平均数
   B. 总体中出现次数最多的变量值
   C. 不受极端值的影响
   D. 处于数列中点位置的那个标志值
   E. 适用于总体次数多，有明显集中趋势的情况

8. 标志变异指标可以说明（　　）。
   A. 分配数列中变量的离中趋势
   B. 分配数列中各标志值的变动范围
   C. 分配数列中各标志值的离散程度
   D. 总体单位标志值的分布特征
   E. 分配数列中各标志值的集中趋势

9. 下列方法计算的结果，属于平均指标的有（　　）。
   A. 一个国家的粮食总产量与全国人口数之比
   B. 一个国家的国土面积与全国人口数之比

C.某厂职工工资总额与该厂职工人数之比
D.生产某种产品的总成本与该产品产量之比
E.几个变量值之积的 n 次方根

三、判断题

1.调和平均数和几何平均数是算术平均数的变形,它们本质上是一致的。（　）
2.当各组的单位数相等时,各组的单位数占总体单位数的比重也相等,所以权数也就没有作用了。（　）
3.由于所掌握的资料不同,加权调和平均数实际上是加权算术平均数的变形。（　）
4.当一个数列的平均数为零时,不能计算平均差和标准差。（　）
5.如果两个数列的平均数相同,这两个数列的标准差也相同。（　）
6.对同一数列,同时计算平均差和标准差,两者必然相等。（　）
7.几何平均数的应用条件是:变量值的连乘积等于总比率或总速度的现象。（　）
8.标志变异指标说明变量的集中趋势。（　）
9.标志变异度指标的数值越大,平均数的代表性就越高。（　）
10.总体中各标志值之间的差异程度越大,标准差系数就越小。（　）
11.标志变异指标既反映了总体各单位标志值的共性又反映了它们之间的差异性。（　）

四、案例分析题

1.某厂 50 个工人,各级工人工资和工人数资料见表 4-23。

表 4-23　　　　　各级工人工资和工人数资料

技术级别	月工资(元)	工人数(人)
1	1 500	5
2	1 550	15
3	1 620	18
4	1 710	10
5	1 820	2
合计	—	50

要求:计算工人的平均技术级别和平均月工资。

2.某企业职工工资资料见表 4-24。

表 4-24　　　　　某企业职工工资资料

按月工资分组(元)	各组工人在工人总数中所占的比重(%)
1 600 以下	5
1 600~1 800	15
1 800~2 000	40
2 000~2 200	30
2 200 以上	10
合计	100

要求:计算该企业职工的平均工资。

3. 某企业下属三个分厂生产同一产品,各分厂某月单位产品成本及总成本资料见表4-25。

表4-25　　　　　各分厂某月单位产品成本及总成本资料

厂名	产品单位成本(元/件)	总成本(元)
一分厂	10	50 000
二分厂	11	44 000
三分厂	12	36 000
合计	—	130 000

要求:计算该企业三个分厂产品的平均单位成本。

4. 某公司两工厂工人技术级别情况见表4-26。

表4-26　　　　　两工厂工人技术级别情况

技术级别	工人数(人)	
	甲厂	乙厂
1	220	200
2	540	500
3	420	430
4	450	450
5	200	220
6	100	110
7	50	60
8	20	30
合计	2 000	2 000

要求:确定这两工厂和全公司工人技术级别的众数和中位数。

5. 甲、乙两地区房屋按层数分组的分配数列见表4-27。

表4-27　　　　　甲、乙两地区房屋按层数分组的分配数列

按房屋层数分组	房屋数量(栋)	
	甲地区	乙地区
1	9	3
2	0	7
3	1	14
4	4	28
5	160	73
6	76	46
7	0	25
8	3	11
9	4	2
合计	257	209

要求:问哪个地区的平均楼层更有代表性?哪个地区的房屋比较整齐?

6. 一位投资者持有一种股票,2018年、2019年、2020年和2021年的收益率分别为

4.5％、2.0％、3.5％、5.4％。要求：计算该投资者在这四年中的年平均收益率。

7. 某地区粮食生产资料见表 4-28。

表 4-28　　　　　　　　　某地区粮食生产资料

耕地按亩产分组（千克）	耕地面积（万亩）
350 以下	4.2
350～400	8.3
400～425	10.7
425～450	31.5
450～475	10.8
475～500	10.0
500 以上	4.5
合计	80.0

要求：计算该地区粮食耕地亩产众数和中位数。

附 2　Excel 在平均分析中的应用

Excel 在平均分析中的应用，计算主要步骤如下：

1.新建文件

【文件】→【新建】→【空白工作簿】→【保存】，在【文件名】处，输入“D2－Excel 在平均分析中的应用”→【保存】。

2.输入数据

在单元格{B2:B13}中，输入全年电消耗量的基础数据，如附图 2-1 所示。

附图 2-1

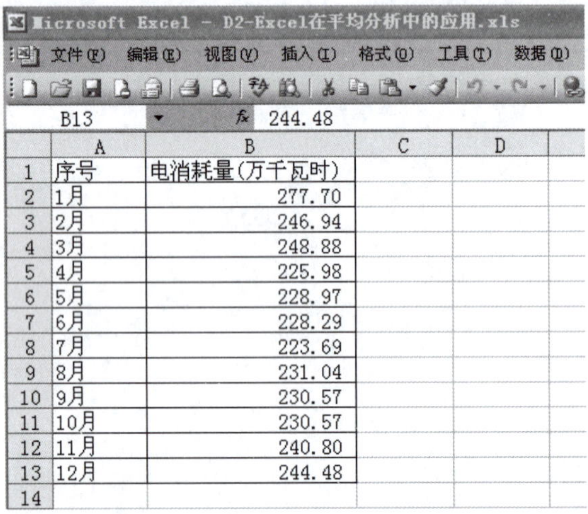

	A	B	C	D
1	序号	电消耗量(万千瓦时)		
2	1月	277.70		
3	2月	246.94		
4	3月	248.88		
5	4月	225.98		
6	5月	228.97		
7	6月	228.29		
8	7月	223.69		
9	8月	231.04		
10	9月	230.57		
11	10月	230.57		
12	11月	240.80		
13	12月	244.48		
14				

3.单击【工具】→【数据分析】→【描述统计】→【确定】

输入“描述统计”页面的有关数据。在“输入区域”内输入“$B$2:$B$13”，在“输出区域”内输入“$D$1”，如附图 2-2 所示。

附图 2-2

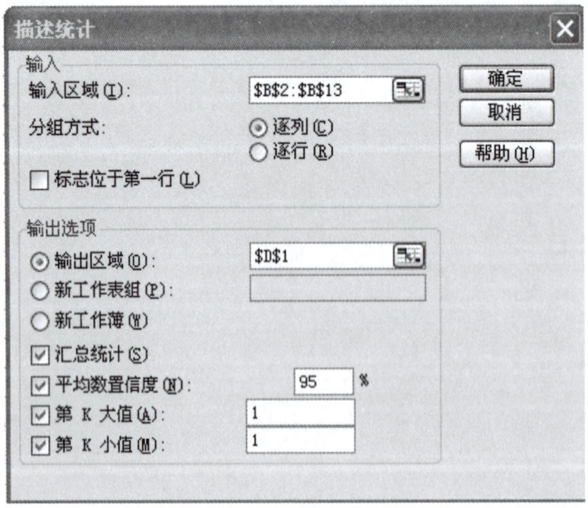

在"描述统计"页面需要注意的事项：

(1)输入区域：输入数据所在的区域，应在一列或一行中。

(2)分组方式：提供了两种选择，如果数据总体在同一行内，请选择逐行，如果在同一列内，则选择逐列。

(3)在选取数据区域时，如果选择了数据标志，选择标志位于第一行。

(4)输出区域：输出"数据分析"内容的单元格首行位置。结果如附图2-3所示。

附图2-3

	A	B	C	D	E
1	序号	电消耗量(万千瓦时)		列1	
2	1月	277.70			
3	2月	246.94		平均	238.16
4	3月	248.88		标准误差	4.36
5	4月	225.98		中位数	230.81
6	5月	228.97		众数	230.57
7	6月	228.29		标准差	15.10
8	7月	223.69		方差	227.99
9	8月	231.04		峰度	3.72
10	9月	230.57		偏度	1.78
11	10月	230.57		区域	54.01
12	11月	240.80		最小值	223.69
13	12月	244.48		最大值	277.70
14				求和	2857.91
15				观测数	12.00
16				最大(1)	277.70
17				最小(1)	223.69
18				置信度(95.0%)	9.59

4.常见的描述统计指标

在实际统计工作中，通常是在某单元格内输入上述16项描述统计指标中的某几项指标。以本例为例，常见的描述统计指标的具体公式如下：

平均	Average(B2:B13)
中位数	Median(B2:B13)
众数	Mode(B2:B13)
标准差	STDEV(B2:B13)
方差	VAR(B2:B13)
峰度	KURT(B2:B13)
最小值	Min(B2:B13)
最大值	Max(B2:B13)
求和	Sum(B2:B13)
观测数	Count(B2:B13)

5.综合实例

在实际工作中,经常需要预测企业未来某一时期能源消耗量,为领导决策提供依据。为了方便计算,通常采用简易的计算方法,参考企业历史统计资料,利用统计指标,综合分析,进行预测。

将 2017—2021 年每月的能源消耗量输入表格中,利用平均数、中位数和众数等统计指标进行综合分析,得出"月平均能源消耗量为 233.61 吨标准煤"。结果如附图 2-4 所示。

附图 2-4

某企业近几年的能源消耗量统计表　　　　　单位:吨标准煤

	A	B	C	D	E	F	G	H	I
2		2017年	2018年	2019年	2020年	2021年	月最小值	月平均值	月最大值
3	1月	255.90	227.70	247.70	267.70	277.70	227.70	250.73	277.70
4	2月	215.20	230.40	225.98	256.81	246.94	215.20	231.75	256.81
5	3月	218.33	228.97	228.97	228.79	248.88	218.33	228.71	248.88
6	4月	238.29	228.29	240.10	235.70	225.98	225.98	232.39	240.10
7	5月	230.57	210.57	230.57	223.69	228.97	210.57	222.49	230.57
8	6月	241.04	231.04	221.04	251.04	228.29	221.04	232.25	251.04
9	7月	230.57	230.57	230.60	230.50	223.69	223.69	228.27	230.60
10	8月	230.57	225.57	236.57	240.57	231.04	225.57	231.65	240.57
11	9月	240.57	232.57	232.57	230.57	230.57	230.57	232.57	240.57
12	10月	230.57	238.57	235.57	221.57	230.57	221.57	229.74	238.57
13	11月	245.80	240.80	240.90	230.80	240.80	230.80	238.32	245.80
14	12月	244.48	244.48	244.48	244.48	244.48	244.48	244.48	244.48
15	年最小值	215.20	210.57	221.04	221.57	223.69	210.57	222.49	230.57
16	年平均值	235.16	230.63	234.59	238.52	238.16	230.63	233.61	245.47
17	年最大值	255.90	244.48	247.70	267.70	277.70	244.48	250.73	277.70
18	中位数							230.70	
19	众数							230.57	

单元三　动态分析与预测

认知目标

1. 理解动态数列的概念、意义、种类与编制原则；
2. 掌握动态数列水平指标的计算；
3. 掌握动态数列速度指标的计算；
4. 熟练利用直线趋势方程对社会经济现象进行预测。

能力目标

1. 能够根据经济现象的性质正确选择动态指标的计算方法；
2. 能够清楚地解释社会经济现象水平指标与速度指标的数量含义；
3. 能够运用直线趋势方程对社会经济现象进行趋势预测。

任务导入

社会经济现象一般来说是会随着时间的推移而不断发展变化的，统计分析作为认识事物的工具，就必须对不同时间上的同一社会经济现象指标数值进行研究，从而发现现象发展的规律，甚至对现象进行预测。那么，我们通过何种形式来表示现象数量的变化呢？又通过何种办法实现对现象发展趋势的预测呢？

提出问题

某企业 2017—2021 年的营业收入情况见表 4-29，请对营业收入的变动情况进行分析评价。

表 4-29　　　　　　　　　营业收入情况

年度	2017	2018	2019	2020	2021
营业收入（万元）	6 140	8 193	9 561	11 679	19 838

解决问题

任务一　动态数列概述

一、动态数列的概念

"动态"，表现在统计上的"动"一般指的是时间上的变动，故动态数列又称时间数列。它是将指标数值按时间先后顺序排列而形成的数列。示例见表 4-29。即构成动态数列的基本要素有两个：一个是现象所属的时间（常用 t 表示），见表 4-29 中 2017 年、2018 年等；另一个是反映现象水平的指标数值（在水平与速度指标中常用 a 表示，在趋势预测中常用 y 表示），见表 4-29 中 6 140 万元、8 193 万元等。

所谓动态数列分析，就是通过研究动态数列中指标数值的变动，来认识它的变化过程和发展规律，甚至可以预测其发展趋势的分析方法。这可以为政府、企业等制定方针政策、编制计划、进行预测防范等提供依据，还可以对同一现象在不同企业、地区以及国家之间进行比较分析。

【技能训练】

（单选题）下列数列中属于动态数列的是（　　）。
A. 学生按学习成绩高低分组形成的数列
B. 工业企业按地区分组形成的数列
C. 职工按工资水平高低排列形成的数列
D. 出口额按时间先后顺序排列形成的数列

二、动态数列的种类

动态数列按统计指标的表现形式不同，可分为三种：绝对数动态数列、相对数动态数列和平均数动态数列。其中，绝对数动态数列（即总量指标动态数列）是基本数列，其余两种是根据绝对数动态数列计算出来的派生数列。三种动态数列从不同方面反映着社会经济现象发展变化的过程。

（一）绝对数动态数列

绝对数动态数列即动态数列中的指标数值为绝对数（或总量指标）。它反映了现象在不同时间上达到的规模和变化情况。根据指标数值所属的时间状态不同，可分为时期数列和时点数列。

1. 时期数列

时期数列即指标数值所属时间为一段时间，见表 4-30 中的某企业职工工资总额数列。其与模块一中所讲时期指标的特点一样。即第一，具有可加性，加总之后的指标数值，表示现象在更长一段时间内的总量；第二，指标数值的大小与所属时间长短有直接关系，一般情况下，时期越长，指标数值越大，时期越短，指标数值越小；第三，时期数列中指标数值通常是通过经常性调查取得的。

2. 时点数列

时点数列即指标数值为现象在瞬间的数量，是瞬间的。见表 4-30 中的某企业年末职工人数数列。其特点为，第一，不具有可加性，即加总之后没有意义；第二，指标数值的大小与其间隔时间长短没有直接的关系；第三，时点数列中的指标数值通常是通过一次性调查取得的。

表 4-30　　　　　　　　　　　某企业职工工资情况

年　份	2016	2017	2018	2019	2020	2021
职工工资总额（万元）	3 939.2	4 916.2	6 656.4	8 100.0	9 080.0	9 405.3

(续表)

年 份	2016	2017	2018	2019	2020	2021
年末职工人数（人）	1 678	1 707	1 707	1 701	1 705	1 679
男性职工工资总额所占比重（％）	78.45	77.55	77.78	45.06	74.81	76.69
职工平均工资（元）	23 323	29 047	38 995	47 535	53 318	55 587

（二）相对数动态数列

相对数动态数列即动态数列中的指标数值为相对数。见表 4-30 中的某企业男性职工工资总额所占比重数列。它反映的是现象之间相互关联程度的发展过程。在相对数动态数列中，由于各指标数值对比的基础不同，因此不具有可加性。

（三）平均数动态数列

平均数动态数列即动态数列中的指标数值为平均数。它反映现象一般（平均）水平的发展过程和趋势。见表 4-30 中的某企业职工平均工资数列，反映了该企业职工平均工资呈不断提高的发展趋势。

【技能训练】

（多选题）下列选项中，属于时期数列的有（　　）。

A．近年我国耕地面积　　　　B．我国历年新增人口

C．我国历年黄金储备　　　　D．我国历年图书出版量

E．某企业历年资金利税率

三、动态数列的编制原则

编制动态数列的目的就是通过对动态数列中各个时间上的指标数值进行对比，从而发现现象发展变化过程、规律性或其变化趋势。因此，编制动态数列的基本原则就是保证动态数列中各个指标数值的可比性。即在编制动态数列时必须注意以下几点：

（一）时间长短要相等

为了准确地表现现象的发展状况，动态数列指标数值，当是时期指标时，应尽可能地保持时间长短相等，例如一个月；当是时点指标时，应尽可能地保持时间间隔长度相等，例如间隔五年。

（二）总体范围要一致

总体范围主要是指地区和部门的范围。例如，一个地区的管辖范围有变化，那么变化前后的各项指标数值就不具有可比性，因为进行对比没有太大的意义。

（三）经济内容要一致

有的指标在名称上相同，但在经济内容上不一定相同，由此而编制的动态数列在分析时，会得出错误的结论。例如，工业企业工资指标，按费用要素分组的工资包括全部职工工资；而按成本项目分组的工资则只包括基本生产工人的工资。又如把不同经济内容

的工资，混合编成动态数列反映工资的动态，就会产生错误的结论。

（四）计算口径要一致

计算口径要一致，即计算方法、计量单位和计价标准要一致。例如劳动生产率指标在计算时，有的按全部职工计算，有的按生产工人计算；有的指标计量单位用吨，也有用千克的；工业总产值有的按不变价格计算，有的按现行价格计算等，这样的指标就不具有可比性，应调整一致后，再编制动态数列。

【技能训练】

（多选题）编制动态数列应遵循的基本原则有（　　）。

A. 时期长短应该相等
B. 总体范围应该一致
C. 指标的经济内容应该相同
D. 指标的计算方法、计算价格和计量单位应该一致
E. 指标的变化幅度应该一致

任务二　动态数列的水平指标分析

编制完社会经济现象指标的动态数列后，为了研究现象的发展趋势和变化规律等，就需要对动态数列计算一系列的分析指标。即从两个方面进行指标分析：水平指标和速度指标。水平指标是从绝对数方面说明现象的，而速度指标是从相对数方面说明现象的。

动态数列的水平指标包括有：发展水平、平均发展水平（序时平均数）、增长量和平均增长量。

一、发展水平

在时间数列中，各项具体的指标值称为发展水平，它反映了社会经济现象在不同时间所达到的水平。它是计算其他动态数列分析指标的基础。

发展水平一般是总量指标，例如国家的国内生产总值（GDP）、企业的利润总额、固定资产等；也可以是相对指标，例如生产工人占全部职工总数比重、资产负债率等；还可以是平均指标，例如平均劳动生产率。

发展水平按其在动态数列中的地位和作用不同可分为：最初水平、中间水平、最末水平、报告期水平和基期水平。如下所示。

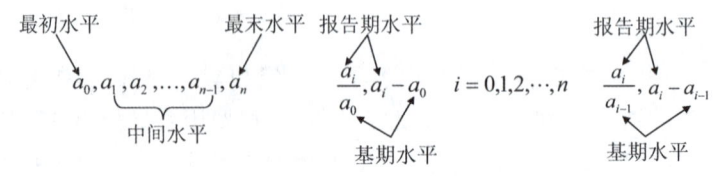

最初水平　　　　最末水平　报告期水平　　　　　　报告期水平
$a_0, a_1, a_2, \ldots, a_{n-1}, a_n$　　$\dfrac{a_i}{a_0}, a_i - a_0$　$i = 0, 1, 2, \cdots, n$　$\dfrac{a_i}{a_{i-1}}, a_i - a_{i-1}$
　　　中间水平　　　　　　基期水平　　　　　　　　　基期水平

其中：

最初水平——数列中第一项指标数值；

最末水平——数列中最后一项指标数值；

中间水平——除第一项与最后一项外，其余各项指标数值；

报告期水平——所要研究时期或时点的指标数值；

基期水平——作为比较基础时期或时点的指标数值。

见表 4-30 中职工工资总额，3 939.2 万元是最初水平，9 405.3 万元是最末水平，其余年份的职工工资总额都是中间水平。若将 2021 年的职工工资总额与 2016 年进行对比，那么 2016 年的发展水平就是基期水平，而 2021 年的水平为报告期水平；若将 2021 年水平与 2020 年进行对比，那么 2020 年的发展水平为基期水平，2021 年的为报告期水平。基期和报告期是相对的，可随研究时间和目的的变化而变化。

二、平均发展水平

平均发展水平就是数列中不同时期的发展水平的平均数，又称序时平均数或动态平均数，表示现象在一段时间以内的一般水平。序时平均数与一般平均数既有共同之处，又有区别。首先共同点——都是平均数。它们都是抽象了现象的个别差异，以反映现象总体的一般水平。其次有两点区别——时间上的不同；计量依据不同。序时平均数所抽象的是某一现象在不同时间上的数量差异，而一般平均数是将总体各单位某一数量标志值在同一时间上的数量差异抽象化；序时平均数是根据动态数列计算的，而一般平均数是根据变量数列计算的。

发展水平可以是绝对数、相对数或平均数，而绝对数又有时期指标和时点指标，因此，用它们计算序时平均数时方法各不相同。

（一）由绝对数动态数列计算序时平均数

从计算方法上，根据绝对数动态数列计算的序时平均数是最基本的方法。由于绝对数动态数列根据指标数值所属的时间状态不同，可分为时期数列和时点数列。它们又具有不同的性质，因而就有不同的计算方法。

1. 由时期数列计算序时平均数

由于时期数列中各项指标数值具有可加性，所以可以直接采用算术平均数的方法计算。其计算公式为

$$\bar{a} = \frac{a_1 + a_2 + \cdots + a_n}{n} = \frac{\sum a}{n} \tag{公式 4.23}$$

式中 $\bar{a}$ ——平均发展水平；

a ——各个时期的发展水平；

n ——时期数列的项数。

【例 4-21】已知某工厂某年 1—6 月产值情况，见表 4-31，试求上半年月平均产值。

表 4-31　　　　　　　　　某工厂某年 1—6 月产值情况

月份	1月	2月	3月	4月	5月	6月
总产值(万元)	20	22	25	28	26	29

该厂上半年月平均产值为 $\bar{a}=\dfrac{\sum a}{n}=\dfrac{20+22+\cdots+29}{6}=25(万元)$

2. 由时点数列计算序时平均数

要精确计算时点数列的序时平均数,就应掌握每一时点的资料,但这是不现实的,只能间隔一段时间统计其余额。所以时点数列的序时平均数是假定在某一时间间隔内,现象的变动是在均匀的或对称的或波动不大的前提下推算出来的近似值。为了便于计算,在社会经济统计中一般是把一天看作一个时点,即以"天"作为最小时间单位。由此,时点数列分为连续时点数列和间断(不是逐日登记)时点数列,它们的计算方法也不同。

(1) 由连续时点数列计算序时平均数

连续时点数列资料是逐日登记的。此时可采用算术平均数的计算方法进行计算。连续时点数列又可分为两种情况:未分组时和分组时。

第一种情况:连续时点数列资料是逐日登记的,并且逐日排列的,即未分组时。计算公式为:

$$\bar{a}=\dfrac{\sum a}{n} \qquad\qquad (公式 4.24)$$

【例 4-22】某工厂某月上旬职工出勤人数见表 4-32。

表 4-32　　　　　　　　某工厂某月上旬职工出勤人数

日期	1	2	3	4	5	6	7	8	9	10
人数	300	301	307	305	304	298	301	299	303	302

由于该工厂某月上旬职工出勤人数是按每天计数的,即为连续时点数列,所以可用简单算术平均的方法计算:

该工厂某月上旬平均每天职工出勤人数为 $\bar{a}=(300+301+\cdots+302)/10=302(人)$

第二种情况:连续时点数列资料是逐日登记的,但不是逐日变动的,只是在发生变动时才登记,间隔时间往往不等,即相当于对连续时点数列的资料分组,数据资料不变的时间长度作为分组时的频数。计算公式为

$$\bar{a}=\dfrac{\sum af}{\sum f} \qquad\qquad (公式 4.25)$$

式中　a ——各时点的发展水平;

　　　f ——各时点的间隔长度。

【例 4-23】某企业第一季度从业人员在册人数,1月1日—15日,每天为 988 人;1月16日—2月2日,每天为 997 人;2月3日—23日,每天为 1 002 人;2月24日—28日,每天为 999 人;3月1日—31日,每天为 1 005 人,试求该企业第一季度平均每天在册人数。

此时,企业从业人员在册人数不是逐日变动的,是发生变动时再做登记的。即相当于在册人数的变动分为5组,人数为标志值,天数为频数,此时可用加权算术平均的方法计算:

$$\bar{a} = \frac{\sum af}{\sum f} = \frac{988 \times 15 + 997 \times 18 + 1\,002 \times 21 + 999 \times 5 + 1\,005 \times 31}{31 + 28 + 31} = 1\,000(人)$$

小结:连续时点数列未分组时,$\bar{a} = \frac{\sum a}{n}$(简单算术平均);

连续时点数列分组时,$\bar{a} = \frac{\sum af}{\sum f}$(加权算术平均)。

(2)由间断时点数列计算序时平均数

间断时点数列资料不是逐日登记的。在实际统计工作中,往往是月初或月末登记一次,或几个月登记一次。就是隔一段时间才记录一次。又分为间隔相等和间隔不等两种情况。注意:计算间断时点数列时有假定成分,因此间隔越长,数据越不准确。

第一种情况:间隔相等时,计算间断时点数列序时平均数。

即每隔一定的时间登记一次,每次登记的时间间隔相等。此时可采用"首末折半法"计算。先计算各相邻时点发展水平的平均数,然后再将这些平均数进行简单平均。此法假定两个时点之间的发展水平变动是均匀的或对称的或波动不大的。其计算公式为

$$\bar{a} = \frac{\frac{a_1 + a_2}{2} + \frac{a_2 + a_3}{2} + \cdots + \frac{a_{n-1} + a_n}{2}}{n - 1} = \frac{\frac{a_1}{2} + a_2 + \cdots + a_{n-1} + \frac{a_n}{2}}{n - 1} \quad (公式 4.26)$$

式中 n ——时点数列的时点个数。

【例 4-24】某工厂产成品下半年月末仓库库存情况见表 4-33,试求该仓库下半年平均库存量。

表 4-33　　　　　　某工厂产成品下半年月末仓库库存情况

日期	6月30日	7月31日	8月31日	9月30日	10月31日	11月30日	12月31日
库存量(台)	300	321	298	303	301	310	316

上表都是月末库存量,可假设下月初和本月末的台数相同,且从月初到月末是均匀变动的。此时,可将两个相邻时点指标值相加除以2,得到这两个时点之间的平均发展水平,然后再依据这些平均发展水平,用简单算术平均的方法求得整个研究期间的平均发展水平,即之前所述首末折半法。下半年平均库存量为

$$\bar{a} = \frac{\frac{300 + 321}{2} + \frac{321 + 298}{2} + \cdots + \frac{310 + 316}{2}}{7 - 1} = \frac{\frac{300}{2} + 321 + \cdots + 310 + \frac{316}{2}}{6} = 307(台)$$

第二种情况:间隔不等时,计算间断时点数列序时平均数。

当每隔一定的时间登记一次,每次登记的时间间隔不等时,计算平均发展水平,先计算各相邻时点的平均数,用各相邻时间间隔长度作为频数(权数),再运用加权算术平均法计算。为了记忆方便,可称其为"加权首末折半"(这里的首末折半是指相邻两个时点

的首末折半)。其计算公式为

$$\overline{a} = \frac{\frac{a_1+a_2}{2}f_1 + \frac{a_2+a_3}{2}f_2 + \cdots + \frac{a_{n-1}+a_n}{2}f_{n-1}}{f_1+f_2+\cdots+f_{n-1}}$$

(公式 4.27)

式中 f ——各时点间隔长度。

【例 4-25】某工厂产成品下半年月末仓库库存情况见表 4-34,试求该仓库下半年平均库存量。

表 4-34　　　　　某工厂产成品下半年月末仓库库存情况

日期	6 月 30 日	8 月 31 日	11 月 30 日	12 月 31 日
库存量(台)	832	856	804	824

则该工厂下半年月平均库存量为

$$\overline{a} = \frac{\frac{832+856}{2}\times 2 + \frac{856+804}{2}\times 3 + \frac{804+824}{2}\times 1}{2+3+1} = 832(台)$$

运用这种方法计算的序时平均数带有一定程度的假设性。因此,时点间隔越大,其假设性越大,准确程度也就越差。

小结:由绝对数动态数列计算序时平均数。

绝对数动态数列 { 时期数列——→算术平均
时点数列 { 连续时点数列 { 未分组时——→简单算术平均
分组时——→加权算术平均
间断时点数列 { 间隔相等——→首末折半法
间隔不等——→"加权首末折半"法

(二)由相对数或平均数动态数列计算序时平均数

相对数和平均数动态数列,是由两个有联系的绝对数动态数列对比而成。由于各相对数和平均数的分母不同,不能直接将不同时间的相对数或平均数相加来计算序数平均数,而应根据动态数列的性质,即根据时期数列和时点数列序时平均数的求法,分别计算出构成相对数或平均数的分子和分母数列的序时平均数,然后再对比计算出相对数或平均数动态数列的序时平均数。其基本计算公式为

$$\overline{c} = \frac{\overline{a}}{\overline{b}}$$

(公式 4.28)

式中 $\overline{a}$ ——分子的绝对数动态数列的序时平均数;

$\overline{b}$ ——分母的绝对数动态数列的序时平均数;

$\overline{c}$ ——相对数或平均数动态数列的序时平均数。

此处,$\overline{a}$ 和 $\overline{b}$ 可以同时是时期数列的序时平均数,也可以是时点数列的序时平均数,还可以一个是时期数列一个是时点数列。在计算时,应根据不同情况,采用相应的计算方法。

1. a、b 均为时期数列时

【例 4-26】 某企业 1—6 月生产计划完成情况见表 4-35,求上半年月平均产量计划完成程度。

表 4-35　　　　　　　　　某企业 1—6 月生产计划完成情况

月份	1	2	3	4	5	6
a 实际产量(件)	460	550	600	630	690	760
b 计划产量(件)	400	500	600	650	700	750
c 产量计划完成程度(%)	115.0	110.0	100.0	96.9	98.6	101.3

由于产量计划完成程度是一个相对指标,不同时期产量计划完成程度指标的分母是不能直接相加的,所以需要分别求出其分子、分母的平均数,然后再相除求得产量计划完成程度的平均数。分子、分母都是时期数列。所以,该企业上半年月平均产量计划完成程度为

$$\bar{c} = \frac{\bar{a}}{\bar{b}} = \frac{\frac{\sum a}{n}}{\frac{\sum b}{n}} = \frac{\sum a}{\sum b} = \frac{460+550+600+630+690+760}{400+500+600+650+700+750} = 102.5\%$$

2. a、b 均为时点数列时

【例 4-27】 某企业某年第四季度月末女职工占全部职工人数比重见表 4-36,求第四季度平均女职工比重。

表 4-36　　　　　某企业某年第四季度月末女职工占全部职工人数比重

时间	9月30日	10月31日	11月30日	12月31日
a 女职工人数(人)	380	370	360	378
b 全部职工人数(人)	500	520	510	506
c 女职工所占比重(%)	76.0	71.2	70.1	74.7

女职工占全部职工人数比重是一个结构相对指标,分子、分母都是时点数列,而且是间隔相等的间断时点数列。所以,该企业第四季度平均女职工比重:

$$\bar{c} = \frac{\bar{a}}{\bar{b}} = \frac{\frac{a_1}{2}+a_2+\cdots+a_{n-1}+\frac{a_n}{2}}{\frac{b_1}{2}+b_2+\cdots+b_{n-1}+\frac{b_n}{2}} = \frac{\frac{380}{2}+370+360+\frac{378}{2}}{\frac{500}{2}+520+510+\frac{506}{2}} = 72.34\%$$

3. 一个时期数列,一个时点数列时

【例 4-28】 某企业某年第一季度商品销售、库存和商品流转次数情况见表 4-37,求平均商品流转次数。

表 4-37　　　　某企业某年第一季度商品销售、库存和商品流转次数情况

月份	1	2	3	4
商品销售额(万元)	105	153	187	200
月初库存额(万元)	40	50	65	76
商品流转次数(次)	2.3	2.7	2.7	—

商品流转次数等于商品销售额除以同期平均商品库存额。它是一个强度相对指标，其分子是时期数列，分母是时点数列，而且是间隔相等的间断时点数列。所以，该企业平均商品流转次数为

$$\overline{c} = \frac{\overline{a}}{\overline{b}} = \frac{\sum a}{\frac{b_1}{2} + b_2 + \cdots + b_{n-1} + \frac{b_n}{2}} = \frac{105 + 153 + 187}{\frac{40}{2} + 50 + 65 + \frac{76}{2}} = 2.57(次)$$

【例 4-29】 某工厂某年 6—9 月工业总产值、职工人数情况见表 4-38，试计算该厂第三季度月平均劳动生产率。

表 4-38　　　　某工厂某年 6—9 月工业总产值、职工人数情况

月份	6	7	8	9
工业总产值(元)	1 000 000	1 200 000	1 400 000	1 500 000
月末职工人数(人)	82	85	88	86

由于劳动生产率等于工业总产值除以平均职工人数，而其分子是时期数列，分母是间隔相等的间断时点数列。所以，第三季度月平均劳动生产率为

$$\overline{c} = \frac{\overline{a}}{\overline{b}} = \frac{\frac{\sum a}{n}}{\frac{\frac{b_1+b_2}{2} + \frac{b_2+b_3}{2} + \frac{b_3+b_4}{2}}{n-1}} = \frac{\frac{1\,200\,000 + 1\,400\,000 + 1\,500\,000}{3}}{\frac{\frac{82}{2} + 85 + 88 + \frac{86}{2}}{4-1}}$$

$$= 15\,953.31(元/人)$$

另外，在社会经济活动中，有时还存在构成动态数列的各个指标值本身就是按序时平均法计算的结果，对其求平均发展水平，可视具体是间隔相等还是间隔不等，分别采用简单算术平均法或加权算术平均法计算，权数为相应的时间间隔。

【例 4-30】 已知某企业各年的季平均人数情况见表 4-39，计算全期季平均人数。

表 4-39　　　　某企业各年的季平均人数情况

年份	第 1 年	第 2～4 年	第 5～6 年	第 7 年	第 8 年
季平均人数(人)	300	305	304	302	306

$$全期的季平均人数 = \frac{\sum xf}{\sum f} = \frac{300 + 305 \times 3 + 304 \times 2 + 302 + 306}{8} = 304(人)$$

小结：计算相对数或平均数动态数列序时平均数的步骤：

① 先写出所求相对数或平均数的计算公式 $c = \frac{a}{b}$。

② 再写出 $\overline{c} = \frac{\overline{a}}{\overline{b}}$，判断分子与分母指标的性质，是时期指标还是时点指标？若是时点指标，是连续时点还是间断时点？若是间断时点指标，是间隔相等还是间隔不等？

③ 最后依据各自的计算方法分别计算出分子与分母数列的序时平均数，再对比。

【技能训练】

1.(判断题)所谓序时平均数就是将同一总体的不同时期的平均数按时间先后顺序排列起来。   (   )

2.(多选题)序时平均数是(   )。

A.反映现象在一段时间内的一般水平

B.把总体各单位的某一标志在时间上的差异抽象化

C.根据时间数列计算的

D.根据变量数列计算的

E.把总体在各个时期或不同时点上的指标值加以平均

三、增长量

增长量是说明某种现象在一定时期内所增长的绝对数量。其计算公式为

增长量＝报告期水平－基期水平   (公式4.29)

增长量可为正值,也可为负值,正值表示增加的数量,负值表示减少的数量。公式中的基期水平有两种:前一时期和某一固定时期。分析的目的不同,选择的基期就不同。由此,增长量分为逐期增长量和累计增长量。

(一)逐期增长量和累计增长量

逐期增长量是指报告期水平与其前一期水平之差,说明现象逐期增长或减少的量;累计增长量是指报告期水平与某一固定基期水平之差,说明某一段时期总的增长或减少量。

逐期增长量用符号表示为

$$a_1-a_0, a_2-a_1, \cdots, a_n-a_{n-1}$$

累计增长量用符号表示为

$$a_1-a_0, a_2-a_0, \cdots, a_n-a_0$$

【例 4-31】 某企业固定资产投资额情况见表 4-40。

表 4-40　　　　　　　　　　某企业固定资产投资额情况

年份	2017	2018	2019	2020	2021
发展水平(万元)	2 003.8	2 342.7	2 800.5	3 552.6	4 290.8

试计算:

(1)各年度的逐期增长量;

(2)以 2017 年为基期的各年累计增长量。

计算结果见表 4-41。

表 4-41　　　　　　　　　　计算结果

年份	2017	2018	2019	2020	2021
发展水平(万元)	2 003.8	2 342.7	2 800.5	3 552.6	4 290.8
逐期增长量(万元)	—	338.9	457.8	752.1	738.2
累计增长量(万元)	—	338.9	796.7	1 548.8	2 287.0

（二）逐期增长量与累计增长量之间的关系

逐期增长量与累计增长量之间存在如下关系：

1. 累计增长量等于各逐期增长量之和

即：
$$a_n - a_0 = (a_1 - a_0) + (a_2 - a_1) + \cdots + (a_n - a_{n-1}) \quad \text{（公式 4.30）}$$

2. 逐期增长量等于两个相邻的累计增长量之差

即：
$$a_n - a_{n-1} = (a_n - a_0) - (a_{n-1} - a_0) \quad \text{（公式 4.31）}$$

【例 4-32】 试根据表 4-42，说明逐期增长量与累计增长量之间的关系。

表 4-42

年份	2017	2018	2019	2020	2021
发展水平（万元）	2 003.8	2 342.7	2 800.5	3 552.6	4 290.8
逐期增长量（万元）	—	338.9	457.8	752.1	738.2
累计增长量（万元）	—	338.9	796.7	1 548.8	2 287.0

由表 4-42 可以直观地看出逐期增长量与累计增长量之间的关系。例如以 2017 年为基期的 2021 年累计增长量 2 287.0 万元等于 2018—2021 年逐期增长量之和 2 287.0 万元；2021 年逐期增长量 738.2 万元等于 2021 年累计增长量与 2020 年累计增长量之差即 2 287－1 548.8＝738.2 万元。

拓展：年距增长量。

年距增长量是用来说明本期（月、季）发展水平相对于去年同期（月、季）发展变化的总量，它是实际统计分析中经常使用的指标。其意义在于消除由于季节不同对某些社会经济现象造成的影响。其计算公式为

年距增长量＝本月（季）发展水平－去年同月（季）发展水平＝$a_{t+L} - a_t$

注：此时，季度数据 $L=4$，月度数据 $L=12$。

【技能训练】

（判断题）年距增减水平是反映本期发展水平较上期发展水平的增减绝对量。

（ ）

四、平均增长量

平均增长量是各逐期增长量的序时平均数，表明总量指标在一段时期内平均每期增减的绝对数量。之所以不是各累计增长量的序时平均数，是因为计算累计增长量的平均值没有什么经济意义。

平均增长量 Δa 的计算公式为

$$\Delta a = \frac{\text{逐期增长量之和}}{\text{逐期增长量个数}} = \frac{(a_1 - a_0) + (a_2 - a_1) + \cdots + (a_n - a_{n-1})}{n}$$

$$= \frac{a_n - a_0}{n} = \frac{\text{累计增长量}}{\text{动态数列的项数} - 1} \quad \text{（公式 4.32）}$$

【例 4-33】 计算例 4-32 中企业固定资产投资额 2017—2021 年平均增长量。

$$\text{平均增长量 } \Delta a = \frac{(a_1 - a_0) + (a_2 - a_1) + \cdots + (a_n - a_{n-1})}{n} = \frac{a_n - a_0}{n}$$

$$= \frac{338.9 + 457.8 + 752.1 + 738.2}{4} = \frac{2287.0}{4} = 571.75 \text{(万元)}$$

【技能训练】

1.（计算）某企业 7—12 月的产量资料见表 4-43，试快速说出该时期平均增长量。

表 4-43　　　　　　　　　　某企业 7—12 月的产量资料

月份	7	8	9	10	11	12
发展水平（万吨）	21	20	18	22	21	23
逐期增长量（万吨）	—	−1	−2	4	−1	2
累计增长量（万吨）	—	−1	−3	1	0	2

2.（判断题）平均增长量等于累计增长量除以逐期增长量个数减1。（　　）

任务三　动态数列的速度指标分析

现象发展变化的速度指标反映了现象在不同时间上发展变化的程度。动态数列的速度指标有：发展速度、增长速度、平均发展速度和平均增长速度。

一、发展速度

发展速度是两个不同时间上的发展水平之比，反映社会经济现象报告期比基期发展变化的相对程度。发展速度一般用百分数表示，若对比结果数值很大时，可以用倍数表示。其计算公式为

$$\text{发展速度} = \frac{\text{报告期水平}}{\text{基期水平}} \qquad \text{（公式 4.33）}$$

根据采用的基期不同，可分为：环比发展速度和定基发展速度。

（一）环比发展速度和定基发展速度

环比发展速度就是报告期水平和前一期水平对比所得的动态相对数，它说明报告期水平相对前一期水平的变动程度，表明这种现象逐期的发展速度；定基发展速度就是报告期水平与某一固定基期水平对比所得的动态相对数，它说明报告期水平相对某一固定时期水平的变动程度，表明这种现象在较长时期内总的发展速度。

环比发展速度用符号表示为

$$\frac{a_1}{a_0}, \frac{a_2}{a_1}, \frac{a_3}{a_2}, \cdots, \frac{a_n}{a_{n-1}}$$

定基发展速度用符号表示为

$$\frac{a_1}{a_0}, \frac{a_2}{a_0}, \frac{a_3}{a_0}, \cdots, \frac{a_n}{a_0}$$

(二)环比发展速度和定基发展速度之间的关系

1.定基发展速度等于各环比发展速度连乘积。即：

$$\frac{a_n}{a_0} = \frac{a_1}{a_0} \times \frac{a_2}{a_1} \times \frac{a_3}{a_2} \times \cdots \times \frac{a_n}{a_{n-1}}$$

2.环比发展速度等于相邻两个时期定基发展速度之比。即：

$$\frac{a_n}{a_{n-1}} = \frac{a_n}{a_0} \div \frac{a_{n-1}}{a_0}$$

根据以上数量关系,可以对发展速度进行相互推算。

【例 4-34】 某企业商品销售额资料见表 4-44。

表 4-44　　　　　　　　　某企业商品销售额资料

月份	8	9	10	11	12
发展水平(万元)	263.3	282.1	288.6	310.2	322.9

试计算:
(1)各月的环比发展速度;
(2)以 8 月为基期的各月定基发展速度;
(3)试说明逐期增长量与累计增长量之间的关系。

各月环比发展速度与定基发展速度计算结果见表 4-45。

表 4-45　　　　　　　　　计算结果

月份	8	9	10	11	12
发展水平(万元)	263.3	282.1	288.6	310.2	322.9
环比发展速度(%)	—	107.14	102.30	107.48	104.09
定基发展速度(%)	—	107.14	109.61	117.81	122.64

由表 4-45 可以直观地看出环比发展速度与定基发展速度之间的关系。例如以 8 月为基期的 12 月定基发展速度等于 9—12 月环比发展速度连乘积;12 月环比发展速度等于都以 8 月为基期的 12 月定基发展速度与 11 月定基发展速度之比等。

拓展:年距发展速度。

年距发展速度是用来说明本期(月、季)发展水平相对于去年同期(月、季)发展变化的方向与程度,它是实际统计分析中经常使用的指标。其意义在于消除由于季节不同对某些社会经济现象造成的影响。其计算公式为

$$年距发展速度 = 本月(季)发展水平 / 去年同月(季)发展水平 = \frac{a_{t+L}}{a_t}$$

注:此时,季度数据 $L=4$,月度数据 $L=12$。

【技能训练】

(填空)某地区 1—6 月汽车产量资料见表 4-46,运用动态分析指标的关系填表:

表 4-46		某地区 1—6 月汽车产量资料		
月份	产量(万辆)	累计增长量(万辆)	定基发展速度(%)	环比发展速度(%)
1	71.42			
2		35.28		
3			181.81	
4				105.27
5				106.28
6		82.86		

二、增长速度

增长速度是反映客观现象增长程度的动态相对数。用以说明报告期水平比基期水平增长了百分之几或若干倍,当然也有降低。其计算公式为

$$增长速度=\frac{增长量}{基期水平}=\frac{报告期水平-基期水平}{基期水平}=发展速度-1 \quad (公式 4.34)$$

显然,增长速度有正、负值之分。当发展速度大于 1 时,增长速度为正值,表明现象的增长程度;当发展速度小于 1 时,增长速度为负值,表明现象的降低程度。

和发展速度一样,增长速度同样由于比较的基期不同分为定基增长速度和环比增长速度。

(一)定基增长速度和环比增长速度

环比增长速度是逐期增长量与前一期发展水平对比的结果,表示现象逐期增长的程度。定基增长速度是累计增长量与某一固定基期水平对比的结果,表示现象在较长时期内总的增长速度。

环比增长速度用符号表示为

$$\frac{a_1-a_0}{a_0}, \frac{a_2-a_1}{a_1}, \frac{a_3-a_2}{a_2}, \cdots, \frac{a_n-a_{n-1}}{a_{n-1}}$$

或

$$\frac{a_1}{a_0}-1, \frac{a_2}{a_1}-1, \frac{a_3}{a_2}-1, \cdots, \frac{a_n}{a_{n-1}}-1$$

定基增长速度用符号表示为

$$\frac{a_1-a_0}{a_0}, \frac{a_2-a_0}{a_0}, \frac{a_3-a_0}{a_0}, \cdots, \frac{a_n-a_0}{a_0}$$

或

$$\frac{a_1}{a_0}-1, \frac{a_2}{a_0}-1, \frac{a_3}{a_0}-1, \cdots, \frac{a_n}{a_0}-1$$

【例 4-35】试计算例 4-34 中企业商品销售额各月的环比增长速度和以 8 月为基期的各月定基增长速度。

各月环比增长速度与定基增长速度计算结果见表 4-47。

表 4-47 计算结果

月份	8	9	10	11	12
发展水平(万元)	263.3	282.1	288.6	310.2	322.9
环比发展速度(%)	—	107.14	102.30	107.48	104.09
环比增长速度(%)	—	7.14	2.30	7.48	4.09
定基发展速度(%)	—	107.14	109.61	117.81	122.64
定基增长速度(%)	—	7.14	9.61	17.81	22.64

(二)定基增长速度和环比增长速度之间的换算关系

它们之间并无直接的换算关系。

思考:如果由一个环比增长速度数列求其定基增长速度数列,怎么换算?

拓展:年距增长速度。

与年距发展速度相对应,年距增长速度是现象本期(月、季)的年距增长量与去年同期(月、季)现象的发展水平之比,或用年距发展速度减 1 或减 100% 求得。其计算公式为

$$年距增长速度 = 本月(季)增长量/去年同月(季)发展水平 = \frac{a_{t+L}}{a_t} - 1$$

注:此时,季度数据 $L=4$,月度数据 $L=12$。

【技能训练】

1.(判断题)若各期的增长量相等,则各期的增长速度也相等。 （　　）

2.(判断题)环比发展速度的连乘积等于定基发展速度。 （　　）

三、增长 1% 的绝对值

发展速度和增长速度都是相对指标,它们只能表明现象发展或增长的程度而不能说明现象增减的绝对量。也就是说在低水平基础上计算的增长速度与在高水平基础上计算的增长速度的意义是不同的。

例如,在北戴河区人口增长速度为 1% 和在全国人口增长速度为 1%,其相应增长的人口绝对数显然不一样。再如关于涨工资的问题:甲工资 800 元,涨了 20%,即 160 元;乙工资 5 000 元,涨了 20%,即 1 000 元,甲乙两人工资上涨额显然不同。所以,在动态分析中,我们既要看增长速度,又要看增长相同幅度的绝对值,一般就以增长 1% 所包含的绝对值来计算。其计算公式为

$$增长 1\% 的绝对值 = \frac{a_{n-1}}{100} = \frac{上期水平}{100} \qquad (公式 4.35)$$

【技能训练】

请思考如何用逐期增长量和环比增长速度来表示增长 1% 的绝对值。

四、平均发展速度和平均增长速度

（一）平均发展速度

平均发展速度是环比发展速度的序时平均数，表明现象在一个较长时期中逐期发展变化的平均程度。此处不能用算术平均法，而用几何平均法，是因为它符合几何平均法的运用前提：总速度等于各环比发展速度的连乘积。平均发展速度计算公式为

$$\overline{x} = \sqrt[n]{x_1 \cdot x_2 \cdot x_3 \cdots x_n} = \sqrt[n]{\prod x} \qquad (公式4.36)$$

式中 $\overline{x}$——平均发展速度；

x_i——各环比发展速度。

其实，由于研究重点不同，平均发展速度的计算方法有两种：水平法和累计法。水平法即为之前所讲的几何平均法。一般来说，水平法由于计算简单方便，所以运用得更多。

1. 水平法

水平法的侧重点是：以最初水平为基础，按照平均发展速度逐期发展，经过 n 期发展，可以达到最末水平。即：

$$a_n = a_0 \overline{x}^n \qquad (公式4.37)$$

从而得到：

$$\overline{x} = \sqrt[n]{\frac{a_n}{a_0}} = \sqrt[n]{\frac{a_1}{a_0} \times \frac{a_2}{a_1} \times \cdots \times \frac{a_n}{a_{n-1}}} = \sqrt[n]{x_1 \cdot x_2 \cdot x_3 \cdots x_n} \qquad (公式4.38)$$

【例 4-36】 某产品外贸进出口量各年环比发展速度资料如下，2017 年为 108.9%，2018 年为 100.0%，2019 年为 93.8%，2020 年为 100.3%，2021 年为 108.9%，试计算 2017 年到 2021 年的平均发展速度。

平均发展速度为

$$\overline{x} = \sqrt[5]{108.9\% \times 100.0\% \times 93.8\% \times 100.3\% \times 108.9\%}$$
$$= \sqrt[5]{111.57\%} = 102.21\%$$

【例 4-37】 某企业产品销售量 2017 年为 8 843 吨，2017—2021 年产品销售量的平均发展速度为 103.33%，若以此速度继续发展，至 2022 年该企业产品销售量将有多少吨？

2022 年产品销售量 $a_n = a_0 \overline{x}^n = 8\,843 \times (103.33\%)^6 = 10\,763.62$（吨）

2. 累计法

在实际工作过程中，累积法计算平均发展速度，侧重于考察中长期计划（如基本建设投资额、植树造林面积、新增固定资产额等计划），以保证各期发展水平累计总量达到计划规定的总数。累积法的原理是：以动态数列最初水平 a_0 为基期水平，用平均发展速度代替各期的环比发展速度推算的各期理论水平应等于各期的实际水平。相应地，各期理论水平之和应等于各期实际水平之和。

即，设 $\overline{X}$ 为累计法的平均发展速度，根据 $\overline{X}$ 计算所得的逐年发展水平如下：

第一年 $\qquad\qquad\qquad\qquad a_1 = a_0 \overline{X}$

第二年 $\qquad\qquad\qquad\qquad a_2 = a_0 \overline{X}\overline{X} = a_0 \overline{X}^2$

第三年 $\quad a_3 = a_0 \overline{X}^2 \overline{X} = a_0 \overline{X}^3$

$\vdots \qquad \vdots$

第 n 年 $\quad a_n = a_0 \overline{X}^{n-1} \overline{X} = a_0 \overline{X}^n$

将上列各式整理后,得

$$a_0 \overline{X} + a_0 \overline{X}^2 + a_0 \overline{X}^3 + \cdots + a_0 \overline{X}^n = a_1 + a_2 + a_3 + \cdots + a_n$$

$$a_0(\overline{X} + \overline{X}^2 + \cdots + \overline{X}^n) = \sum a$$

即 $\quad \overline{X} + \overline{X}^2 + \cdots + \overline{X}^n = \dfrac{\sum a}{a_0}$ (公式4.39)

这个方程式的正根就是平均发展速度。

但是,要求解这个方程是比较复杂的。在手工计算的年代中,都是根据事先编好的《平均增长速度查对表》来查对应用,那是件比较麻烦的事情。但在计算机普及后,累计法求平均发展速度已不再困难。

通过公式4.39,不难看出,通过累计法计算的平均发展速度,其数值不取决于最末一年发展水平同基期水平的对比,而取决于各年发展水平的总和同基期水平的对比。这两种方法的侧重点有所不同。几何平均法侧重于考察期末发展水平,它不反映中间各项水平的变化,所以在计算平均发展速度时,必须对间隔期内的各项经济情况进行分析,只有在经济发展情况比较稳定时,才运用几何平均法。如果中间各期发展水平忽高忽低,或者最初或最末水平受特殊因素的影响而过高过低时,运用几何平均法计算出来的数字就没有代表性,不能说明平均发展趋势。累计法侧重于考察整个时期中各年发展水平的总和。

(二)平均增长速度

平均增长速度表明在一个较长时期中逐期平均增长变化的程度。它可以直接用平均发展速度减1计算。其计算公式为

$$\text{平均增长速度} = \text{平均发展速度} - 1 \qquad (公式4.40)$$

当平均发展速度大于1时,平均增长速度为正值,表明现象在某一较长时期内是逐期平均递增的;当平均发展速度小于1时,表明现象在某一较长时期是逐期平均递减的。

平均速度指标在我国经济工作中有着重要作用。在编制长期计划(如要求以百分之多少的速度增长或发展)和检查分析计划的执行情况(如任务实际是以百分之多少的平均发展速度或平均增长速度进行的),都常以平均速度为依据。此外,还可以利用平均发展速度对现象的变化情况进行预测。

【例4-38】 某工厂的利润额2014—2015年平均每年增长4%,2016—2017年平均每年增长5%。2018—2021年平均每年增长8%,问该厂八年的利润额平均每年增长百分之几?

平均发展速度 $\overline{x} = \sqrt[8]{1.04^2 \times 1.05^2 \times 1.08^4} = 1.0623 = 106.23\%$

平均增长速度 = 平均发展速度 $-100\% = 6.23\%$

即该厂八年来利润额每年平均增长6.23%。

【例 4-39】 某企业生产的某种产品 2018 年产量为 1 000 吨,根据市场需求情况预测,预计 2025 年市场需求量将达到 14 000 吨。为满足市场需求,问该产品产量每年应以多大的速度增长?

平均增长速度 $= \sqrt[7]{\dfrac{14\ 000}{1\ 000}} - 1 = 45.79\%$

即该产品产量应以 45.79% 的速度增长。

【例 4-40】 某省 2012 年国内生产总值为 16 909.2 亿元,2013 年为 20 033.3 亿元,2021 年为 81 910.9 亿元。那么 2012—2021 年这 10 年平均每年增长速度是多少?

这 10 年平均发展速度 $\overline{x} = \sqrt[n]{\dfrac{a_n}{a_0}} = \sqrt[10]{\dfrac{81\ 910.9}{16\ 909.2}} = 117.09\%$

平均增长速度 $\overline{x} - 1 = 17.09\%$

【技能训练】

1.(单选题)说明现象在较长时期内发展的总速度的指标是( )。
A.环比发展速度 B.平均发展速度
C.定基发展速度 D.环比发展速度

2.(多选题)以下现象侧重于用几何平均法计算平均发展速度的有( )。
A.基本建设投资额 B.商品销售量
C.垦荒造林数量 D.居民消费支出状况
E.产品产量

任务四 运用动态数列进行趋势分析

动态数列趋势分析就是根据动态数列采用一定的方法测定现象变动的趋势,以便对未来的状况做出判断和预测,克服工作中的盲目性。

一、动态数列的变动因素

社会经济现象的变化会受到很多复杂因素的影响,其发展水平的具体表现是各个复杂因素共同作用的结果。不同因素所起作用不同,产生的结果也就不同,从而形成了现象的不同动态数列中的发展水平。影响现象变动的因素有很多,归纳起来,可分为四类:长期趋势因素、季节变动因素、循环变动因素和随机变动因素。前三个是可解释的变动,随机变动是不规则的不可解释的变动。

(一)长期趋势因素(T)

长期趋势因素是指现象在一段较长时期内呈现出不断增长或下降或围绕某一常数值无明显增减变化的总趋势,它是受某种根本性因素作用而形成的变动趋势。例如,我国货运周转量表现出持续迅速增长的趋势,这是由社会劳动生产力水平提高、交通运输能力增强等根本性因素所决定的。

(二)季节变动因素(S)

季节变动因素是指现象在一定时期内由于受自然条件和社会因素的影响,导致现象发生具有规律性的周期变动。变动周期长度一般在一年以内,而且周期的长度相对来讲是固定的。季节变动是现实生活中最为普遍的现象。例如:衬衫、凉鞋的销售量,夏季销量大,冬季销量小;一些娱乐场所,平时人流量少,周末人流量较多。

(三)循环变动因素(C)

循环变动因素是指现象以一年以上为周期,不断起伏的往复变动。它不同于长期趋势,因为它不是朝单一方向变动的,它也不同于季节变动,其变动周期短则一年,长达几年或几十年。因而不大可能对循环波动做出预测。例如在资本主义相对过剩时发生的周期性资本主义经济危机,它在每一周期里经历了"危机—萧条—复苏—高涨"的过程。

(四)随机变动因素(I)

随机变动因素也称不规则变动因素,它是由意外的偶然性因素引起的无规律可循的随机性变动。

这四种因素的变化构成了事物在一定时期内的变动。根据它们之间如何结合及相互作用,在统计学界,一般把时间数列分析模型归纳为加法模型和乘法模型两类。

第一类:加法模型。假设四种因素独立发生作用,则:

$$Y=T+S+C+I \quad (若 S 不存在,则 S=0)$$

式中　Y 为年度资料(动态数列各期发展水平 Y)。

第二类:乘法模型。假设四种因素相互交织在一起而发生作用,则:

$$Y=T\times S\times C\times I \quad (若季节性因素不存在,S=1)$$

式中　Y 为年度资料(动态数列各期发展水平 Y)。

在实际应用中采用哪一种模型进行分析,需要根据研究对象的性质、研究的目的和所掌握的资料情况来确定。由于乘法模型的假设更符合社会经济现象的实际变动,所以使用较为普遍。

二、长期趋势的测定

长期趋势的测定就是用一定的方法对动态数列进行修正,使修正后的数列能排除季节变动、循环变动和不规则变动等因素的影响,显示出现象变动的基本趋势。

认识和掌握社会经济现象的长期趋势,使我们能够把握客观现象的基本特点和发展规律,为领导决策、实行科学管理提供依据。同时利用现象发展的长期趋势,可以预测未来可能达到的发展水平,作为编制计划参考。

最常用的有以下几种测定方法。

(一)时距扩大法

时距,即时间距离。时距扩大法,顾名思义,就是把时间 t 合并扩大。它是将原来动态数列较短时距单位的若干个数据加以合并,得出较长时距单位的数据,组成新的动态数列,从而消除了较短时距偶然因素的影响,体现出现象发展的长期趋势。是对长期的动态数列资料进行修匀的简便方法。

需要注意的是，时距扩大修匀可以用扩大时距后的总量指标表示，也可以用扩大时距后的平均指标表示。

【例 4-41】某企业某年各月产值情况见表 4-48。

表 4-48　　　　　　　　　某企业某年各月产值情况

月份	1	2	3	4	5	6	7	8	9	10	11	12
产值（万元）	55	58	53	57	59	56	58	63	65	60	66	65
季度	第一季度			第二季度			第三季度			第四季度		
各季产值（万元）	166			172			186			191		
各季月平均产值（万元）	55.3			57.3			62.0			63.7		

从表 4-48 中可以看出，产值的变化起伏不定，月与月之间有交替升降的现象，用该动态数列不能清楚地反映出企业产值的变化趋势。如果按照 3 个月，即季度进行整理，就得到上表中的各季产值动态数列，可消除短时间内偶然因素的影响。从而可以看出，时距扩大后，企业产值呈上升的发展趋势。同理，当按照季度平均数整理，就得到上表中的各季月平均产值动态数列，也依然能清楚地显示出产值逐期增长的趋势。

（二）移动平均法

移动平均法是对原动态数列时距扩大后，采用逐项移动的办法计算一系列扩大时距后的序时平均数，构成新的动态数列。新的动态数列对原数列起到一定的修匀作用。它削弱了原动态数列中季节变动、循环变动以及随机变动等因素的影响，从而呈现出现象的长期趋势。

在实际应用中，移动平均项数一般来说，最好取奇数项。若根据具体情况，必须取偶数项时，统计中的一般做法就是再对移动平均数动态数列进行第二次两项移动平均，目的是"正位"，使其中心化。

【例 4-42】以某地区 2012—2021 年粮食产量资料（表 4-49）为例，说明移动平均法。

表 4-49　　　　　　　　　移动平均法计算表

年份	粮食产量（万吨）	三项移动平均	五项移动平均	四项移动平均	中心化
2012	553	—	—	—	—
2013	562	554.7	—	554.0	
2014	549	554.3	556.4	557.3	555.7
2015	552	555.7	558.4	557.5	557.4
2016	566	560.3	559.4	562.0	559.8
2017	563	565.3	563.6	566..5	564.3
2018	567	566.7	566.8	567.0	566.8
2019	570	568.3	569.0	570.5	568.8

(续表)

年份	粮食产量(万吨)	三项移动平均	五项移动平均	四项移动平均	中心化
2020	568	571.7	—	—	—
2021	577	—	—	—	—

由表 4-49 可看出,移动平均法消除了短期的偶然因素的影响,可以明显地呈现出现象的变化趋势。而且,五项移动平均数序列比三项移动平均数序列呈现出的上升趋势更加明显,修匀作用更强。

另外,从平均数序列排列位置看,移动平均项数为四项时,四项移动平均数没有对应的所属时间,这样就不能说它是一个动态序列,所以进行了"中心化"处理。此处,采取的是常用的第二次移动平均法,即对四项移动平均数进行二项移动平均。从表 4-49 可看出,该地区粮食产量呈现出逐期增长的趋势。

(三)最小平方法

最小平方法是建立趋势方程、分析时间数列长期趋势最常用、拟合最好的方法。最小平方法既可用于配合直线趋势方程,也可以用于曲线趋势方程,这里仅介绍直线趋势模型的拟合方法。采用最小平方法建立趋势方程要求满足约束条件:$\sum(y-y_c)^2=$最小值,即使原动态数列的实际值 y 与直线趋势方程的估计值 y_c 离差平方之和为最小,从而达到理想的拟合。

1. 直线趋势方程

当社会经济现象发展水平的逐期增长量大致相同时,可以配合直线趋势方程:

$$y_c = a + bt$$

此时,可令 $Q=\sum(y-y_c)^2=$最小值,根据数学分析中计算极值的原理,该式对 a、b 的一阶偏导数必须存在并分别等于零,即:

$$\begin{cases} \dfrac{\partial Q}{\partial a}=2\sum(y-a-bt)(-1)=0 \\ \dfrac{\partial Q}{\partial b}=2\sum(y-a-bt)(-t)=0 \end{cases} \Rightarrow$$

$$\begin{cases} \sum y = na + b\sum t & \text{(公式 4.41)} \\ \sum ty = a\sum t + b\sum t^2 & \text{(公式 4.42)} \end{cases}$$

解此方程组,得:

$$\begin{cases} b = \dfrac{n\sum ty - \sum t \sum y}{n\sum t^2 - (\sum t)^2} & \text{(公式 4.43)} \\ a = \dfrac{\sum y}{n} - b\dfrac{\sum t}{n} = \bar{y} - b\bar{t} & \text{(公式 4.44)} \end{cases}$$

【例 4-43】 以 2014—2021 年某产棉区棉花产量资料(表 4-50)为例,预测 2022 年的产量。

表 4-50　　　　　　　　　直线趋势方程最小平方方法计算表

年份	时间变量 t	棉花产量 y（万吨）	ty	t^2	y_c
2014	1	532.35	532.35	1	471.8
2015	2	491.62	983.24	4	512.0
2016	3	485.97	1 457.91	9	552.2
2017	4	632.35	2 529.40	16	592.4
2018	5	571.42	2 857.10	25	632.6
2019	6	674.58	4 047.48	36	672.8
2020	7	762.36	5 336.52	49	713.0
2021	8	749.19	5 993.50	64	753.2
合计	36	4 899.84	23 737.50	204	4 900

首先，通过计算，得到相关资料见表 4-50。将相关数据代入方程组，得到：

$$\begin{cases} 4\ 899.84 = 8a + 36b \\ 23\ 737.50 = 36a + 204b \end{cases}$$

$$\Rightarrow \begin{cases} b = \dfrac{n\sum ty - \sum t \sum y}{n \sum t^2 - (\sum t)^2} = \dfrac{8 \times 23\ 737.50 - 36 \times 4\ 899.84}{8 \times 204 - 36^2} = 40.20 \\ a = \dfrac{\sum y}{n} - b\dfrac{\sum t}{n} = \dfrac{4\ 899.84}{8} - \dfrac{40.20 \times 36}{8} = 431.60 \end{cases}$$

计算估计值 y_c，见表 4-50。可见 $\sum y$ 和 $\sum y_c$ 的值非常接近。并且可以看出某产棉区 2014—2021 年棉花产量每年在以 40.20 万吨的数量增长。

预测 2022 年棉花产量，时间取 $t=9$，则：

$$y_{t=9} = a + 9b = 431.60 + 9 \times 40.20 = 793.40(万吨)$$

2. 简化法

为计算方便，可以有简便方法，即从时间入手。可以令 $\sum t = 0$，从而公式可简化为

$$\begin{cases} \sum y = na & \text{（公式 4.45）} \\ \sum ty = b \sum t^2 & \text{（公式 4.46）} \end{cases}$$

即得：

$$\begin{cases} a = \dfrac{\sum y}{n} & \text{（公式 4.47）} \\ b = \dfrac{\sum ty}{\sum t^2} & \text{（公式 4.48）} \end{cases}$$

【例 4-44】根据某企业某产品年销售量资料（表 4-51），预测企业 2022 年销售量为多少万吨？

表 4-51　　　　　　　　　　　　简化法计算表

年份	销售量 y（万吨）	时间 t	ty	t^2	y_c
2013	150	−4	−600	16	148.44
2014	180	−3	−540	9	177.44
2015	200	−2	−400	4	206.44
2016	230	−1	−230	1	235.44
2017	270	0	0	0	264.44
2018	300	1	300	1	293.44
2019	320	2	640	4	322.44
2020	350	3	1 050	9	351.44
2021	380	4	1 520	16	380.44
合计	2 380	0	1 740	60	2 379.96

根据上例中资料,要将年份的中点编号为时间零,零之前的时间编为负数,零之后的时间编为正数。此时,就满足了条件 $\sum t = 0$。并且根据公式 4.47 和公式 4.48,可得:

$$a = \frac{\sum y}{n} = \frac{2\,380}{9} = 264.44（万吨）$$

$$b = \frac{\sum ty}{\sum t^2} = \frac{1\,740}{60} = 29.00（万吨）$$

直线方程 $y_c = a + bt = 264.44 + 29t$

此时,可将各年 t 的取值依次代入上式,计算趋势值见表 4-51 中 y_c 栏所示。可见,与实际 y 值非常相近。

计算 2022 年的预测值,则 $y_{2022} = 264.44 + 29 \times 5 = 409.44$（万吨）

【技能训练】

1.（单选题）当移动平均项数为 7 项时,原动态数列首尾各减少多少项（　　）。
　　A.3　　　　　　B.6　　　　　　C.7　　　　　　D.14

2.（单选题）用最小平方方法配合直线趋势,如果 $y_c = a + bt$,b 为负数,则这条直线是（　　）。
　　A.上升趋势　　　　　　　　　　B.下降趋势
　　C.不升不降　　　　　　　　　　D.上述三种情况都不是

3.（计算题）若以例 4-43 中某产棉区棉花产量资料为例,此时时间变量 t 为 8 年,如何采用简化法预测 2022 年的棉花产量。

小 结

动态分析是一种重要的统计分析方法,通过对社会经济现象动态数列的研究,认识现象的变化过程和发展规律,甚至可以预测其发展趋势。

动态数列是由时间和指标数值两个基本要素构成的。根据指标数值表现形式的不同，动态数列可以分为绝对数动态数列、相对数动态数列和平均数动态数列。编制动态数列的基本原则是保持数列中各指标具有可比性。

常用的动态指标有水平指标和速度指标。

水平指标有发展水平、平均发展水平、增长量和平均增长量。其中：①平均发展水平又称为序时平均数，计算时需要注意：绝对数动态数列中，只有间断时点数列不是采用的算术平均法；另外相对数、平均数动态数列需要分别对分子、分母求平均数再对比。②增长量根据基期的选择不同，可以分为逐期增长量和累计增长量，尤其要注意它们之间的关系换算。③平均增长量是对逐期增长量的平均。

速度指标有发展速度、增长速度、平均发展速度和平均增长速度。其中：①发展速度根据基期的选择不同，可以分为环比发展速度和定基发展速度，尤其要注意它们之间的关系换算。②平均发展速度根据研究重点的不同，分为水平法和累计法，此处水平法采用的是几何平均法。③增长速度（或平均增长速度）＝发展速度（或平均发展速度）－1。

另外，增长1％的绝对值＝上期水平/100。

利用动态数列还可以进行长期趋势的预测。常用的方法主要有：时距扩大法、移动平均法和最小平方法等。

案例分析

2021年11月份社会消费品零售总额增长3.9％

2021年11月份，社会消费品零售总额41 043亿元，同比增长3.9％；比2019年11月份增长9.0％，两年平均增速为4.4％。其中，除汽车以外的消费品零售额37 266亿元，增长5.4％。扣除价格因素，11月份社会消费品零售总额同比实际增长0.5％。从环比看，11月份社会消费品零售总额增长0.22％。社会消费品零售总额同比增速如图4-1所示。

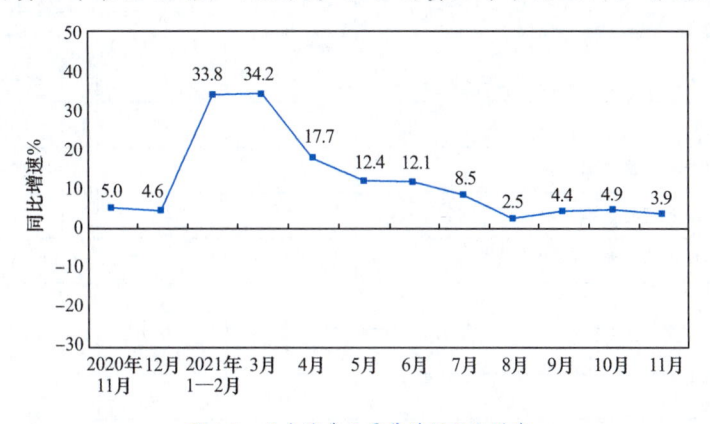

图4-1 社会消费品零售总额同比增速

1—11月份，社会消费品零售总额399 554亿元，同比增长13.7%，比2019年1—11月份增长8.2%。其中，除汽车以外的消费品零售额360 339亿元，增长14.0%。

按经营单位所在地分，11月份，城镇消费品零售额35 337亿元，同比增长3.7%；乡村消费品零售额5 706亿元，增长4.8%。1—11月份，城镇消费品零售额346 316亿元，同比增长13.8%；乡村消费品零售额53 239亿元，增长13.3%。

按消费类型分，11月份，商品零售36 200亿元，同比增长4.8%；餐饮收入4 843亿元，同比下降2.7%。1—11月份，商品零售357 501亿元，同比增长12.8%；餐饮收入42 054亿元，增长21.6%。按消费类型分零售额同比增速如图4-2所示。

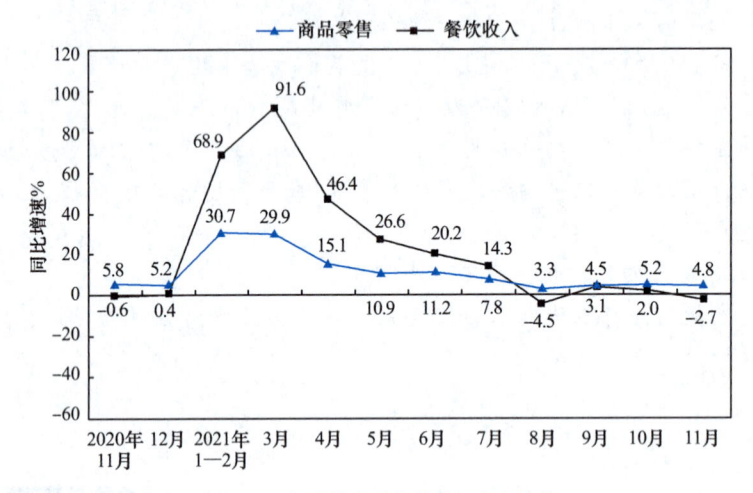

图4-2 按消费类型分零售额同比增速

1—11月份，全国网上零售额118 749亿元，同比增长15.4%。其中，实物商品网上零售额98 056亿元，增长13.2%，占社会消费品零售总额的比重为24.5%；在实物商品网上零售额中，吃类、穿类和用类商品分别增长18.8%、11.1%和13.1%。2021年11月份社会消费品零售总额主要数据见表4-52。

表4-52　　　　　2021年11月份社会消费品零售总额主要数据

指标	11月		1—11月	
	绝对量（亿元）	同比增长（%）	绝对量（亿元）	同比增长（%）
社会消费品零售总额	41 043	3.9	399 554	13.7
其中：除汽车以外的消费品零售额	37 266	5.4	360 339	14.0
其中：限额以上单位消费品零售额	16 031	4.2	147 516	14.9
其中：实物商品网上零售额	—	—	98 056	13.2
按经营地分				
城镇	35 337	3.7	346 316	13.8
乡村	5 706	4.8	53 239	13.3
按消费类型分				

(续表)

指　标	11月		1—11月	
	绝对量（亿元）	同比增长（％）	绝对量（亿元）	同比增长（％）
餐饮收入	4 843	−2.7	42 054	21.6
其中：限额以上单位餐饮收入	880	−0.3	9 413	26.7
商品零售	36 200	4.8	357 501	12.8
其中：限额以上单位商品零售	15 151	4.5	138 103	14.2
粮油、食品类	1 552	14.8	15 098	10.7
饮料类	261	15.5	2 564	21.2
烟酒类	432	13.3	4 262	23.3
服装鞋帽、针纺织品类	1 484	−0.5	12 363	14.9
化妆品类	571	8.2	3 678	15.3
金银珠宝类	270	5.7	2 756	34.1
日用品类	782	8.6	6 647	13.9
家用电器和音像器材类	1 105	6.6	8 418	12.2
中西药品类	545	9.3	5 220	9.9
文化办公用品类	496	18.1	3 707	20.2
家具类	167	6.1	1 494	16.9
通讯器材类	825	0.3	5 793	16.3
石油及制品类	1 940	25.9	18 843	21.7
汽车类	3 777	−9.0	39 215	9.7
建筑及装潢材料类	200	14.1	1 753	22.2

注：1.此表速度均为未扣除价格因素的名义增速。

2.此表中部分数据因四舍五入，存在总计与分项合计不等的情况。

资料来源：国家统计局

阅读上面的案例，回答问题：

(1)案例中出现了哪种速度指标？

(2)涉及了哪种调查方式？

(3)案例中一共出现了哪些种类的指标？

综合技能训练

一、单项选择题

1.根据时期数列计算序时平均数应采用(　　)。

A.几何平均法　　　　　　　B.加权算术平均法

C.简单算术平均法　　　　　D.首末折半法

2.平均发展速度是(　　)。

A.定基发展速度的算术平均数　　B.环比发展速度的算术平均数

C.环比发展速度的几何平均数　　D.增长速度加上100%

3.下面四个动态数列中,属于时点数列的是(　　)。

A.历年招生人数动态数列　　B.历年在校生人数动态数列

C.历年在校生增加人数动态数列　　D.历年毕业生人数动态数列

4.若各年环比增长速度保持不变,则各年增长量(　　)。

A.年年下降　　B.年年增长

C.年年保持不变　　D.无法做结论

5.已知各期环比增长速度为4%、5%、6%,则定基增长速度为(　　)。

A.4%×5%×6%　　B.(4%×5%×6%)−100%

C.104%×105%×106%　　D.(104%×105%×106%)−100%

6.某企业的产值2020年比2017年增加120%,2019年比2017年增加100%,则2020年比2019年的产值增长(　　)。

A.10%　　B.20%

C.110%　　D.120%

7.说明现象在较长时期内发展的总速度的指标是(　　)。

A.环比发展速度　　B.平均发展速度

C.定基发展速度　　D.定基增长速度

8.要观察现象在某一段时期内变动的基本趋势,需测定现象的(　　)。

A.长期趋势因素　　B.季节变动因素

C.周期变动因素　　D.随机变动因素

9.影响现象变动所形成的一种长度和幅度固定的周期波动的因素是(　　)。

A.长期趋势因素　　B.季节变动因素

C.周期变动因素　　D.随机变动因素

10.经济现象受各种因素影响所形成的上下起伏不定的波动的因素是(　　)。

A.长期趋势因素　　B.季节变动因素

C.周期变动因素　　D.随机变动因素

11.经济现象所表现的不规则变动的作用因素是(　　)。

A.长期趋势因素　　B.季节变动因素

C.周期变动因素　　D.随机变动因素

12.增长量指标的单位与原数列的发展水平的单位(　　)。

A.相同　　B.不相同

C.不一定　　D.以上说法都不对

13.假定某产品产量2020年比2015年增加135%,那2015—2020年的平均发展速度为(　　)。

A.$\sqrt[5]{35\%}$　　B.$\sqrt[5]{135\%}$　　C.$\sqrt[6]{35\%}$　　D.$\sqrt[6]{135\%}$

14.用最小平方方法配合直线趋势,如果 $y_c = a + bt$,b 为负数,则这条直线是(　　)。
　　A.上升趋势　　　　　　　　B.下降趋势
　　C.不升不降　　　　　　　　D.上述三种情况都不是
15.增长速度的计算方法为(　　)。
　　A.数列发展水平之差　　　　B.数列发展水平之比
　　C.绝对增长量和发展速度之比　　D.绝对增长量同基期水平相比
16.下列现象属于平均数动态数列的是(　　)。
　　A.某企业第一季度各月平均每个职工创造产值
　　B.某企业第一季度各月平均每个工人创造产值
　　C.某企业第一季度各月产值
　　D.某企业第一季度平均每人创造产值
17.对动态数列进行动态分析的基础指标是(　　)。
　　A.发展水平　　　　　　　　B.平均发展水平
　　C.发展速度　　　　　　　　D.平均发展速度
18.根据2016—2021年某工业企业各年产量资料配合趋势直线,已知 $\sum x = 21$(2016年为原点),$\sum y = 150$,$\sum x^2 = 91$,$\sum xy = 558$,则直线趋势方程为(　　)。
　　A. $y_c = 18.4 + 1.8857x$　　　　B. $y_c = 1.8857 + 18.4x$
　　C. $y_c = 18.4 - 1.8857x$　　　　D. $y_c = 1.8857 - 18.4x$
19.计算平均发展速度应用几何法,目的在于考察(　　)。
　　A.最初时期发展水平　　　　B.全期发展水平
　　C.最末期发展水平　　　　　D.期中发展水平
20.用最小平方方法配合趋势线的数学依据是(　　)。
　　A. $\sum(y - y_c) = 0$　　　　B. $\sum(y - y_c)^2 = $ 最小值
　　C. $\sum(y - y_c) < $ 任意值　　D. $\sum(y - y_c)^2 = 0$

二、多项选择题

1.一个动态数列的基本要素包括(　　)。
　　A.变量　　　　　　　　　　B.次数
　　C.现象所属的时间　　　　　D.现象所属的地点
　　E.反映现象的统计数值
2.累计增长量与逐期增长量(　　)。
　　A.前者基期水平不变,后者基期水平总在变动
　　B.两者存在关系式:逐期增长量之和=累计增长量
　　C.相邻的两个逐期增长量之差等于相应的累计增长量
　　D.根据这两个增长量都可以计算较长时期内的平均每期增长量
　　E.这两个增长量都属于速度分析指标
3.定基发展速度和环比发展速度的关系有(　　)。
　　A.两者都属于速度指标

B.环比发展速度的连乘积等于定基发展速度

C.定基发展速度的连乘积等于环比发展速度

D.相邻两个定基发展速度之商等于相应的环比发展速度

E.相邻两个环比发展速度之商等于相应的定基发展速度

4.用几何平均法计算平均发展速度是因为(　　)。

A.现象发展的总速度等于各年环比发展速度的连乘积

B.现象发展的总速度等于各年环比发展速度之和

C.现象发展的总速度等于各年定基发展速度的连乘积

D.现象发展的总速度等于最末一年的定基发展速度

E.现象发展的总速度等于期末水平与期初水平之比

5.时间序列分解较常用的模型有(　　)。

A.加法模型　　　　　　　B.乘法模型

C.多项式模型　　　　　　D.指数模型

E.直线模型

6.在直线趋势方程式 $y_c = a + bt$ 中，y_c 代表直线趋势值，其余各符号的意义是(　　)。

A. a 代表趋势直线的起点值

B. a 值等于原动态数列的期末水平

C. b 为趋势直线的斜率

D. b 是每增加一个单位时间，现象平均增加的值

E. t 代表时间变量

7.用于分析现象发展水平的指标有(　　)。

A.发展速度　　　　　　　B.发展水平

C.平均发展水平　　　　　D.增减量

E.平均增减量

8.动态数列按指标的表现形式不同可分为(　　)。

A.绝对数动态数列　　　　B.时点数列

C.相对数动态数列　　　　D.时期数列

E.平均数动态数列

9.下列指标构成的动态数列中属于时点数列的有(　　)。

A.全国每年大专院校毕业生人数

B.某企业年末职工人数

C.某商店各月末商品库存额

D.某企业职工工资总额

E.某农场历年年末生猪存栏数

10.序时平均数是指(　　)。

A.平均发展水平　　　　　B.平均发展速度

C.平均增长速度　　　　　D.动态平均数

E.平均增长量

三、判断题

1. 动态数列的指标只能用绝对数表示。   (   )
2. 环比增长速度的连乘积等于定基增长速度。   (   )
3. 在各种动态数列中,指标值的大小都受到指标所反映的时间长短的制约。(   )
4. 平均增长速度不是根据各个增长速度直接求得,而是根据平均发展速度计算的。 (   )
5. 发展速度是以相对数形式表示的速度分析指标,增长量是以绝对数形式表示的水平分析指标。 (   )
6. 间隔相等的时点数列计算序时平均数时应采用简单算术平均法。   (   )
7. 应用水平法计算平均发展速度适用于相对数和平均数动态数列。   (   )
8. 时期数列具有特点:各项指标数值可以相加。   (   )
9. 定基发展速度和环比发展速度的基期是一致的。   (   )
10. 累计增长量等于其相应的各个逐期增长量之积。   (   )

四、案例分析题

1. 某企业2021年各季度实际完成产值和产值计划完成程度见表4-53。

表4-53　　　　某企业2021年各季度实际完成产值和产值计划完成程度

季度	实际完成产值(万元)	产值计划完成程度(%)
第一季度	860	130
第二季度	887	135
第三季度	875	138
第四季度	898	125

要求:计算该企业年度计划平均完成百分比。(要求写出公式和计算过程,结果保留4位小数。)

2. 某工厂2021年下半年各月末工人数及其比重见表4-54。

表4-54　　　　某工厂2021年下半年各月末工人数及其比重

月份	6月	7月	8月	9月	10月	11月	12月
月末工人数(人)	550	580	560	565	600	590	590
工人占全部职工人数的比重(%)	80	86	81	80	90	87	85

要求:计算该工厂2021年下半年工人占全部职工人数的平均比重。

3. 某企业商品销售额、月末售货员人数见表4-55。

表4-55　　　　某企业商品销售额、月末售货员人数

月份	3月	4月	5月	6月
商品销售额(万元)	165	198	177	217
月末售货员人数(人)	210	240	232	250

要求:根据上表资料计算:
(1)第二季度该店平均每月商品销售额;

(2)第二季度平均售货员人数;

(3)4、5、6各月份(分别)平均每个售货员的销售额;

(4)第二季度平均每月每个售货员的销售额;

(5)第二季度平均每个售货员的销售额。

4.根据动态分析指标之间的关系,推算出表 4-56 中空格的数值,并填入表中。

表 4-56

年份	产值(万元)	与上年比较			
		增长量(万元)	发展速度(%)	增长速度(%)	增长1%的绝对值(万元)
2017		—	—	—	—
2018			105.0		1.2
2019		14.0			
2020				15.0	
2021	170.0				

5.某工厂2017年的总产量为3 000万吨,预计到2022年要达到5 200万吨。

要求:(1)每年应以怎样的增长速度生产,才能达到目标?

(2)如果希望提前两年完成计划,则每年的增长速度为多少?

(3)如果按新的增长速度继续生产,到2022年该厂的总产量是多少?

6.某企业2021年生产某产品产量情况见表 4-57,试分析该资料所反映的趋势特征,拟配合适当的趋势模型,并预测2022年1月份的产品产量。

表 4-57　　　某企业2021年生产某产品产量情况

月份	1月	2月	3月	4月	5月	6月	7月	8月	9月	10月	11月	12月	合计
产品产量(千件)	34	38	44	50	55	63	69	74	83	90	94	102	796

附 3　Excel 在动态分析中的应用

一、Excel 在移动平均法中的应用

Excel 在移动平均法中的应用，主要计算步骤如下：

1.新建文件。【文件】→【新建】→【空白工作簿】→【保存】，在【文件名】处，输入“移动平均”→【保存】。

2.输入数据。在单元格{B5：B16}中，输入统计的基础数据，如附图 3-2 所示。

3.三项移动平均法。单击单元格 C6，【工具】→【数据分析】→【移动平均】，输入页面上相应的数据，如附图 3-1 所示。

附图 3-1

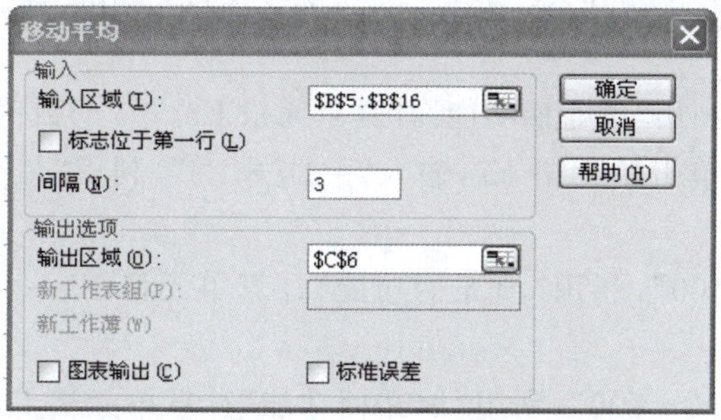

4.单击“确定”，得到三项移动平均的数值，如附图 3-2 所示。

附图 3-2

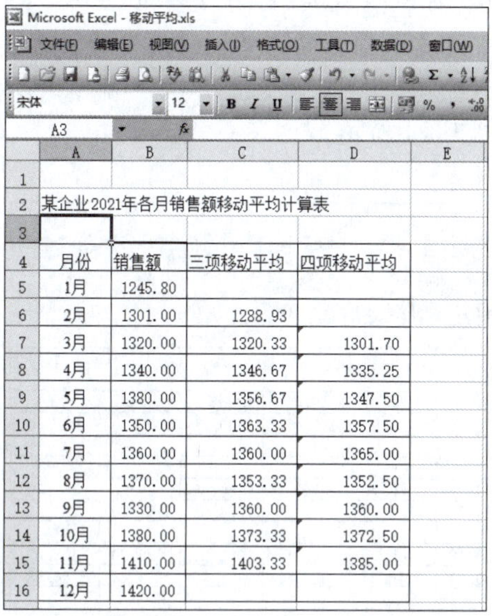

	A	B	C	D	E
1					
2	某企业2021年各月销售额移动平均计算表				
3					
4	月份	销售额	三项移动平均	四项移动平均	
5	1月	1245.80			
6	2月	1301.00	1288.93		
7	3月	1320.00	1320.33	1301.70	
8	4月	1340.00	1346.67	1335.25	
9	5月	1380.00	1356.67	1347.50	
10	6月	1350.00	1363.33	1357.50	
11	7月	1360.00	1360.00	1365.00	
12	8月	1370.00	1353.33	1352.50	
13	9月	1330.00	1360.00	1360.00	
14	10月	1380.00	1373.33	1372.50	
15	11月	1410.00	1403.33	1385.00	
16	12月	1420.00			

说明：也可以在单元格 C6 中输入“＝AVERAGE(B5：B7)”，然后，利用“填充柄功能”，得到 C7～C15 的三项移动平均的数据。

二、Excel 在速度分析中的应用

Excel 在速度分析中的应用，主要计算步骤如下：

1. 新建文件。【文件】→【新建】→【空白工作簿】→【保存】，在【文件名】处，输入"D3-时间数列动态分析"→【保存】。

2. 输入数据。在单元格{C3:J3}中，输入统计的基础数据，如附图 3-3 所示。

附图 3-3

序号	指标名称	某企业销售额统计资料						单位：万元	
		2014年	2015年	2016年	2017年	2018年	2019年	2020年	2021年
	销售额	1245.80	1300.20	1380.50	1450.20	1520.30	1600.70	1700.00	1800.60

3. 根据时间数列动态比较指标的计算公式，计算增长量、发展速度和增长速度等指标。

单击单元格 D6，输入"＝D3－C3"，利用"填充柄功能"计算单元格 E6～J6 的数值。

单击单元格 D7，输入"＝D3－C3"，单击单元格 E7，输入"＝D7＋E6"，利用"填充柄功能"计算单元格 F7～J7 的数值。

单击单元格 D9，输入"＝D3/C3＊100"，利用"填充柄功能"计算单元格 E9～J9 的数值。

单击单元格 D10，输入"＝D3/＄C＄3＊100"，利用"填充柄功能"计算单元格 E10～J10 的数值。

单击单元格 D12，输入"＝D9－100"，利用"填充柄功能"计算单元格 E12～J12 的数值。

单击单元格 D13，输入"＝D10－100"，单击单元格 E13，输入"＝D13＋E12"，利用"填充柄功能"计算单元格 F13～J13 的数值。如附图 3-4 所示。

附图 3-4

序号	指标名称	某企业销售额统计资料						单位：万元	
		2014年	2015年	2016年	2017年	2018年	2019年	2020年	2021年
	销售额	1245.80	1300.20	1380.50	1450.20	1520.30	1600.70	1700.00	1800.60
一	时间数列动态比较指标								
(一)	增长量								
1	逐期增长量	—	54.40	80.30	69.70	70.10	80.40	99.30	100.60
2	累计增长量	—	54.40	134.70	204.40	274.50	354.90	454.20	554.80
(二)	发展速度								
1	环比发展速度(%)	—	104.37	106.18	105.05	104.83	105.29	106.20	105.92
2	定基发展速度(%)	—	104.37	110.81	116.41	122.03	128.49	136.46	144.53
(三)	增长速度								
1	环比增长速度(%)	—	4.37	6.18	5.05	4.83	5.29	6.20	5.92
2	定基增长速度(%)	—	4.37	10.54	15.59	20.43	25.71	31.92	37.83

三、Excel 在最小平方法中的应用

Excel 在最小平方法中的应用，主要计算步骤如下：

1.新建文件。【文件】→【新建】→【空白工作簿】→【保存】,在【文件名】处,输入“最小平方法”→【保存】。

2.输入数据。在单元格{B3:B14}中,输入统计的基础数据,如附图 3-5 所示。

附图 3-5

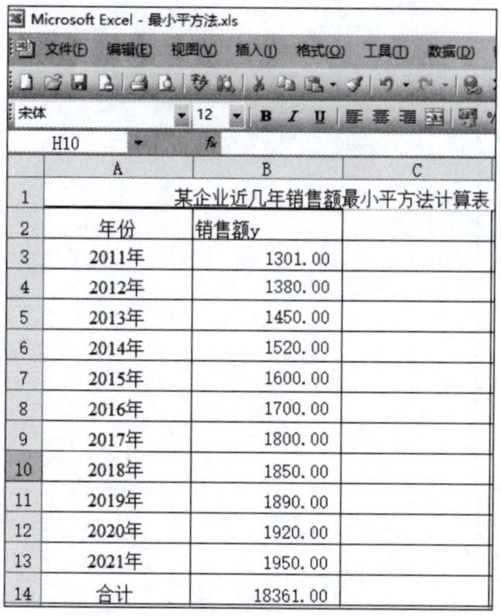
Microsoft Excel - 最小平方法.xls

	A	B	C
1	某企业近几年销售额最小平方法计算表		
2	年份	销售额y	
3	2011年	1301.00	
4	2012年	1380.00	
5	2013年	1450.00	
6	2014年	1520.00	
7	2015年	1600.00	
8	2016年	1700.00	
9	2017年	1800.00	
10	2018年	1850.00	
11	2019年	1890.00	
12	2020年	1920.00	
13	2021年	1950.00	
14	合计	18361.00	

3.计算相关数据。

(1)设定 2016 年时间序号的值为 0,则 2011—2021 年的值为−5～5。

(2)计算 2011—2021 年 x^2 列的数值。

单击单元格 D3,输入“=C3 * C3”,利用“填充柄功能”计算单元格 D4～D13 的数值。

(3)计算 2011—2021 年 xy 列的数值。

单击单元格 E3,输入“=C3 * B3”,利用“填充柄功能”计算单元格 E4～E13 的数值。如附图 3-6 所示。

附图 3-6

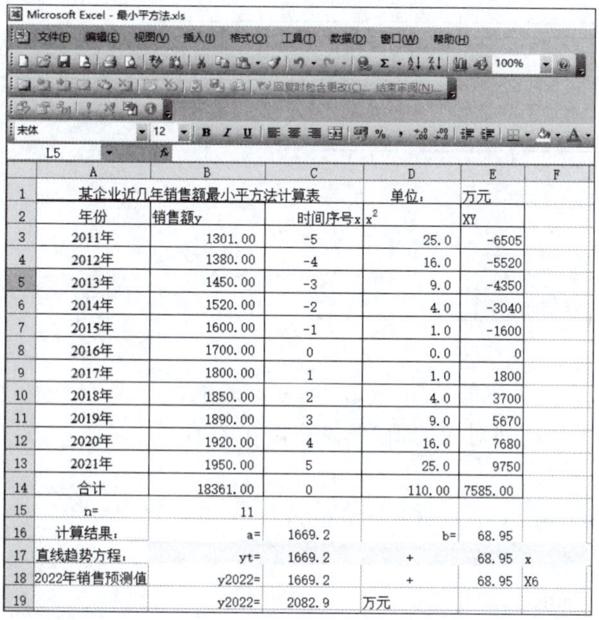
Microsoft Excel - 最小平方法.xls

	A	B	C	D	E	F
1	某企业近几年销售额最小平方法计算表			单位:	万元	
2	年份	销售额y	时间序号x	x2	XY	
3	2011年	1301.00	-5	25.0	-6505	
4	2012年	1380.00	-4	16.0	-5520	
5	2013年	1450.00	-3	9.0	-4350	
6	2014年	1520.00	-2	4.0	-3040	
7	2015年	1600.00	-1	1.0	-1600	
8	2016年	1700.00	0	0.0	0	
9	2017年	1800.00	1	1.0	1800	
10	2018年	1850.00	2	4.0	3700	
11	2019年	1890.00	3	9.0	5670	
12	2020年	1920.00	4	16.0	7680	
13	2021年	1950.00	5	25.0	9750	
14	合计	18361.00	0	110.00	7585.00	
15	n=	11				
16	计算结果:	a=	1669.2	b=	68.95	
17	直线趋势方程:	yt=	1669.2	+	68.95	x
18	2022年销售预测值	y2022=	1669.2	+	68.95	X6
19		y2022=	2082.9	万元		

4.利用 excel 表的直接计算并应用。

(1)将数据输入到 excel 工作表中。

发展水平 y 值输入到 B 列"B3:B13"中。时间序号 x 值输入 C 列"C3:C13"中。

(2)单击【工具】→【数据分析】→【回归】。如附图 3-7 所示。

附图 3-7

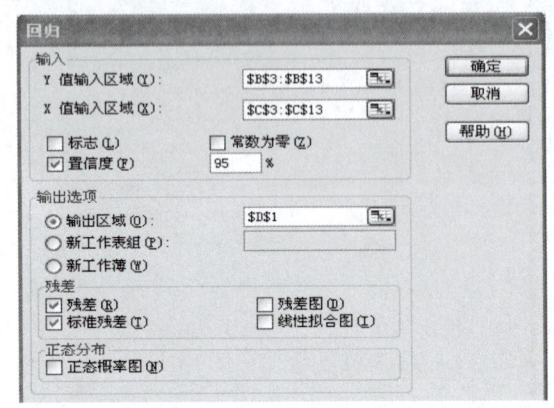

(3)单击【确定】按钮得到以下计算结果,如附图 3-8 所示。

附图 3-8

(4)查 a 与 b 的值。

在"Intercept"行"Coefficients"列对应的值"1 669.18"为 a 的值。

在"X Variable 1"行"Coefficients"列对应的值"68.95"为 b 的值。

(5)得到趋势直线方程。

通过上述计算,得出趋势直线方程:$y_t = 1\ 669.18 + 68.95x$

(6)预测 2022 年的值。

$y_{2022} = 1\ 669.18 + 68.95 \times 6 = 2\ 082.88$ 万元。

单元四　统计指数

认知目标

1. 理解统计指数的概念、含义、作用与种类；
2. 掌握综合指数、平均指数的编制方法；
3. 掌握平均指标指数的编制方法；
4. 运用指数体系对现象进行因素分析。

能力目标

1. 能够编制经济生活中常用的简单指数；
2. 能够清楚地解释经济生活中指数的编制方法；
3. 能够利用指数原理，分析有关经济问题；
4. 能够运用指数体系对现象进行因素分析。

任务导入

现象往往都是发展变化的，一种现象的发展变化往往会受两个甚至更多因素的影响，我们能否拨开迷雾，区分清楚影响因素，并知道其影响的量是多少呢？例如说，物价的上涨，受什么因素的影响呢？生产费用的增加，又是受什么因素的影响呢？

提出问题

某大型生产制造企业，某年2月的生产制造费用比1月多支出2 000万元，公司总经理要求主管生产的副总经理审查2 000万元的花费细目，并确认能否进一步降低生产成本。

解决问题

任务一　统计指数概述

一、统计指数的概念和作用

（一）统计指数的概念

统计指数，简称指数，有广义和狭义之分。从广义上讲，凡是说明社会经济现象总体数量变动的相对数都叫指数。例如，2021年我国全年国内生产总值1 143 670亿元，与2020年相比较，发展速度为108.1%。全年居民消费价格比上年上涨0.9%。可以称为国内生产总值指数和居民消费价格指数分别为108.1%和100.9%。

指数作为一种特有的统计指标和方法，主要是研究狭义的指数。从狭义上讲，指数是综合反映所研究的复杂社会经济现象总体数量综合变动的相对数。所谓复杂社会经济现象总体，是指那些由于各个部分的不同性质而在研究其数量特征时，不能直接进行加总或直接对比的总体。例如，要反映各种工业产品总的产量在不同时期的变动情况，就不能将各种不同计量单位和使用价值的产品产量简单相加，并把两个时期的总产量进行对比，而需要建立一种特殊的相对数，以解决不能简单相加和对比的问题。这种特殊的相对数，就是狭义上的指数。

(二)统计指数的作用

1.综合反映复杂现象总体数量变动的方向和程度。复杂现象中的个别事物在数量上的变动方向和程度往往是不一致的。有的事物在数量上增长，有的事物在数量上降低，增长和降低的程度也不同，通过编制指数，就可以综合反映复杂现象总体在数量上变动的方向和程度。

2.可据以进行因素分析。通过编制指数体系，可以对现象总变动的原因进行定量分析，并找出主次原因，对于评价工作成绩及指导工作具有重要意义。

3.指数的变动趋势。通过编制指数数列，可以反映各种现象变动程度的发展趋势，对于对比分析有联系而性质不同的动态数列之间的变动关系，指数数列具有特殊意义。

【技能训练】

(单选题)指数的表现形式是(   )。
A.绝对数　　　　B.相对数　　　　C.平均数　　　　D.都对

二、统计指数的分类

统计指数从不同角度可以划分为不同的种类。

(一)按所反映的对象范围不同，统计指数可分为个体指数和总指数

社会经济现象大体分为两类：一类是由单一要素构成的对象，如某一种产品或商品构成的单一现象；另一类是由多种不同要素构成的对象，如多种不同的产品或商品构成的综合现象。当指数表明单一要素构成现象变动的相对数时，称为个体指数，一般用 K 表示。当指数表明多种要素构成现象的综合变动的相对数时，称为总指数，用 $\overline{K}$ 表示。

除此之外，还有一种介于上述两者之间的类(或组)指数，它是将总指数所反映的总体现象进行分类或分组，然后按类或组计算的统计指数。例如粮食类价格指数，服装类价格指数等。类(或组)指数的编制方法与总指数相同。

(二)按所表明的经济指标性质不同，统计指数可分为数量指标指数和质量指标指数

数量指标指数是根据数量指标计算的，表明总体单位数、规模等数量指标变动的相对数，例如产品产量指数、商品销售量指数、职工人数指数等。质量指标指数是根据质量

指标计算的,表明总体单位水平、工作质量等质量指标变动的相对数,例如平均工资指数、价格指数、劳动生产率指数等。

(三)按总指数的计算方法与编制方法不同,统计指数可分为综合指数和平均指数

综合指数是由两个总量指标对比而形成的指数。平均指数是个体指数的平均数。这两种指数既各具独立意义,又有一定相互联系。在一定的条件下,平均指数公式可以演变为综合指数公式,综合指数公式也可演变为平均指数公式。

(四)按计算指数时对比采用的基期不同,统计指数可分为定基指数和环比指数

定基指数是指在指数数列中,都是采用某一固定时期水平而编制的指数。环比指数是指在指数数列中,都是采用上期水平作基期水平所编制的指数。

【技能训练】

(多选题)下列指数中属于质量指标指数的是(　　)。

A.物价指数　　　B.平均工资指数　　　C.销售量指数　　　D.销售额指数

任务二　综合指数

一、综合指数编制的一般原理

总指数的基本形式有两种,即综合指数和平均指数。两种形式有一定的联系,但又各有其特点。本任务主要介绍综合指数的编制。

综合指数是总指数的基本形式。在编制综合指数的过程中,它是通过引入一个同度量因素将不能相加的指标转化为可相加的总量指标,而后对比所得到的相对数。即将不能直接相加的各种经济变量,通过乘以另一个有关的同度量因素而转换成可以相加的总量指标,然后进行对比而得到的相对数来说明复杂现象的综合变动。综合指数的编制特点是先综合后对比。具体编制方法如下:

(1)要运用分解法,确定构成复杂现象中的数量因素和质量因素。由于构成现象的各种因素之间存在着相互联系,因此,要对现象总体逐步进行分解,并判明数量因素和质量因素。

(2)要引入同度量因素,解决复杂总体在研究指标上不能直接综合的困难,使其可以计算出总体的综合总量。同度量因素,就是将不能直接相加的指标过渡到能够相加的总量指标的媒介因素。其作用就是同度量的作用,也是权数的作用。

(3)将同度量因素固定,以消除同度量因素变动的影响。例如,我们要研究的是两个时期产品销售总额中各类产品销售量的变动,就需要将作为同度量因素的产品价格固定在同一个时期,以测定两个时期各类产品销售量的变动情况。

(4)将两个时期的总量对比,其结果即为综合指数,它综合反映了复杂总体研究指标的变动。

【技能训练】

(单选题)某产品的报告期产量与基期产量的比值是110％,这个数是(　　)。
A.个体指数　　　　B.总指数　　　　C.综合指数　　　　D.平均指数

二、综合指数的编制

在编制复杂现象的总指数时,由于性质不同,多个因素便不能直接相加。因此,首先要将不能直接相加的因素过渡到能够相加的因素,然后综合相加,再进行对比分析,这种方法称为综合指数。

例如,表4-58中,在该商店销售的三种商品,由于计量单位不同,其销售量和价格都不能直接相加,而报告期销售额的变动是由销售量和价格这两个因素共同影响的,即销售额=销售量×销售单价。为了使不能直接相加的销售量和销售单价变成能够相加,就需要有一个媒介因素。在编制销售量总指数时,因为不同性质的产品不能简单相加,可用相应的价格作为媒介,计算成销售额进行综合,求其销售量总指数;同理,在编制销售价格总指数时,因为不同产品价格不能简单相加,而要用相应的销售量作为媒介因素,过渡到价值量进行综合。在统计中,使原来不能直接相加的现象过渡到能够相加现象的那个媒介因素称为同度量因素。即在编制数量指标指数时,把相应的质量指标作为同度量因素,而在编制质量指标指数时,则把相应的数量指标作为同度量因素。同时,同度量因素在指数的计算过程中起着权衡轻重的作用。例如,以销售价格作为同度量因素时,销售价格越高,销售额就越大,对指数的影响就越大;而销售价格越低,销售额越小,对指数的影响也越小。所以,统计中又把同度量因素称为"权数",而权数乘上指数化指标的过程也称为加权。

(一)数量指标综合指数的编制

综合指数分析法就是要先将一个总量指标分解为两个或两个以上的因素指标,然后将其中一个或一个以上的因素指标固定下来,仅观察其中一个因素指标的变动。即在双因素的分析中,编制数量指标指数时,把相应的同度量因素质量指标固定。而在复杂现象总体中的同度量因素质量指标有报告期和基期两种。其中报告期是指现在的时期,是我们所要研究的那个时期。基期是指过去的时期,也就是作为比较标准的那个时期。两个不同时期的同度量因素质量指标的数值不同,因而用报告期的质量指标作为同度量因素或用基期的质量指标作为同度量因素计算的综合指数结果是不相同的。

数量指标综合指数是说明数量指标的变动情况,即总体规模变动情况的比较指标,例如商品销售量指数、工业产品生产量指数等。以表4-58资料说明数量指标的编制方法。

【例4-45】某商店三种商品销售情况见表4-58,试编制三种商品的销售量个体指数和综合指数。

表 4-58　　　　　　　　　　　某商店三种商品销售情况

商品名称	计量单位	销售量		价格(元)	
		基期	报告期	基期	报告期
—	—	q_0	q_1	p_0	p_1
甲	万件	200	250	3	2.5
乙	万套	500	400	2	2.4
丙	万只	450	700	8	10.0

1. 销售量的个体指数

由于个体指数是反映个别现象变动的相对数,是总指数中的一个特例。当我们所研究的复杂的经济现象是个别现象时,可以采用个体指数分析法来分析研究它们的变动。

销售量的个体指数公式为

$$K_q = \frac{q_1}{q_0}$$

式中　q_1——报告期销售量;

　　　q_0——基期销售量。

(1) 甲商品的个体销售量指数为 $K_{q甲} = \dfrac{250}{200} = 125\%$

说明甲商品的销售量提高了 25%,销售量增加 $250-200=50$ 万件。

(2) 乙商品的个体销售量指数为 $K_{q乙} = \dfrac{400}{500} = 80\%$

说明乙商品的销售量下降了 20%,销售量减少 $|400-500|=100$ 万套。

(3) 丙商品的个体销售量指数为 $K_{q丙} = \dfrac{700}{450} = 155.56\%$

说明丙商品的销售量提高了 55.56%,销售量增加 $700-450=250$ 万只。

2. 销售量的综合指数

由表 4-58 可知,该商店的三种商品由于计量单位不同,其销售量不能直接相加。因此,必须通过同度量因素价格,将各种商品的销售量过渡到可以相加综合的销售额,再将两个时期的商品销售额加以对比。为了反映商品销售量的变动,必须把价格这一同度量因素固定,那么究竟固定在哪一个时期呢?

从我国指数编制的实践看,习惯上采用拉氏物量指数公式编制数量指标指数,即计算数量指标综合指数时,采用基期的质量指标作为同度量因素,在这里,也就是采用基期的价格作为权数。则销售量综合指数公式为

$$\overline{K}_q = \frac{\sum q_1 p_0}{\sum q_0 p_0}$$

从以上公式中可以看出:分子 $\sum q_1 p_0$ 表示报告期的销售量按基期的销售价格计算所得的销售额,分母 $\sum q_0 p_0$ 则为基期的销售额。因此,这个指数反映了两个时期在相同销售价格基础上的销售量的增长速度。绝对差额表示由于销售量的增加而增加的销

售额。销售量总指数为

$$\overline{K}_q = \frac{\sum q_1 p_0}{\sum q_0 p_0} = \frac{250 \times 3 + 400 \times 2 + 700 \times 8}{200 \times 3 + 500 \times 2 + 450 \times 8} = \frac{7\ 150}{5\ 200} = 137.5\%$$

$$\sum q_1 p_0 - \sum q_0 p_0 = 7\ 150 - 5\ 200 = 1\ 950\ 万元$$

说明该商店由于报告期销售量上升37.5%,销售额增加1 950万元。

上式以基期价格作为同度量因素,亦即价格仍维持原来的水平。所反映的仅仅是销售量的变动情况,不包含价格变动的影响。

(二)质量指标综合指数的编制

质量指标综合指数是说明质量指标变动方向和程度的指数。例如物价指数、劳动生产率指数、单位成本指数等。仍以表4-58资料为例,说明质量指标的编制方法。

【例4-46】 仍以表4-58资料,编制三种商品价格的个体指数和综合指数。

1.价格的个体指数

商品价格的个体指数的计算公式为

$$K_p = \frac{p_1}{p_0}$$

式中　　p_1——报告期价格;

　　　　p_0——基期价格。

(1)甲商品的个体价格指数为 $K_{p甲} = \dfrac{2.5}{3} = 83.33\%$

说明甲商品的价格下降了16.67%,每件商品减少收入|2.5−3|=0.5元。

(2)乙商品的个体价格指数为 $K_{p乙} = \dfrac{2.4}{2} = 120\%$

说明乙商品的价格上涨了20%,每套商品增加收入2.4−2.0=0.4元。

(3)丙商品的个体价格指数为 $K_{p丙} = \dfrac{10}{8} = 125\%$

说明丙商品的价格上涨了25%,每只商品增加收入10−8=2元。

2.价格的综合指数

价格的综合指数是在包含两个因素的综合指数中固定数量指标因素,只观察质量指标因素变化情况。那么,同度量因素到底固定在哪个时期呢?

从我国指数编制的实践看,长期以来,习惯上采用派氏物价指数公式编制质量指标指数。即计算质量指标综合指数时,把同度量因素固定在报告期,即以报告期的数量指标作为同度量因素。在这里,也就是采用报告期销售量作为权数。则销售价格综合指数公式为

$$\overline{K}_p = \frac{\sum p_1 q_1}{\sum p_0 q_1}$$

这个指数公式为派氏物价指数,简称派氏物价指数公式。从以上公式可以看出:分

子 $\sum p_1 q_1$ 是报告期的销售额,分母 $\sum p_0 q_1$ 表示报告期的销售量按基期的销售单价计算所得的销售额。因此,这个指数反映了两个时期在相同销售量的基础上的销售价格的增长速度。绝对差额表示由于销售价格的增长(或减少)而增加(或减少)的销售额。本例中,三种商品价格的总指数为

$$\overline{K}_p = \frac{\sum p_1 q_1}{\sum p_0 q_1} = \frac{2.5 \times 250 + 2.4 \times 400 + 10.0 \times 700}{3 \times 250 + 2 \times 400 + 8 \times 700} = \frac{8\,585}{7\,150} = 120.1\%$$

$$\sum p_1 q_1 - \sum p_0 q_1 = 8\,585 - 7\,150 = 1\,435(万元)$$

说明三种商品的销售价格的上涨,使销售额上涨了20.1%,销售绝对额增加了1 435万元。

用报告期销售量作为同度量因素计算的销售额指数,可以理解为是报告期即现期所销售的商品,由于价格的变动而改变的销售额。

重要结论:通过对数量指标综合指数和总量指标综合指数的编制和分析,归纳得出编制综合指数的一般原则:编制数量指标指数时,要以质量指标作为同度量因素,时期固定在基期;编制质量指标指数时,要以数量指标作为同度量因素,时期固定在报告期。

【技能训练】

1.(单选题)2021年与上年比,居民消费价格指数为100.9%,这个数是(   )。
A.个体指数   B.总指数   C.数量指数   D.平均指数

2.(多选题)同度量因素的作用有(   )。
A.平衡作用   B.同度量作用   C.联系作用   D.比较作用
E.权数作用

任务三 平均指数

一、平均指数的含义和特点

平均指数是计算总指数的另一种计算形式,它是以个体指数为基础,采用加权形式编制总指数,以测定总体现象的平均变动程度。

其特点是:先计算所研究现象个体指数(或类指数),然后进行加权算术平均或加权调和平均,求出总指数。

二、平均指数的编制方法

综合指数是编制总指数的基本形式,它正确反映了现象总体变动的实际内容。但利用综合指数公式编制总指数时,需要有全面的原始资料,而有些研究对象却难以取得这

些全面资料。例如,用它来计算商品零售价格总指数时,需要有每一种商品以及该种商品每一规格的报告期和基期的零售价和零售量资料。这在企业中尚可取得,但在全省、全国范围内,就不那么容易取得了。这样,就不能直接利用综合指数公式来编制总指数,而是要从具体资料情况出发,把综合指数形式转变为平均指数形式。

平均指数有两种基本形式:一是加权算术平均指数;二是加权调和平均指数。由于所使用的权数不同,每种形式又包括综合指数变形形式和固定权数计算形式。

(一)综合指数变形形式的平均指数

1.加权算术平均指数

简称算术指数,是对个体指数按算术平均数的形式进行加权计算的总指数。如果掌握的资料只是个体物量指数和综合指数的分母,即基期的实际数值资料时,就要用加权算术平均指数公式计算其总指数。它通常用于数量指标指数的编制。

【例 4-47】 根据表 4-59 资料,计算三种商品的销售量总指数。

表 4-59　　　　　　　　商品销售量及销售额资料

商品名称	计量单位	销售量 基期	销售量 报告期	个体指数(%)	基期商品销售额(元)	销售量个体指数与基期销售额乘积(元)
—	—	q_0	q_1	$K_q = \dfrac{q_1}{q_0}$	$q_0 p_0$	$K_q q_0 p_0$
甲	万套	200	250	125.00	600	750
乙	万件	500	400	80.00	1 000	800
丙	万只	450	600	133.33	3 600	4 800
合计	—	—	—	—	5 200	6 350

由于已知个体指数 $K_q = \dfrac{q_1}{q_0} \times 100\%$,而 $q_1 = K_q \cdot q_0$,代入销售量综合指数公式,可得销售量指数。

三种商品的销售量总指数为

$$\overline{K}_q = \frac{\sum q_1 p_0}{\sum q_0 p_0} = \frac{\sum K_q q_0 p_0}{\sum q_0 p_0} = \frac{6\,350}{5\,200} = 122.16\%$$

$$\sum K_q q_0 p_0 - \sum q_0 p_0 = 6\,350 - 5\,200 = 1\,150(万元)$$

计算结果表明,三种商品销售量总的来说增长了 22.16%,销售量的增长使销售额增加了 1 150 万元。

2.加权调和平均指数

简称调和指数,是对个体指数按调和平均数的形式进行加权计算的总指数。如果掌握的资料只是个体质量指数和综合指数的分子,即报告期的实际数值资料时,就要用加权调和平均指数计算其总指数,通常用于质量指标指数的编制。

【例 4-48】 根据表 4-60 资料,计算三种商品的价格总指数。

表 4-60　　三种商品的价格及销售额资料

商品名称	计量单位	价格（元）		个体价格指数（%）	报告期销售额（万元）	报告期销售额除以个体价格指数（元）
		基期	报告期			
—	—	p_0	p_1	$K_p = \dfrac{p_1}{p_0}$	$p_1 q_1$	$\dfrac{1}{K_p} p_1 q_1$
甲	万套	3	2.7	90.00	684	760.00
乙	万件	2	2.4	120.00	960	800.00
丙	万只	8	10.0	125.00	7 000	5 600.00
合计	—	—	—	—	8 585	7 160.00

由于已知个体价格指数 $K_p = \dfrac{p_1}{p_0} \times 100\%$，而 $p_0 = \dfrac{1}{K_p} \cdot p_1$，代入物价综合指数公式，即得加权调和平均指数公式，就可求得商品物价指数。

三种商品的物价总指数为

$$\overline{K}_p = \frac{\sum p_1 q_1}{\sum p_0 q_1} = \frac{\sum p_1 q_1}{\sum \dfrac{1}{K_p} p_1 q_1} = \frac{8\ 585}{7\ 160} = 119.90\%$$

$$\sum p_1 q_1 - \sum \frac{1}{K_p} p_1 q_1 = 8\ 585 - 7\ 160 = 1\ 425 （万元）$$

计算结果表明，三种商品价格总的来说报告期比基期上涨了 19.90%，三种商品价格的上涨使销售额增加了 1 425 万元。

由以上计算可以清晰地看出，无论是加权算术平均指数还是加权调和平均指数，均是物量综合指数和质量综合指数公式的变形，两者的计算结果完全一致。

（二）固定权数计算形式的平均指数

固定权数是指用某一时期经过调整后的权数资料，以比重的形式固定下来作为权数，通常用 ω 表示。

固定权数加权算术平均指数公式为

价格指数

$$\overline{K}_p = \frac{\sum \dfrac{p_1}{p_0} \omega}{\sum \omega}$$

物量指数

$$\overline{K}_q = \frac{\sum \dfrac{q_1}{q_0} \omega}{\sum \omega}$$

在统计工作中，有时由于报告期资料较难获得，而采用固定权数来计算平均指数，简便迅速，有很大灵活性。

【技能训练】

1．（判断题）固定权数指数，具有独立的经济意义。　　　　　　　　　　（　　）

2．（判断题）平均指数，既可以用全面资料计算，也可以用非全面资料计算。（　　）

三、平均指数与综合指数的联系与区别

（一）两者的联系

1.两种方法都是总指数的编制方法,其最后结果都是总指数。

2.在一定条件下使用一定的权数,平均指数和综合指数存在变形关系。即只有在 p_0q_0 这个特定权数加权下,加权算术平均指数才可变成综合指数。反之,如果使用 p_0q_0 以外的任何其他权数加权,加权算术平均指数就不会等于综合指数。另外,只有用 p_1q_1 这个特定权数加权时,加权调和平均指数才可变成综合指数,如果用 p_1q_1 以外的,任何其他权数加权,这种变形关系都是不存在的。

（二）两者的区别

1.两种方法计算总指数的出发点不同。综合指数是对现象本身进行加权,目的是将不能直接加总的现象过渡到可以相加并将两个时期的价值指标进行对比,即先综合后对比。而平均指数则是对现象各个项目的个体指数进行加权,目的是求出个体指数的平均数。两种方法各有其独立的意义。

2.两种方法所用的权数不同。综合指数的权数（同度量因素）是不同时期的物量（产量或销售量）或物价。平均指数则是不同时期的物值（产值或销售额）。

3.两种方法编制的指数所依据的资料不同。综合指数需要全面资料,而平均指数在实际计算中,由于资料所限,一般只选择若干有代表性的个体指数来计算。在这种情况下,综合指数与平均指数在结果上不会完全相同。

【技能训练】

（判断题）平均指数实质上,与综合指数没有区别,只是计算形式不同。（   ）

四、统计指数的实际应用

指数作为一种重要的经济分析指标和方法,在实践中得到了广泛应用。但在不同场合,往往需要运用不同的指数形式。一般而言,选择指数形式的主要标准应该是指数的经济分析意义,除此之外,有时还要考虑实际编制工作的可行性,以及对指数分析性质的某些特殊要求。

由于平均指数可以用于非全面资料的编制,而且所采用的权数,即可用实际资料进行加权,也可以在实际资料基础上推算权数,所以,它在客观经济领域中被广泛采用。

（一）消费者价格指数

消费者价格指数（又称生活费用指数）是综合反映城乡居民购买并用于消费的消费品及服务价格水平的变动情况,并用来反映通货膨胀程度,通常简记为 CPI。

从 2001 年起,我国采用国际通用做法,逐月编制并公布以 2000 年价格水平为基期的居民消费价格定基指数,作为反映我国通货膨胀（或紧缩）程度的主要指标。

我国编制价格指数的商品和服务项目,根据全国城乡近 11 万户居民家庭消费支出

构成资料和有关规定确定,目前共包括八大类,251个基本分类,约700个代表品种。居民消费价格指数就是在对全国550个样本市县近3万个采价点进行价格调查的基础上,根据国际规范的流程和公式算出来的。

我国的消费者价格指数(居民消费价格指数)是采用固定加权算术平均指数来编制的。其主要编制过程和特点是:

1. 将各种居民消费划分为八大类,包括食品、衣着、家庭设备及用品、医疗保健用品、交通和通信工具、文教娱乐用品、居住以及服务项目等,下面再划分为若干个中类和小类;

2. 从以上各类中选定有代表性的商品项目(含服务项目)入编指数,利用有关对比时期的价格资料分别计算个体价格指数;

3. 依据有关时期内各种商品的销售额构成确定代表品的比重权数,它不仅包括代表品本身的权数(直接权数),而且包括该代表品所属的那一类商品中其他项目所具有的权数(附加权数),以此提高入编项目对于所有消费品的一般代表性程度;

4. 按照从低到高的顺序,采用固定加权算术平均公式,依次编制各小类、中类的消费价格指数和消费价格总指数:

$$\overline{K_p} = \frac{\sum K_p \cdot w}{\sum w} = \frac{\sum K_p \cdot w}{100}$$

式中　K_p——个体指数;

　　　w——权数。

利用上述公式,依次编制各小类、中类的消费价格指数和消费价格总指数。

【例 4-49】 表 4-61 给出居民消费价格指数计算表。已知各大类,粮食、副食品、烟酒茶和其他食品中类及其代表商品(代表规格品)的有关资料(有关数据均为假设)。试编制有关的价格指数。

表 4-61　　　　　　　　　　　居民消费价格指数计算表

商品类别及名称	代表规格品	计量单位	平均价格(元) 基期	平均价格(元) 报告期	指数 K_p(%)	权数 w(%)
一、食品类					(117.48)	42
(一)粮食					(105.32)	35
(1)粗粮					(105.60)	65
玉米面		kg	4.80	5.04	105.00	40
小米		kg	7.00	7.42	106.00	60
(2)细粮					104.80	35
(二)副食品					125.40	45
(三)烟酒茶					126.00	11
(四)其他食品					114.80	9
二、衣着类					95.46	15
三、家庭设备及用品类					102.70	11

(续表)

商品类别及名称	代表规格品	计量单位	平均价格(元) 基期	平均价格(元) 报告期	指数 K_p(%)	权数 w(%)
四、医疗保健用品类					110.43	3
五、交通和通信工具类					98.53	4
六、文教娱乐用品类					101.26	5
七、居住类					103.50	14
八、服务项目					108.74	6
总指数					(108.29)	100

① 计算各代表规格品的价格指数：

玉米面和小米的价格指数分别为 105% 和 106%。

② 根据各代表规格品的价格指数及相应的权数，计算小类价格指数，如：

$$粗粮类价格指数\overline{K}_p = \frac{\sum K_p \cdot w}{100} = \frac{1.05 \times 40 + 1.06 \times 60}{100} = 105.60\%$$

③ 根据各小类价格指数及相应的权数，计算中类指数，如：

$$粮食类价格指数\overline{K}_p = \frac{\sum K_p \cdot w}{100} = \frac{1.056 \times 65 + 1.048 \times 35}{100} = 105.32\%$$

④ 根据各中类价格指数及相应的权数，计算大类指数，如：

$$商品类价格指数\overline{K}_p = \frac{\sum K_p \cdot w}{100}$$

$$= \frac{1.053\ 2 \times 35 + 1.254 \times 45 + 1.26 \times 11 + 1.148 \times 9}{100}$$

$$= 117.48\%$$

⑤ 根据各大类价格指数及相应的权数，计算总指数，即：

$$居民消费价格总指数\overline{K}_p = \frac{\sum K_p \cdot w}{\sum w}$$

$$= \frac{1.174\ 8 \times 42 + 0.954\ 6 \times 15 + \cdots + 1.087\ 4 \times 6}{100}$$

$$= 108.29\%$$

(二) 零售物价指数

我国的零售物价指数编制程序与消费者价格指数基本相同，也是采用固定加权算术平均指数公式。目前，零售物价指数入编商品共计 353 项，其中不包括服务项目(但以往包含一部分对农村居民销售的农业生产资料，现已取消)，对商品的分类方式也与消费者价格指数有所不同。这些都决定了两种价格指数在分析意义上的差别：消费者价格指数综合反映城乡居民所购买的各项消费品和生活服务的价格变动程度，零售物价指数则反映城乡市场各种零售商品(不含服务)的价格变动程度。

（三）股票价格指数

在发育较为充分的市场经济条件下，股票价格的波动和走向是反映经济景气状况的重要方面，也是影响投资人决策和行为的主要因素之一。股票价格指数（简称股价指数）是反映股票市场上多种股票价格变动趋势的一种相对数，可以衡量整个股票市场价格变动的基本趋势，人们形象地称之为市场经济的"晴雨表"。股票价格指数一般用加权综合指数的方法编制，其计算公式为

$$\overline{K}_p = \frac{\sum p_t q}{\sum p_0 q}$$

式中 q——股票的发行量，可以确定在基期，也可以确定在报告期，大多数以报告期发行量为权数。

【例 4-50】设有三种股票的价格和发行量资料，见表 4-62，试计算股票价格指数。

表 4-62　　　　　　　　三种股票的价格和发行量资料

股票名称	基期价格（元）	报告期价格（元）	报告期发行量（万股）
A	25	26.5	3 500
B	8	7.8	8 000
C	12	12.6	4 500

股票价格指数为

$$\overline{K}_p = \frac{\sum p_t q}{\sum p_0 q} = \frac{26.5 \times 3\,500 + 7.8 \times 8\,000 + 12.6 \times 4\,500}{25 \times 3\,500 + 8 \times 8\,000 + 12 \times 4\,500} = 103.09\%$$

说明股票价格指数上涨了 3.09%。

股票价格指数的编制方法很多，其中有些实际上是股价的简单算术平均数的对比，并非统计意义上的指数，例如美国的道·琼斯工业股票指数和日本的日经指数等。另一类是以某一时期为基期对比计算的股价指数，例如香港恒生股票价格指数、伦敦金融时报指数、东京股票交易所指数和国内的股价指数。下面介绍几种常用的股票价格指数。

1. 香港恒生股票价格指数

这是香港恒生银行根据上市的 33 种代表性股票的报告期市值与基准期市值，以报告期上市量为权数进行加权计算的，其基准期为 1964 年 7 月 31 日。33 种股票的具体构成为：金融业 4 家，公用事业 6 家，地产业 9 家，其他产业 4 家。其计算公式为

$$\overline{K}_p = \frac{\sum p_1 q_1}{\sum p_0 q_1}$$

式中 p_1——报告期的股价；

p_0——1964 年 7 月 31 日的股价；

q_1——报告期的股票发行量。

2. 上证股价指数

例如，上证 180 指数。上交所（上海证券交易所）于 2002 年 7 月 1 日正式对外发布的上证 180 指数，用以取代原来的上证 30 指数。新编制的上证 180 指数的样本数量扩大到

180家，入选的个股均是一些规模大、流动性好、行业代表性强的股票。该指数不仅在编制方法的科学性、成分选择的代表性和成分的公开性上有所突破，同时也恢复和提升了成分指数的市场代表性，从而能更全面地反映股价的走势。

它是以股票发行量为权数编制的，是一种以报告期和基准期（即1990年12月9日）的股票价格分别乘以报告期股票发行量进行加权计算的定基股价指数。其计算公式为

$$\overline{K}_p = \frac{\sum p_1 q_1}{\sum p_n q_1}$$

式中　　p_1——报告期的股价；

　　　　p_n——1990年12月9日的股价；

　　　　q_1——报告期的股票发行量。

上证180指数与通常计算的上证综指之间最大的区别在于，它是成份指数，而不是综合指数。成份指数是根据科学客观的选样方法挑选出的样本股形成的指数，所以能更准确地认识和评价市场。而综合指数包含了市场上所有的股票，在反映市场状况上就存在不少缺陷。

3.深圳综合股票指数

现深圳证券交易所并存着两个股票指数，一个是老指数——深圳综合指数，一个是现在的成份股指数。综合指数包括：深证综合指数、深证A股指数、深证B股指数；成份股指数包括：深证成份指数、成份A股指数、成份B股指数、工业类指数、商业类指数、金融类指数、地产类指数、公用事业类指数、综合企业类指数。

综合指数类的指数股（纳入指数计算范围的股票称为指数股）是深圳证券交易所上市的全部股票。全部股票均用于计算深证综合指数，其中A股用于计算深证A股指数；B股用于计算深证B股指数。

深证成份股指数，是深圳证券交易所编制的一种成份股指数，是从上市的所有股票中抽取具有市场代表性的40家上市公司的股票作为计算对象，并以流通股为权数计算得出的加权股价指数，综合反映深交所（深圳证券交易所）上市A、B股的股价走势。成份股中A股和B股都参与计算深证成份指数，其中A股用于计算成份A股指数，B股用于计算成份B股指数。成份股按其行业归类，其A股用于计算行业分类指数。

其计算方法为派氏加权价格指数。两类指数的权数分别为

综合指数类　　　　股份数＝全部上市公司的总股本数

成份股指数类　　　股份数＝成份股的可流通股本数

指数计算公式为

　　　　即日指数＝（即日指数股总市值/基日指数股总市值）×基日指数

4.美国道·琼斯指数

其基本编制方法是对入编指数的各种股票分别计算不同时期的简单平均价格，通过对比得到相应日期的股价指数。其计算公式为

$$\overline{K}_p = \frac{\overline{p}_1}{\overline{p}_0} = \frac{\sum p_t}{\sum p_0}$$

可见，该种股价指数实际上是运用平均指标指数方法编制的（故通常又被称为"道·琼斯股价平均数"），但其中没有加权。这样做，在很大程度上是约定俗成，习惯使然。其特点是，一方面简化了资料的采集和指数的计算，同时又排除了结构变化对指数的影响。不过，也正是由于没有进行合理的加权，就不能适当区分不同股票的重要性程度，即将大小公司的股价变动同等看待。这在分析上是一个弱点。尽管如此，由于道·琼斯指数的编制历史悠久，且入编公司的代表性较强，因而应用广泛，影响显著。道·琼斯指数目前的入编股票为 65 种，其中包括 30 种工业股、20 种运输业股、15 种公用事业股。

（四）农副产品收购价格指数

农副产品收购价格指数旨在反映各种农副产品收购价格的综合变动程度。由此可以考察收购价格变化对农业生产者收入和商业部门支出的影响。

我国的农副产品收购价格指数编制方法是，从十一类农副产品中选择 276 种主要产品，以它们各自的计算期收购额作为权数，加权调和平均得到各类别的农副产品收购价格指数和农副产品收购价格总指数，公式为

$$\overline{K_p} = \frac{\sum p_1 q_1}{\sum \frac{1}{K_p} \cdot p_1 q_1}$$

式中 K_p 为入编指数的各种农副产品的个体价格指数。

【技能训练】

（单选题）编制商品零售价格指数的基本方法是采用（　　）。
A.固定权数的算术平均指数形式
B.不固定权数的算术平均指数形式
C.固定权数的调和平均指数形式
D.不固定权数的调和平均指数形式

任务四　指数体系与因素分析法

一、指数体系的概念与作用

在综合指数原理与方法的基础上，产生了一种重要的统计分析方法——指数因素分析法，简称因素分析法。因素分析法的方法论基础是指数体系，因此，需要弄清指数体系的一般概念。

（一）指数体系的概念

指数体系的概念有广义和狭义两种理解。从广义上说，指数体系是指由若干个经济上具有一定联系的指数所构成的一个整体。例如，反映工业经济总体的变动情况，可以

利用一系列的工业经济指数,例如工业劳动生产率指数、工业消耗指数、工业成本指数、工业销售指数、产品库存指数等。各个指数从不同的侧面反映工业经济总体的变动情况,存在着一定联系。因此,可以说这一系列指数组成了一个工业经济指数体系。从狭义上讲,指数体系是指经济上具有一定联系且数量上具有一定对等关系的三个或三个以上的指数所构成的整体。显然,狭义指数体系的概念中强调了指数间的数量对等关系。

例如:
$$商品销售额 = 商品价格 \times 商品销售量$$
$$利润额 = 生产量 \times 产品价格 \times 销售利润率$$

如果我们把上述两个等式中等号左边的现象或指标称为"对象"或"对象指标",把等号右边具有乘积关系的各种现象或指标称为"因素"或"因素指标",则我们可以把指数体系的客观依据,从指标关系角度概括为:对象指标等于各因素指标的连乘积。有什么样的指标体系,就有什么样的指数体系:

$$商品销售额指数 = 商品价格指数 \times 商品销售量指数$$
$$利润额指数 = 生产量指数 \times 产品价格指数 \times 销售利润率指数$$

(二)建立指数体系的作用

1.指数体系是因素分析的基础。利用指数体系可以分析各个因素对经济现象的影响方向、程度和绝对效果。

2.指数体系可以用于指数间的相互推算。例如,在三个指数形成的指数体系中只要已知其中的任意两个指数,便可依据指数体系的联系,推算出未知的第三个指数。

3.指数体系对单个综合指数的编制具有指导意义。在应用综合指数形式编制总指数时,确定同度量因素的时期,应考虑指数体系的要求。一般来讲,在编制质量指标指数时,应确定以报告期数量指标为同度量因素,而在编制数量指标指数时,则应选择基期质量指标为同度量因素。

二、指数体系因素分析法

利用指数体系分析现象总变动中各个因素的影响情况叫作因素分析法。其基本特点是把其他影响因素固定而测定其中一个因素的影响程度和方向。进行因素分析根据包括因素的多少,可以是两因素分析,也可以是多因素分析。

(一)简单现象总量指标变动分析

简单现象是指可以计算个体指数的单个现象。简单现象总体的总量指标一般可以分解为两个以上的因素指标,其总量指标指数等于各个因素指标个体指数的乘积。

【例 4-51】现以表 4-63 资料为例具体说明简单现象总量指标变动的指数分析法。

表 4-63　　　　　　　　总产值变动因素分析计算表

指　标	基期	报告期	指数(%)	影响绝对额(万元)
总产值(Tq)(万元)	450	650	144.4	+200.0
职工平均人数(T)(人)	800	840	105.0	+22.5
劳动生产率 q(元/人)	0.562 5	0.773 8	137.6	+177.5

以 T_0 和 T_1 表示基期和报告期的职工人数，q_0 和 q_1 表示基期和报告期的劳动生产率。

首先，计算总产值的变动：

总产值指数 $\overline{K}_{Tq} = \dfrac{T_1 q_1}{T_0 q_0} = \dfrac{650}{450} = 144.4\%$

总产值增加额 $T_1 q_1 - T_0 q_0 = 650 - 450 = 200$（万元）

其次，计算影响因素对总产值的影响：

(1) 由于职工人数变动的影响为：

职工人数指数 $\overline{K}_T = \dfrac{T_1 q_0}{T_0 q_0} = \dfrac{T_1}{T_0} = \dfrac{840}{800} = 105\%$

职工人数增加而增加的总产值为：

$(T_1 - T_0) q_0 = (840 - 800) \times 0.5625 = 22.5$（万元）

(2) 由于劳动生产率变动的影响为：

劳动生产率指数 $\overline{K}_q = \dfrac{q_1 T_1}{q_0 T_1} = \dfrac{q_1}{q_0} = \dfrac{0.7738}{0.5625} = 137.6\%$

劳动生产率提高而增加的总产值为：

$(q_1 - q_0) T_1 = (0.7738 - 0.5625) \times 840 = 177.5$（万元）

最后，综合影响：

工业总产值指数＝职工人数指数×劳动生产率指数

$144.4\% = 105\% \times 137.6\%$

工业总产值的增加额＝职工人数影响增加额＋劳动生产率影响增加额

200 万元＝22.5 万元＋177.5 万元

由以上计算可知：由于职工人数增加了 5%，影响总产值增加 22.5 万元；由于职工劳动生产率提高了 37.6%，影响总产值增加 177.5 万元，从而使得企业总产值增长 44.4%，共增加 200 万元。

（二）复杂现象总量指标变动两因素分析

复杂现象一般是由许多性质不同的单个现象或多种因素所构成的。复杂现象的总量指标可分解为两个或两个以上因素指标，总量指标指数等于各因素指数的乘积。这些因素指标可以分为数量指标和质量指标两类。所以，将总变动指标分解成一个数量指标和一个质量指标的分析方法是指数分析法的基本方法。

【例 4-52】 仍以表 4-58 为资料，说明总量指标两因素指数体系分析方法。

首先，计算销售额的变动：

销售额指数 $\overline{K}_{pq} = \dfrac{\sum p_1 q_1}{\sum p_0 q_0} = \dfrac{2.5 \times 250 + 2.4 \times 400 + 10.0 \times 700}{3 \times 200 + 2 \times 500 + 8 \times 450} = \dfrac{8585}{5200} = 165.1\%$

增加总额 $\sum p_1 q_1 - \sum p_0 q_0 = 8585 - 5200 = 3385$（万元）

其次，计算影响因素对销售额的影响：

(1) 销售量变动的影响

销售量指数 $\overline{K}_q = \dfrac{\sum q_1 p_0}{\sum q_0 p_0} = \dfrac{7\,150}{5\,200} = 137.5\%$

销售量变动影响销售额 $\sum q_1 p_0 - \sum q_0 p_0 = 7\,150 - 5\,200 = 1\,950$（万元）

(2) 销售价格变动的影响

价格指数 $\overline{K}_p = \dfrac{\sum p_1 q_1}{\sum p_0 q_1} = \dfrac{8\,585}{7\,150} = 120.1\%$

价格变动影响销售额 $\sum p_1 q_1 - \sum p_0 q_1 = 8\,585 - 7\,150 = 1\,435$（万元）

最后，综合影响：

销售额变动＝各因素指数连乘积

$165.1\% = 137.5\% \times 120.1\%$

销售总额的增加额＝各因素变动影响之和

$3\,385\,万元 = 1\,950\,万元 + 1\,435\,万元$

由以上计算可知：由于三种商品销售量增加了 37.5%，影响销售额增加 1 950 万元；由于三种商品价格上涨了 20.1%，影响销售额增加 1 435 万元。从而，总共使得销售额增长 65.1%，增加 3 385 万元。

对于指数体系的公式，总结如下：

指数体系：

$$\dfrac{\sum p_1 q_1}{\sum p_0 q_0} = \dfrac{\sum q_1 p_0}{\sum q_0 p_0} \times \dfrac{\sum p_1 q_1}{\sum p_0 q_1}$$

绝对额体系：

$$\sum p_1 q_1 - \sum p_0 q_0 = \left(\sum q_1 p_0 - \sum q_0 p_0\right) + \left(\sum p_1 q_1 - \sum p_0 q_1\right)$$

【技能训练】

（多选题）职工平均工资上调 8%，职工人数减少 10%，则（　　）。

A. 平均工资指数为 108%　　　　　　B. 职工人数指数为 90%

C. 工资总额少支付 2.8%　　　　　　D. 工资总额减少 2%

E. 工资总额指数 = 8% × 10% = 0.8%

任务五　平均指标指数

一、平均指标指数的意义

平均指标指数是两个不同时期的同一经济内容的平均指标之比，也称为可变构成指

数,简称可变指数。它用来反映两期总平均水平的变动程度和方向。前面,我们已经介绍总平均指标的计算公式为

$$\bar{x} = \frac{\sum xf}{\sum f}$$

或

$$\bar{x} = \sum x \cdot \frac{f}{\sum f}$$

可见,总平均数受两个因素的影响:一是受各组变量值(x)大小的影响,二是受各组次数(f)多少或频率($\frac{f}{\sum f}$)大小的影响。各组频率是一种结构相对数,简称构成或结构。它对总平均数起着权衡轻重的作用。

总平均数的总变动,同样受两个因素变动的影响,因此我们需要编制可变构成指数,反映总平均数的变动程度,同时编制固定构成指数和结构影响指数对两个因素的变动进行经济分析。

二、平均指标指数的因素分析

(一)可变构成指数

可变构成指数是报告期总平均数与基期总平均数的对比值,也是报告期加权算术平均数与基期加权算术平均数的对比值。由于它既受各组平均数变动的影响,又受总体构成变动的影响,故称为可变构成指数。

【例 4-53】 表 4-64 为某企业职工工资资料,试分析工资变动的影响因素。

表 4-64　　　　　　　　　某企业职工工资资料

职工类别	职工平均人数(人)		月平均工资(元)		工资总额(元)		
	基期 f_0	报告期 f_1	基期 x_0	报告期 x_1	$x_0 f_0$	$x_1 f_1$	$x_0 f_1$
甲类	300	200	560	600	168 000	120 000	112 000
乙类	200	400	320	360	64 000	144 000	128 000
合计	500	600	—	—	232 000	264 000	240 000

在表 4-64 中,x_0 与 f_0 栏可形成基期的变量数列。x_1 与 f_1 栏可形成报告期的变量数列。根据这两个变量数列可得:

基期平均工资 $\bar{x}_0 = \frac{\sum x_0 f_0}{\sum f_0} = \frac{232\,000}{500} = 464$(元)

报告期平均工资 $\bar{x}_1 = \frac{\sum x_1 f_1}{\sum f_1} = \frac{264\,000}{600} = 440$(元)

则平均工资可变构成指数 $= \frac{\bar{x}_1}{\bar{x}_0} = \frac{\sum x_1 f_1 / \sum f_1}{\sum x_0 f_0 / \sum f_0} = \frac{440}{464} = 94.83\%$

$$总平均工资变动的绝对额 = \frac{\sum x_1 f_1}{\sum f_1} - \frac{\sum x_0 f_0}{\sum f_0} = 440 - 464 = -24(元)$$

说明：尽管甲、乙两类职工月平均工资都有所上升，但该企业工人的平均工资却下降了 5.17％，平均每人减少工资 24 元。其原因在于总平均工资水平的升降，受各组工资水平和职工结构两个因素变动的影响。在报告期，乙类职工占总体比重提高，加重了低工资水平对总平均工资的影响，其影响程度超过了各组工资水平提高的影响程度，所以总平均工资反而降低了。

（二）固定构成指数

固定构成指数是假定构成不变（即频率不变），纯粹反映组平均数总变动的相对数。组平均数是质量指标，频率取决于各组次数的多少，是数量指标。因此，固定构成指数是以报告期结构相对数为权数，编制的总平均数指数。公式为

$$固定构成指数 = \frac{\sum x_1 f_1 / \sum f_1}{\sum x_0 f_1 / \sum f_1} = \frac{\overline{x}_1}{\overline{x}_n} = \frac{报告期平均工资}{假定平均工资}$$

根据表 4-64 计算栏资料，代入公式可得：

$$固定构成指数 = \frac{\sum x_1 f_1 / \sum f_1}{\sum x_0 f_1 / \sum f_1} = \frac{264\,000/600}{240\,000/600} = \frac{440}{400} = 110\%$$

$$对总平均工资影响的绝对数 = \frac{\sum x_1 f_1}{\sum f_1} - \frac{\sum x_0 f_1}{\sum f_1} = 440 - 400 = 40(元)$$

说明：由于各类工资水平的变动，使月平均工资上升 10％，平均每人增加工资 40 元。

（三）结构影响指数

结构影响指数是将组平均数固定起来的指数。即将质量指标固定在基期上，采用 x_0 作权数，分别计算报告期和基期的总平均数加以对比，反映结构变动程度及其对总平均数的影响，其公式为

$$结构影响指数 = \frac{\sum x_0 f_1 / \sum f_1}{\sum x_0 f_0 / \sum f_0} = \frac{\overline{x}_n}{\overline{x}_0} = \frac{假定平均工资}{基期平均工资}$$

将表 4-64 资料代入公式得：

$$结构影响指数 = \frac{\sum x_0 f_1 / \sum f_1}{\sum x_0 f_0 / \sum f_0} = \frac{240\,000/600}{232\,000/500} = \frac{400}{464} = 86.21\%$$

$$对总平均工资影响的绝对数 = \frac{\sum x_0 f_1}{\sum f_1} - \frac{\sum x_0 f_0}{\sum f_0} = 440 - 464 = -24(元)$$

说明：由于总体结构变动，使月平均工资降低了 13.79％，平均每人减少工资 24 元。

【技能训练】

（多选题）平均指标指数体系是由（　　）组成。
A.调和平均指数　　B.总指数　　C.可变构成指数　　D.固定构成指数
E.结构影响指数

小 结

统计指数是一种重要的统计分析方法，主要用以综合反映复杂现象总体的变动。指数分析法是利用指数原理分析各因素对现象变动影响的一种重要的分析方法。

总指数的计算方法有两种基本形式，一是综合指数，一是平均指数。综合指数是根据先综合后对比的思路计算总指数，即通过同度量因素先计算出复杂现象总体在不同时期（或空间）的总量再进行对比。平均指数则是根据先对比后综合的思路计算总指数，即先计算个体指数，再对个体指数进行加权平均。在一定的权数条件下，平均指数可视为综合指数的变形形式。采用的权数有根据综合指数变形得到的权数和固定权数。国民经济常用的几种指数为居民消费价格指数、股票价格指数等。

案例分析

2021年11月份CPI继续上涨　PPI涨幅回落

——国家统计局城市司高级统计师董莉娟解读2021年11月份CPI和PPI数据

国家统计局今天发布了2021年11月份全国CPI（居民消费价格指数）和PPI（工业生产者出厂价格指数）数据。对此，国家统计局城市司高级统计师董莉娟进行了解读。

一、CPI环比涨幅回落，同比涨幅扩大

从环比看，受季节性因素、成本上涨及散发疫情等共同影响，CPI上涨0.4%，涨幅比上月回落0.3个百分点。其中，食品价格环比上涨2.4%，涨幅比上月扩大0.7个百分点，影响CPI上涨约0.4个百分点。食品中，受季节性消费需求增加及短期肥猪供给偏紧等因素影响，猪肉价格由降转涨，上涨12.2%；各地多措并举保障"菜篮子"供应，随着蔬菜上市量逐渐增加，鲜菜价格涨幅比上月大幅回落9.8个百分点。非食品价格由上月上涨0.4%转为持平。非食品中，工业消费品价格上涨0.3%，涨幅比上月回落0.6个百分点，其中汽油、柴油和液化石油气价格分别上涨3.1%、3.3%和1.2%，涨幅比上月均有回落；服务价格由上月上涨0.1%转为下降0.3%，其中受节后出行减少及疫情散发影响，飞机票、旅行社收费和宾馆住宿价格分别下降14.8%、3.8%和3.7%。

从同比看,CPI上涨2.3%,涨幅比上月扩大0.8个百分点。同比涨幅扩大较多,除了受到本月新涨价影响外,主要是受到去年同期基数较低的影响。具体看,食品价格同比由上月下降2.4%转为上涨1.6%,影响CPI上涨约0.3个百分点。食品中,猪肉价格下降32.7%,降幅比上月收窄11.3个百分点;鲜菜价格上涨30.6%,涨幅比上月扩大14.7个百分点;鸡蛋、淡水鱼和食用植物油价格分别上涨20.1%、18.0%和9.7%。非食品价格上涨2.5%,涨幅比上月扩大0.1个百分点,影响CPI上涨约2.0个百分点。非食品中,工业消费品价格上涨3.9%,涨幅扩大0.1个百分点,其中汽油和柴油价格分别上涨36.7%和40.6%,涨幅继续扩大;服务价格上涨1.5%,涨幅比上月扩大0.1个百分点。

据测算,在11月份2.3%的同比涨幅中,去年价格变动的翘尾影响约为0.6个百分点,比上月扩大0.4个百分点;新涨价影响约为1.7个百分点,比上月扩大0.4个百分点。扣除食品和能源价格的核心CPI同比上涨1.2%,涨幅比上月回落0.1个百分点。

二、PPI环比持平,同比涨幅回落

11月份,随着保供稳价政策落实力度不断加大,煤炭、金属等能源和原材料价格快速上涨势头初步得到遏制,PPI涨幅有所回落。

从环比看,PPI由上月上涨2.5%转为持平。其中,生产资料价格由上涨3.3%转为下降0.1%;生活资料价格上涨0.4%,涨幅扩大0.3个百分点。多部门联动遏制煤炭价格非理性上涨,煤炭产量和市场供应量持续增加,煤炭开采和洗选业价格由上涨20.1%转为下降4.9%,煤炭加工价格由上涨12.8%转为下降8.4%。金属行业保供稳价效果显现,黑色金属冶炼和压延加工业价格由上涨3.5%转为下降4.8%,有色金属冶炼和压延加工业价格由上涨3.6%转为下降1.2%。国际原油、天然气价格高位波动,带动国内相关行业价格上行。石油开采价格上涨7.1%,精炼石油产品制造价格上涨4.7%,化学原料和化学制品制造业价格上涨0.7%;燃气生产和供应业价格上涨4.1%。另外,电力热力生产和供应业价格上涨1.9%,农副食品加工业价格上涨1.4%,纺织业价格上涨1.2%。

从同比看,PPI上涨12.9%,涨幅比上月回落0.6个百分点。其中,生产资料价格上涨17.0%,涨幅回落0.9个百分点;生活资料价格上涨1.0%,涨幅扩大0.4个百分点。调查的40个工业行业大类中,价格上涨的有37个,比上月增加1个。主要行业中,价格涨幅回落的有:煤炭开采和洗选业上涨88.8%,回落14.9个百分点;黑色金属冶炼和压延加工业上涨31.0%,回落8.9个百分点;有色金属冶炼和压延加工业上涨26.5%,回落3.0个百分点。价格涨幅扩大的有:石油和天然气开采业上涨68.5%,扩大8.8个百分点;燃气生产和供应业上涨10.9%,扩大1.5个百分点;纺织业上涨9.2%,扩大0.7个百分点;食品制造业上涨3.5%,扩大0.9个百分点。

据测算,在11月份12.9%的PPI同比涨幅中,去年价格变动的翘尾影响约为1.2个百分点,比上月减少0.6个百分点;新涨价影响约为11.7个百分点,与上月相同。

资料来源:国家统计局

阅读如上案例内容,回答问题:

(1)案例中涉及了哪些指标?

(2)都从哪些方面进行了分析?

(3)相关数据你会计算吗?

综合技能训练

一、单项选择题

1.指数作为一种特有的指数和方法,主要是研究( )。
   A.狭义的指数　　　　　　　　B.广义的指数
   C.实物产量水平　　　　　　　D.价格水平

2.某公司所属三个企业生产同一种产品,要计算产品产量总指数,三个企业的产品产量( )。
   A.可以直接加总　　　　　　　B.不可以直接加总
   C.必须用基期价格作为同度量因素　　D.必须用报告期价格作为同度量因素

3.平均指数是计算总指数的另一种形式,其计算的基础是( )。
   A.数量指数　　　　　　　　　B.质量指数
   C.综合指数　　　　　　　　　D.个体指数

4.某企业生产甲、乙、丙三种商品,报告期与基期比较,价格未变,而总产值增长了15%,则产品产量指数为( )。
   A.115%　　　　　　　　　　　B.15%
   C.100%　　　　　　　　　　　D.180%

5.单位产品成本报告期比基期下降5%,产量增加5%,则生产总费用( )。
   A.增加　　　　　　　　　　　B.减少
   C.没有变化　　　　　　　　　D.不能确定

6.反映现象总规模或总水平变动程度的指数是( )。
   A.质量指标指数　　　　　　　B.数量指标指数
   C.平均指数　　　　　　　　　D.个体指数

7.反映多种项目或变量综合变动的相对数称为( )。
   A.个体指数　　　　　　　　　B.总指数
   C.综合指数　　　　　　　　　D.平均指数

8.某企业2021年总生产成本比2020年上升了50%,产量增加了25%,则单位成本提高了( )。
   A.25%　　　　　　　　　　　B.2%
   C.75%　　　　　　　　　　　D.20%

9.若物价上涨,销售额持平,则销售量指数( )。
   A.增长　　　　　　　　　　　B.降低
   C.不变　　　　　　　　　　　D.与物价上涨幅度一致

10.平均指数是通过下列哪项指数加权平均而成的指数( )。
   A.总指数　　　　　　　　　　B.数量指标指数
   C.质量指标指数　　　　　　　D.个体指数

11.编制总指数的两种形式是( )。
   A.个体指数和综合指数　　　　B.动态指数和静态指数
   C.综合指数和平均指数　　　　D.数量指标指数和质量指标指数

12.计算商品销售量指数的目的是测定某项指标的总变动,该项指标是(　　)。
A.各种商品销售量　　　　　　　　B.各种商品销售额
C.各种商品零售价格　　　　　　　D.居民购买力

13.指数划分为综合指数和平均指数的依据是(　　)。
A.按指数所反映的对象的范围不同　B.按指数所反映的现象特征不同
C.按总指数编制方法不同　　　　　D.按确定同度量因素原则的不同

二、多项选择题

1.编制数量指标综合指数的原则有(　　)。
A.以质量指标作为同度量因素　　　B.同度量因素固定在基期
C.以数量指标作为同度量因素　　　D.同度量因素固定在报告期
E.上述都不对

2.同度量因素的作用有(　　)。
A.权数作用　　　　　　　　　　　B.平衡作用
C.稳定作用　　　　　　　　　　　D.比较作用
E.同度量作用

3.某商品基期出售100千克,报告期出售120千克,指数为120%,该指数是(　　)。
A.综合指数　　　　　　　　　　　B.个体指数
C.数量指标指数　　　　　　　　　D.总指数
E.质量指标指数

4.以下指数属于质量指标指数的有(　　)。
A.价格指数　　　　　　　　　　　B.单位成本指数
C.产量指数　　　　　　　　　　　D.平均工资指数
E.材料单耗指数

5.某企业销售收入报告期为183 150元,基期为156 000元,销售量指数为109.6%,则(　　)。
A.销售额指数为117.4%
B.销售价格指数为107.1%
C.销售量的增加使销售收入增加14 976元
D.销售价格的上涨,使销售收入增加12 174元
E.全部销售收入增加27 150元

6.综合指数(　　)。
A.是总指数的一种形式
B.可变形为平均指数
C.是由两个总量指标对比而形成的指数
D.是由两个平均指标对比而得到的指数
E.是对个体指数进行加权平均而得到的总指数

7.平均指数(　　)。
A.是个体指数的加权平均数

B.是计算总指数的唯一形式

C.是计算总指数的一种形式

D.可以作为一种独立的指数形式

E.可作为综合指数的变形形式来使用

8.三种商品的综合价格指数为105%,其绝对影响为68万元,这表明(　　)。

A.三种商品的价格平均上涨5%

B.由于价格上涨使销售额增长5%

C.由于价格上涨使居民在维持一定生活水准的情况下多支出68万元

D.由于价格上涨使商店在一定销售量条件下多收入68万元

E.报告期价格与基期价格的绝对差额为68万元

9.在计算综合指数时,同度量因素时期的选择(　　)。

A.应根据指数的经济内容来决定

B.在计算数量指标综合指数时,应将同度量因素固定在基期

C.在计算质量指标综合指数时,应将同度量因素固定在报告期

D.在实际应用中,可将不变价格作为同度量因素

E.应根据基期或报告期资料是否全面来决定

10.下列属于数量指标指数的有(　　)。

A.产品销售量指数　　　　　　　B.产品成本指数

C.工业总产出指数　　　　　　　D.零售物价指数

E.职工人数指数

11.编制总指数的方法有(　　)。

A.综合指数法　　　　　　　　　B.平均指数法

C.数量指标指数法　　　　　　　D.质量指标指数法

E.因素指数法

12.编制综合指数首先必须明确的概念有(　　)。

A.指数化指标　　　　　　　　　B.同度量因素

C.数量化指标　　　　　　　　　D.权数

E.指标间的数量关系

13.假定商品零售物价指数为115.4%,则说明(　　)。

A.甲商品零售价格上涨了15.4%

B.甲商品零售价格上涨可能超过15.4%

C.甲商品零售价格上涨可能低于15.4%

D.总体上看,零售物价上涨了15.4%

E.总体上看,零售物价上涨了115.4%

14.下列属于质量指标指数的有(　　)。

A.产品销售量指数　　　　　　　B.产品成本指数

C.工业总产出指数　　　　　　　D.零售物价指数

E.劳动生产率指数

三、判断题

1. 统计指数有广义与狭义两种。（   ）
2. 同度量现象是指可以直接相加的同类现象。（   ）
3. 个体指数与综合指数的划分，依据指数的不同计算形式。（   ）
4. 单位成本总指数是数量指标指数。（   ）
5. 产品产量总指数是质量指标指数。（   ）
6. 公式 $\dfrac{\sum p_1 q_1}{\sum p_0 q_0}$ 表示质量指标综合指数。（   ）
7. 公式 $\dfrac{\sum p_1 q_1}{\sum k_p p_0 q_0}$ 表示质量指标综合指数。（   ）
8. 一般来说，加权算术平均数指数的特定权数是基期资料（$p_0 q_0$）；而加权调和平均指数的特定权数是报告期资料（$p_1 q_1$）。（   ）
9. 指数体系中的指数不仅要有经济意义上的联系，还需有数量上的等量关系。（   ）
10. 在指数体系中现象总变动指数与各因素指数的乘积不相等。（   ）

四、案例分析题

1. 某企业两种产品的产量和出厂价格资料见表4-65。

表4-65　　　　　　　　　　某企业产品资料

产品名称	计量单位	产量		出厂价格（元）	
		基期	报告期	基期	报告期
甲	吨	5 000	5 500	20	21
乙	台	3 000	3 600	25	28

要求：计算产量综合指数和价格综合指数。

2. 根据表4-66资料，计算平均成本降低程度，以及由于成本降低而节约的生产费用。

表4-66　　　　　　　　　　企业成本资料

产品	生产费用（万元）		单位成本第二季度比第一季度降低（%）
	第一季度	第二季度	
甲	750	780	5
乙	500	520	3

3. 某公司销售情况见表4-67。

表4-67　　　　　　　　　　某公司销售情况

产品	实际销售额（万元）		销售量个体指数%
	2021年	2020年	
甲	240	200	125
乙	485	450	110
丙	480	350	140
合计	1 205	1 000	—

要求:(1)计算全公司销售量总指数；

　　　(2)分析销售量的变动对销售额的影响。

4.某公司所属企业劳动生产率资料见表 4-68。

表 4-68　　　　　　　　**某公司劳动生产率资料**

企业名称	劳动生产率(元/人)		工人人数(人)	
	基期	报告期	基期	报告期
甲	2 450	2 600	245	250
乙	1 800	2 000	125	150
合计				

要求:运用指数体系分析各企业工人劳动生产率水平和工人结构的变动对该公司的平均劳动生产率的影响。

5.指数推算

(1)已知某企业某种产品产量增长 10%,消耗某种原材料总量增长 6%,试计算该种产品单耗的变动程度。

(2)已知某商店销售额增长 20%,销售价格总体上涨 8%,试求销售量增长的百分数。

附 4　Excel 在指数分析中的应用

一、综合指数

综合指数在 Excel 中的应用，计算的主要步骤如下：

1.新建文件

【文件】→【新建】→【空白工作簿】→【保存】，在【文件名】处，输入"D4-指数分析"→【保存】。

2.输入基础数据

在单元格{A4:F6}中，输入统计的基础数据，如附图 4-1 所示。

附图 4-1

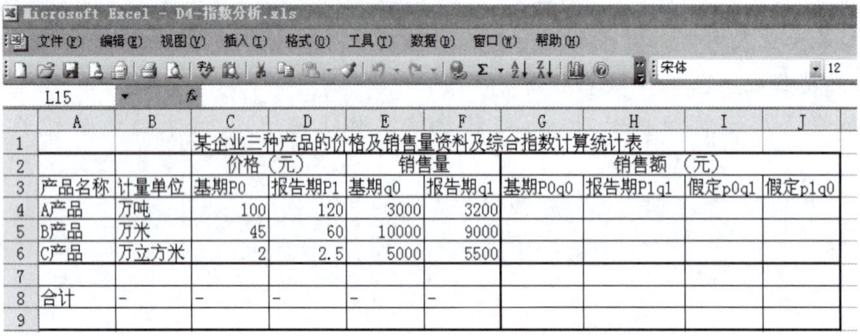

3.计算各项指标

根据统计指数的公式，在单元格{G4:J6}中输入三种产品销售额数据；单击单元格 G8，输入公式"＝sum(G4:G6)"，同样，利用"填充柄功能"计算单元格 H8、I8、J8，如附图 4-2 所示。

附图 4-2

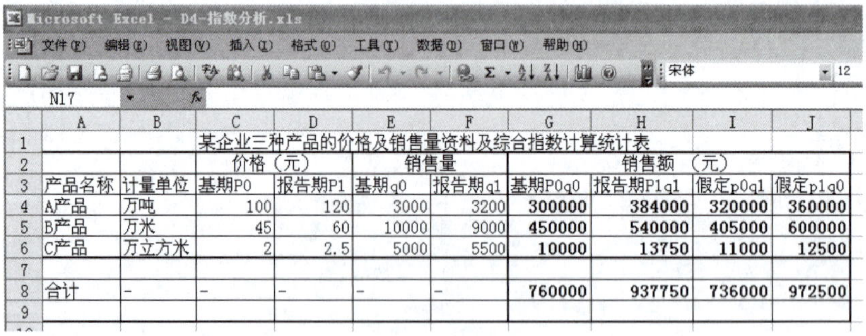

4.根据综合指数的定义，计算质量指标综合指数和数量指标综合指数

（1）计算质量指标综合指数

单击单元格 I12，输入"＝H9/I9"。

单击单元格 I13，输入"＝H9－I9"，得出计算结果，即由于产品价格变化，销售额增加 201 750 元。

(2)计算数量指标综合指数

单击单元格 I14,输入"＝I9/G9"。

单击单元格 I15,输入"＝I9－G9",得出计算结果,即由于产品销量变化,销售额减少 24 000 元。

计算结果如附图 4-3 所示。

附图 4-3

	A	B	C	D	E	F	G	H	I	J
1										
2			某企业三种产品的价格及销售量资料及综合指数计算统计表							
3			价格（元）		销售量		销售额（元）			
4	产品名称	计量单位	基期P0	报告期P1	基期q0	报告期q1	基期P0q0	报告期P1q1	假定p0q1	假定p1q0
5	A产品	万吨	100	120	3000	3200	300000	384000	320000	360000
6	B产品	万米	45	60	10000	9000	450000	540000	405000	600000
7	C产品	万立方米	2	2.5	5000	5500	10000	13750	11000	12500
8										
9	合计	-	-	-	-	-	760000	937750	736000	972500
10										
11										
12	综合指数的计算		1	质量指标综合指数			产品价格综合指数Kp:		127.41%	
13									201750	元
14				2	数量指标综合指数		产品销售量综合指数Kq:		96.84%	
15									-24000	元
16										

二、平均指标因素分析

平均指标因素分析在 Excel 中的应用,计算的主要步骤如下:

1.新建文件

【文件】→【新建】→【空白工作簿】→【保存】,在【文件名】处,输入"平均指标因素分析"→【保存】。

2.输入数据

在单元格{B4:E6}中,输入统计的基础数据,如附图 4-4 所示。

附图 4-4

	A	B	C	D	E
1				平均指标因素分析案例	
2			基期	报告期	
3	职工类别	工人数f_0	工资水平X_0	工人数f_1	工资水平X_1
4	工人	70	1450	55	1400
5	管理人员	20	2500	15	2200
6	高层人员	10	5000	12	5500
7					
8	合计	100	-	82	
9					

3.计算合计

单击单元格 B8,输入"＝sum(B4:B6)";

单击单元格 D8,输入"＝sum(D4:D6)"。

计算"工资总额 $X_0 f_0$"列。单击单元格 F4,输入"＝B4*C4",同理,利用"填充柄功能"计算单元格 F5、F6。

计算"假定工资总额 X_0f_1"列。单击单元格 G4,输入"=C4*D4",同理,利用"填充柄功能"计算单元格 G5、G6。

计算"工资总额 X_1f_1"列。单击单元格 H4,输入"=D4*E4",同理,利用"填充柄功能"计算单元格 H5、H6。结果如附图 4-5 所示。

附图 4-5

4.根据指数的计算公式,计算各指数指标

单击单元格 G11,输入"=(H8/D8)/(F8/B8)";

单击单元格 G12,输入"=G11-1";

单击单元格 G13,输入"=ROUND((H8/D8)-(F8/B8),2)"。

单击单元格 G14,输入"=(H8/D8)/(G8/D8)";

单击单元格 G15,输入"=G14-1";

单击单元格 G15,输入"=ROUND((H8/D8)-(G8/D8),2)"。

单击单元格 G17,输入"=(G8/D8)/(F8/B8)";

单击单元格 G18,输入"=G17-1";

单击单元格 G19,输入"=ROUND((G8/D8)-(F8/B8),2)"。

显示统计计算结果,如附图 4-6 所示。

附图 4-6

注意:为了"自动"得出分析结果,利用 IF 参数自动得出"上涨"或"下降"结果。

单击单元格 F12,输入"=IF(G11>100%,"上涨""下降")"。

单击单元格 F13,输入"=IF(G11>100%,"增加""减少")"。

同理得出 F15、F16、F18、F19 的值。

单元五　抽样分析与应用

认知目标

1. 理解抽样推断的概念、含义和特点；
2. 熟悉各种抽样误差的概念、计算方法及各种误差之间的联系；
3. 掌握利用样本资料推算总体数量特征的原理和方法；
4. 掌握必要样本容量的确定方法。

能力目标

1. 能够针对某实际问题组织抽样调查；
2. 能够清楚地计算各种抽样误差；
3. 能够利用样本数据推断总体基本数据资料。

任务导入

1. 一天，爸爸叫儿子去买一盒火柴。临出门，爸爸嘱咐儿子要买能划燃的火柴。儿子拿着钱出门了，过了好一会儿，儿子才回到家。

"火柴能划燃吗？"爸爸问。

"都能划燃。"

"你这么肯定？"

儿子递过一盒划过的火柴，兴奋地说："我每根都试过啦。"

为什么会出现这个结果？

2. 在实际生活和工作过程中，常常会遇到一些统计资料很难全面收集的难题，如一批炮弹的杀伤力、某地区居民消费支出情况、某车间产品的合格率等，能对个体一一进行测量或调查吗？显然无法办到，怎么办？如何才能了解全面的数据资料？采取哪种调查方式才能既准确又相对可靠，既快速又节约成本？

提出问题

某生产罐头的企业，12月份生产了5万瓶水果罐头，那么质量监督部门如何才能确定这批罐头的合格率？

解决问题

任务一 抽样推断概述

一、抽样推断的概念和特点

(一)抽样推断的概念

抽样推断,又称为抽样估计,包括抽样和推断两个过程。抽样即从全部总体单位中按照随机原则抽取一部分总体单位,组成样本总体;推断则是在抽样的基础之上,利用实际所得样本数据资料对总体相应数量特征进行一定可靠程度的估计和推算。例如从5万瓶罐头中随机选取100瓶进行质量检验,然后根据这100瓶罐头的合格率来估计这5万瓶罐头的合格率。

(二)抽样推断的特点

抽样推断作为一种科学、经济的统计调查方式,具有以下几个特点:

1.抽样推断选取样本时严格按照随机原则

所谓随机原则,是指在选取调查单位时,总体中每一个单位都有同等概率被选中,哪个单位选中与否,完全是偶然的、随机的。这样就能避免样本选择时的人为主观影响,使结果更具有客观代表性。

2.抽样推断利用样本数据来推算总体数量特征

根据所选择样本的各项指标值,运用科学合理的概率估计方法,对总体的相应数量特征进行估计与推算,是由部分推断总体的一种认识方法。

3.抽样推断中的抽样误差大小可以事先计算并加以控制

抽样推断所产生的误差只能通过必要的措施和手段加以计算和控制,不能完全消除。

【技能训练】

1.(单选题)抽样调查的主要目的在于(　　)。
A.计算和控制误差　　　　B.了解总体单位情况
C.用样本来推断总体　　　D.对调查单位做深入的研究

2.(单选题)抽样调查必须遵循的基本原则是(　　)。
A.随意原则　　　　　　　B.可比性原则
C.准确性原则　　　　　　D.随机原则

3.(单选题)下列属于抽样调查的是(　　)。
A.经济普查　　　　　　　B.人口普查
C.农业普查　　　　　　　D.1%人口调查

二、抽样推断中常用的几个基本概念

(一)总体和样本

总体,又称全及总体、统计总体。是指根据调查目的所要认识对象的全体,由全部调查单位所组成的集合体。总体单位数通常较大,甚至是无限的,通常用大写字母 N 表示。

样本,又称样本总体、抽样总体。是指从总体中按照随机原则选取出来的部分调查单位所组成的集合体。样本单位数通常是有限的,一般用小写字母 n 表示,也称为样本容量。样本容量数达到或超过 30 个时,称作大样本,通常用于社会经济现象的抽样调查;而在 30 个以下时称作小样本,通常用于自然实验观察。

对于某一特定研究对象,总体是确定的、唯一的,而抽取的样本则是不确定、不唯一和可变的。

(二)总体指标和样本指标

1.总体指标,又称参数,是根据总体各单位标志值或标志表现计算,反映总体数量特征的综合指标。总体指标值是唯一、确定的。

(1)对于总体中的数量标志,常见的总量指标主要有:总体平均数,总体方差 σ^2(或总体标准差 σ)。其中,

$$\overline{X} = \frac{\sum X}{N} \text{ 或 } \frac{\sum XF}{\sum F}$$

$$\sigma = \sqrt{\frac{\sum(X-\overline{X})^2}{N}} \text{ 或 } \sigma = \sqrt{\frac{\sum(X-\overline{X})^2 F}{\sum F}}$$

(2)对于总体中的品质标志,因为各单位标志表现不能用数值表示,所以只能计算结构相对指标,即总体成数,用大写字母 P 表示。

P 表示在总体中具有某性质的单位数在总体单位数中所占的比重,以 Q 表示不具有某性质的单位数在总体单位数中所占的比重。

设 N 表示总体单位数;0 表示该单位不具有某种性质;1 表示该单位具有某种性质;N_0 表示不具有某种特征的单位,N_1 表示具有某种特征的单位,有 $N_0 + N_1 = N$。

则总体成数
$$P = \frac{N_1}{N}, Q = \frac{N_0}{N} = \frac{N-N_1}{N} = 1-P$$

$$\overline{X}_P = \frac{0 \times N_0 + 1 \times N_1}{N} = P$$

$$\sigma_P^2 = \frac{(0-P)^2 N_0 + (1-P)^2 N_1}{N} = P(1-P)$$

例如,某班女生的比例为 30%,则有:

$\overline{X}_P = 30\%$ $\sigma_P^2 = 30\% \times (1-30\%) = 21\%$

在抽样调查中,总体指标的具体数值事先是未知的,需要用样本指标数值来推算。

2.样本指标,又称统计量。是根据所选样本各单位标志值或标志表现计算,用来对总

体指标进行推算和估计的综合指标。

常用的样本指标有样本平均数 $\bar{x}$，样本方差 σ_x^2 和样本成数 $p = \dfrac{n_1}{n}$ 等。

在抽样推断中，一个总体可以抽选很多个样本，根据所选样本的不同，样本指标的数值也不是唯一确定的，而是随机可变的，是一个随机变量。

【技能训练】

1.（多选题）假设从 6 个人中随机抽取 2 个人进行调查，可能有 15 个样本组合，所以说（　　）。

A.样本指标是随机变量　　　　B.总体指标是随机变量

C.样本指标是唯一确定的　　　D.总体指标是唯一确定的

E.样本指标是样本变量的函数

2.（单选题）某商品的 100 件样品中，测得的优质品为 98 件，则样本优质品成数为（　　）。

A.100%　　　B.98%　　　C.2%　　　D.无法计算

三、抽样方法

根据选择样本的方法不同，抽样方法主要分为重复抽样和不重复抽样两种。

（一）重复抽样

重复抽样，也称有放回抽样、重置抽样、回置抽样。它是指从总体 N 个单位中抽取容量为 n 的样本时，每次从总体中随机抽取其中一个单位，把所需数据登记之后又放回原总体中，再从总体中随机抽取下一个单位，连续抽取 n 次。其特点在于：在这种抽样方式里，每一个总体单位在每次的抽取过程中，被选中的概率都是不变的、均等的，且同一单位可能有多次被重复选中的可能。

用重复抽样的方法从总体 N 个单位中抽取 n 个单位组成样本时，可以得到的样本总数为 N^n 个。

（二）不重复抽样

不重复抽样，也称不放回抽样、不重置抽样、不回置抽样。它是指从总体 N 个单位中抽取容量为 n 的样本时，每次从总体中随机抽取其中一个单位，把所需数据登记之后不再放回原总体中，而是继续从剩下的总体单位中随机选取下一个单位，连续抽取 n 次。其特点在于：在这种抽样方式里，每一个总体单位最多只能被选中一次，在抽样过程中每个总体单位被选中的概率是不相等的。

用不重复抽样的方法从总体 N 个单位中抽取 n 个单位组成样本时，如果不考虑抽样顺序，可以得到的样本总数为 $C_N^n = \dfrac{N!}{(N-n)!\,n!}$ 个。

可见，在相同样本容量要求时，重复抽样最多能得到的样本个数比不重复抽样能得到的样本数要多，但当总体单位数 N 很大而样本单位数 n 所占比重很小时，区别并不大。

任务二 抽样误差

一、抽样误差概述

（一）抽样误差的概念

抽样推断是利用样本数据对总体数量特征进行估算，因此与总体的实际结果总会有一定的误差，而且这种误差的存在是不可避免和消除的。但这种误差不允许超过一定的控制范围，否则代表性太差也就失去了调查的意义。

抽样误差是指在随机抽样过程中，由于受调查范围的非全面性和抽样的随机性等因素影响，从而使得样本数据与被它估计的未知总体指标之间出现离差。具体是指样本平均数 $\bar{x}$ 与总体平均数 $\bar{X}$ 之差，样本成数 p 与总体成数 P 之差。以数学符号表示为 $|\bar{x}-\bar{X}|$、$|p-P|$。

在抽样中，误差一般有两大类。

一类是登记性误差，即在调查时由于主、客观原因在测量、登记、汇总、计算等过程中产生的误差，这类误差是完全可以避免的。

另一类误差是代表性误差，即样本数据不足以代表总体数据所引起的误差。这类误差的产生一般有两方面原因：一方面是抽样时没有按照随机原则选取样本而产生的误差，这种误差称为系统性误差，原则上是可以避免和消除的；另一方面是虽然按照随机原则选取样本，但由于是用非全面数据推断全面数据，所以必然会产生误差，这类误差的产生不可避免，只能尽量减小，这种误差又叫作随机误差，也就是本书所要讨论的抽样误差。

（二）抽样实际误差与抽样平均误差

抽样误差有两种：抽样实际误差和抽样平均误差。

抽样实际误差是指所选取的样本数据与它代表的总体指标之间的离差，即 $|\bar{x}-\bar{X}|$、$|p-P|$。但由于样本数据 $\bar{x}$ 和 p 是随机变量，其值随样本的不同而不同，且总体指标 $\bar{X}$ 和 P 是未知参数，因此在现实的抽样推断中抽样实际误差是无法知道的。

而抽样平均误差是可以计算的，它是指所有可能出现的样本数据和总体指标之间的平均离差，也即所有可能出现的样本指标的标准差，反映了抽样误差的一般水平。因此，我们计算和控制抽样误差的大小实际上就是计算和控制抽样平均误差的大小。

【技能训练】

1.（单选题）只能事先加以计算和控制的误差是（　　）。

A.抽样误差　　　　B.登记误差　　　　C.代表性误差　　　　D.系统性误差

2.（单选题）抽样平均误差是指抽样平均数（或抽样成数）的（　　）。

A.平均数　　　　　B.平均差　　　　　C.标准差　　　　　D.标准差系数

二、抽样平均误差

抽样平均误差是指按照随机原则抽样时,所有可能出现的样本数据和总体指标之间的平均离差。抽样平均误差越大,说明样本指标对总体指标的代表性就越差;反之,代表性就越高。

(一)抽样平均误差的计算

如果用 $\mu_{\bar{x}}$ 表示抽样平均数的平均误差,μ_p 表示抽样成数的平均误差。按照抽样平均误差的概念,其理论计算公式为

$$\mu_{\bar{x}} = \sqrt{\frac{\sum(\bar{x}-\bar{X})^2}{\text{所有可能的样本数}}}, \mu_p = \sqrt{\frac{\sum(p-P)^2}{\text{所有可能的样本数}}}$$

上述公式表明了抽样平均误差的实质,但是当总体单位数很大的时候,所有可能的样本数就会非常大,计算量也会非常巨大。同时,公式中的总体平均数 $\bar{X}$ 和总体成数 P 正是需要推断的未知参数。所以在实际抽样调查中按照上述公式来推断是不可能的。

抽样平均误差的实际计算公式是根据数理统计的有关原理和定义推导出来的。按照抽样方法的不同,抽样平均误差的实际计算方法也有所不同。

1. 抽样平均数的抽样平均误差

(1)重复抽样条件下:$\mu_{\bar{x}} = \sqrt{\frac{\sigma^2}{n}} = \frac{\sigma}{\sqrt{n}}$

(2)不重复抽样条件下:$\mu_{\bar{x}} = \sqrt{\frac{\sigma^2}{n}\left(\frac{N-n}{N-1}\right)}$

总体单位数 N 很大时,公式可近似表示为:$\mu_{\bar{x}} = \sqrt{\frac{\sigma^2}{n}\left(1-\frac{n}{N}\right)}$

其中,$\left(1-\frac{n}{N}\right)$ 称作修正因子。由于这个因子总是小于1,所以不重复抽样平均误差总是小于重复抽样平均误差。但当总体单位数 N 很大时,这个因子就十分接近于1。所以在实际工作中,在没有掌握总体单位数或者总体单位数非常巨大时,可以采用重复抽样平均误差公式来计算抽样平均误差。

此外,在计算抽样平均误差时,如果不能得到总体标准差的数值,一般可以用样本标准差 s 来代替。

【例4-54】 某餐厅从500名顾客中随机抽查50名顾客,以调查顾客的平均消费额。假如总体的标准差为10.5元,那么抽样平均误差是多少?

根据题意,已知 $N=500$ 名,$n=50$ 名,$\sigma=10.5$ 元

那么,在重复抽样条件下,$\mu_{\bar{x}} = \sqrt{\frac{\sigma^2}{n}} = \sqrt{\frac{10.5^2}{50}} = 1.48$ 元

在不重复抽样条件下,$\mu_{\bar{x}} = \sqrt{\frac{\sigma^2}{n}\left(1-\frac{n}{N}\right)} = \sqrt{\frac{10.5^2}{50}\left(1-\frac{50}{500}\right)} = 1.41$ 元

2. 抽样成数的抽样平均误差

（1）重复抽样条件下：$\mu_p = \sqrt{\dfrac{P(1-P)}{n}}$

（2）不重复抽样条件下：$\mu_p = \sqrt{\dfrac{P(1-P)}{n}\left(\dfrac{N-n}{N-1}\right)}$

总体单位数 N 很大时，公式可近似写成：

$$\mu_p = \sqrt{\dfrac{P(1-P)}{n}\left(1-\dfrac{n}{N}\right)}$$

总体成数 P 未知时，也可用样本成数 p 来代替。

【例 4-55】 某手表厂在某段时间内生产 100 万个某种零件，用纯随机抽样方式，抽取 1 000 个零件进行检验，测得废品为 20 件，计算合格率的抽样平均误差。

根据题意，已知 $N = 100$ 万个，$n = 1\,000$ 个，合格率 $p = \dfrac{980}{1\,000} \times 100\% = 98\%$

那么，在重复抽样条件下，$\mu_p = \sqrt{\dfrac{P(1-P)}{n}} = \sqrt{\dfrac{98\% \times 2\%}{1\,000}} = 4.43‰$

在不重复抽样条件下，$\mu_p = \sqrt{\dfrac{P(1-P)}{n}\left(1-\dfrac{n}{N}\right)} = \sqrt{\dfrac{98\% \times 2\%}{1\,000}\left(1-\dfrac{1\,000}{1\,000\,000}\right)} = 4.42‰$

可见，N 越大，n 所占 N 比例越小，重复抽样平均误差和不重复抽样平均误差的区别就越小。

（二）影响抽样平均误差的因素

影响抽样平均误差大小的因素主要有以下几个方面：

1. 样本单位数目的多少

在其他条件不变的情况下，抽取的样本单位数越多，对总体的代表性就越高，抽样误差也就越小；反之，抽取的样本单位数越少，代表性就越小，误差也就越大。

2. 总体各单位标志值的变异程度

在其他条件不变的情况下，总体各单位标志值的差异程度越大，即总体的方差或标准差值越大，抽样误差就越大；反之，抽样误差就越小。

3. 抽样的方法和组织形式

在其他条件不变的情况下，因为不放回抽取样本避免了重复中选，不重复抽样的抽样误差小于重复抽样的抽样误差。

在不同的抽样组织形式下，抽样误差也不同。此问题后面将专门讨论。

了解影响抽样平均误差的因素，对于控制和分析抽样误差非常重要。在上述三个影响因素中，总体各单位标志值的变异程度属于客观存在的因素，调查者无法控制，但样本单位数目、抽样的方法和组织形式则属于调查者能够控制和选择的范围。因此，在实际调查工作中，应该根据调查目的和实际要求，做好抽样组织和实施工作，以获得较为理想的抽样调查效果。

【技能训练】

1.(单选题)其他条件不变的情况下,抽样误差(　　)。
A.与样本单位数目无关　　　　　B.不受抽样组织方式的影响
C.与总体标志变异程度成正比　　D.不受抽样方法不同的影响

2.(单选题)在进行纯随机重复抽样时,为使抽样平均误差减少25%,则抽样单位数应(　　)。
A.增加25%　　B.增加78%　　C.增加1.78%　　D.减少25%

三、抽样极限误差

(一)抽样极限误差的含义

从前所述,可知抽样平均误差是从理论上衡量样本指标与总体指标离差的平均值,它并不能代表两者之间的绝对离差。总体指标是一个确定而未知的参数,样本指标是一个随机变量,随不同的样本组合而不同,它总是以总体指标为中心左右两侧波动,从而与总体指标之间产生正离差或负离差。而用样本指标推断总体指标时,由于样本的随机性和非全面性,要想做到完全准确和毫无误差几乎是不可能的。因此,在用样本指标估计总体指标时就必须同时考虑误差的大小。误差太大,超过某一限度时,样本数据就失去了价值和意义。

所以,在进行抽样推断时,应当根据调查目的及实际需要和所研究对象的变异程度等因素确定一个合理的、允许的误差范围,在这个误差范围之内的抽样平均误差就是有价值的,超过这个范围其结果就不能被接受。这个事先给定的误差范围就是抽样极限误差。

由于这个抽样误差范围是在实际调查中,人们根据研究对象的差异程度和实际需要而确定的、在一定可靠程度保证下所确定的可允许出现的最大误差范围,抽样极限误差也被称作允许误差,一般用 $\Delta_{\bar{x}}$、Δ_p 分别表示样本平均数的抽样极限误差和样本成数的抽样极限误差。

根据抽样极限误差定义,则有:
$$\Delta_{\bar{x}} \geqslant |\bar{x} - \bar{X}|$$
$$\Delta_p \geqslant |p - P|$$

解上述两个不等式可得:
$$\bar{x} - \Delta_{\bar{x}} \leqslant \bar{X} \leqslant \bar{x} + \Delta_{\bar{x}} \qquad ①$$
$$p - \Delta_p \leqslant P \leqslant p + \Delta_p \qquad ②$$

不等式①表示,被估计的总体平均数是以抽样平均数 $\bar{x}$ 为中心,在区间 $[\bar{x} - \Delta_{\bar{x}}, \bar{x} + \Delta_{\bar{x}}]$ 变动,其区间总长度为 $2\Delta_{\bar{x}}$。同样,不等式②表明被估计的总体成数是以抽样成数 p 为中心,在区间 $[p - \Delta_p, p + \Delta_p]$ 变动,其区间总长度为 $2\Delta_p$。

由这两个不等式我们可以看出,只要知道了样本平均数 $\bar{x}$(样本成数 p)和抽样极限误差 $\Delta_{\bar{x}}$(Δ_p),就可以估计总体平均数 $\Delta_{\bar{X}}$ 和总体成数 Δ_P 所在的可能数值范围。

(二)抽样极限误差的计算

在抽样调查中,我们希望样本数据尽可能地贴近总体数据,估计值都能处于允许的误差范围之内,误差越小越好。但由于样本数据是一个随机变量,基于样本数据计算的抽样平均误差也是一个随机变量,所以不能保证误差绝对落在某一区间范围内,而只能给予一定的概率保证程度,也称为抽样推断的可靠程度。通常用字母 $F(t)$ 表示。

t 即概率度,是由抽样极限误差除以抽样平均误差得到的相对数,表示允许误差范围是抽样平均误差的多少倍,是测量估计值落在允许区间范围内概率保证程度的一个重要参数。

$$t = \frac{\Delta_{\bar{x}}}{\mu_{\bar{x}}}$$

或

$$\Delta_{\bar{x}} = t\mu_{\bar{x}}$$

$$t = \frac{\Delta_p}{\mu_p}$$

或

$$\Delta_p = t\mu_p$$

概率保证程度 $F(t)$ 是 t 的函数,如前所述,样本平均数 $\bar{x}$ 和样本成数 p 是一个随机变量,基本服从正态分布,因此 t 基本也服从正态分布。在实际应用中,已按不同 t 值和相应的概率编制出"正态分布概率表"。如果已知概率度 t 值即可根据"正态分布概率表"查出相应的概率保证程度 $F(t)$;反之,也可以根据已知的 $F(t)$ 值得到概率度 t 值。

常用概率度与概率保证程度对应数值见表 4-69。

表 4-69　　　　　　　　　常用概率度与概率保证程度对应数值

概率度 t	概率保证程度 $F(t)$(%)
0.50	38.29
1.00	68.27
1.50	86.64
1.64	89.90
1.96	95.00
2.00	95.45
2.58	99.00
3.00	99.73

【例 4-56】 某保险公司从 10 000 名投保人中随机重复抽取 200 名调查,得出该 200 名投保人的平均年龄为 36.5 岁,年龄的标准差为 8.2 岁,若要求推断的可靠程度为 99.73%,则在此条件下推断全部投保人平均年龄的最大可能误差是多少?

根据公式,平均数的极限误差 $\Delta_{\bar{x}} = t\mu_{\bar{x}}$

由可靠程度 99.73%,查表得 $t = 3$

$$\mu_{\bar{x}} = \frac{s}{\sqrt{n}} = \frac{8.2}{\sqrt{200}} = 0.58(岁)$$

得，$\Delta_{\bar{x}} = t\mu_{\bar{x}} = 3 \times 0.58 = 1.74$（岁）

（三）抽样极限误差、抽样平均误差和概率度 t 之间的关系

由抽样极限误差的计算公式 $\Delta_{\bar{x}} = t\mu_{\bar{x}}$（$\Delta_p = t\mu_p$）及表4-69来看，三者之间存在以下关系：

1.在 μ 值保持不变时，随着概率度 t 值的增大，抽样极限误差 Δ（也即所要求的允许误差范围）和概率保证程度 $F(t)$ 也随之增大。这时，样本数据估计的精确度下降，但估计值落在允许区间范围内的概率保证程度 $F(t)$ 会上升。反之，如果要提高估计的精确度，就需要相应降低概率保证程度 $F(t)$。

2.在 t 值保持不变时，如果 μ 值减小，则抽样极限误差 Δ 也会减小，估计的精确度就会相应提高；反之，增大 μ 值，抽样极限误差 Δ 也需要相应增加。此时，估计的精确度下降。

由此可见，抽样估计的精确度和落在允许区间范围的概率保证程度是矛盾的，在实际抽样过程中必须根据实际任务要求进行权衡和选择。

【技能训练】

（单选题）对400名大学生抽取19%进行不重复抽样调查，优等生比重为20%。概率为0.9545，优等生比重的极限抽样误差为（　　）。

A. 4.00%　　　B. 4.13%　　　C. 9.18%　　　D. 8.26%

任务三　参数估计方法

参数估计，也叫抽样估计，是指利用实际调查计算的样本指标值来估计相应的总体指标值。总体参数估计方法一般有点估计和区间估计两种。

点估计是指利用将实际调查计算得到的样本指标直接作为相应总体指标的估计值，即以样本平均数 $\bar{x}$ 直接作为总体平均数 $\bar{X}$ 的估计值，以样本成数 p 作为总体成数 P 的估计值。

点估计方法简便易行，但明显的不足之处在于没有考虑抽样误差，更没有考虑误差在一定范围内的概率保证程度。因此，只有当对抽样误差的大小或抽样的精确度无较高要求，或即使误差较大也不影响对总体的认识和判断时，才使用这种估计方法。

本书主要讨论区间估计。

一、区间估计的含义

区间估计是在一定的概率保证程度 $F(t)$ 下，以实际样本指标 $\bar{x}$、p 为依据，结合抽样极限误差 Δ，给出总体指标值可能存在的区间范围。这种估计方法不仅考虑了抽样误差的大小，而且与概率保证程度相联系，是一种科学的估计方法。

可以看出，总体参数的区间估计必须同时具备三个基本要素：样本指标值（$\bar{x}$、p）、抽样误差范围 Δ 和概率保证程度 $F(t)$。

估计区间用公式表示为

$$\bar{x}-\Delta_{\bar{x}} \leqslant \bar{X} \leqslant \bar{x}+\Delta_{\bar{x}} \quad 即 \quad \bar{x}-t\mu_{\bar{x}} \leqslant \bar{X} \leqslant \bar{x}+t\mu_{\bar{x}}$$

$$p-\Delta_p \leqslant P \leqslant p+\Delta_p \quad 即 \quad p-t\mu_p \leqslant P \leqslant p+t\mu_p$$

从而得到总体平均数的估计区间：$[\bar{x}-t\mu_{\bar{x}}, \bar{x}+t\mu_{\bar{x}}]$

总体成数的估计区间：$[p-t\mu_p, p+t\mu_p]$

二、区间估计的模式

如前所述，抽样估计的精确度和落在允许区间范围的概率保证程度是矛盾的，在进行实际抽样估计时，只能规定其中一个要素的变化，从而推断另一个要素的变动情况。例如规定推断结果的精确度，来计算估计的概率保证程度；或规定估计的概率保证程度，来推算可能的允许误差范围。

所以，根据给定的已知条件不同，总体参数区间估计的模式有以下两种：

（一）根据给定的抽样极限误差，求概率保证程度

具体步骤是：

1. 首先随机抽取样本，计算样本指标（样本平均数 $\bar{x}$ 或样本成数 p），作为相应总体指标的估计值，如果总体标准差未知，则计算样本标准差以计算抽样平均误差 μ；

2. 根据给定的抽样极限误差 Δ，估计总体指标值的上限和下限；

3. 将抽样极限误差 Δ 除以抽样平均误差 μ，求得概率度 t 值，然后根据 t 值查阅"正态分布概率表"求得相应的概率保证程度 $F(t)$。

4. 对总体参数进行区间估计，并说明概率保证程度。

【例 4-57】 某企业对某批电子元件进行检验，随机抽取 100 只，测得平均耐用时间为 1 000 小时，标准差为 50 小时，合格率为 94%，求：

(1) 以耐用时间的允许误差范围 $\Delta_{\bar{x}}=10$ 小时，估计该批产品平均耐用时间的区间及其概率保证程度。

由题意可知：$n=100$，$\Delta_{\bar{x}}=10$ 小时

已知样本指标：$\bar{x}=1\,000$ 小时，$s=50$（小时）

根据给定的 $\Delta_{\bar{x}}=10$ 小时，计算总体平均数的上、下限：

$$\mu_{\bar{x}}=\frac{s}{\sqrt{n}}=\frac{50}{\sqrt{100}}=5$$

上限：$\bar{x}+\Delta_{\bar{x}}=1\,000+10=1\,010$（小时）

下限：$\bar{x}-\Delta_{\bar{x}}=1\,000-10=990$（小时）

根据 $t=\dfrac{\Delta_{\bar{x}}}{\mu_{\bar{x}}}=\dfrac{10}{5}=2$，查正态分布概率表得 $F(t)=95.45\%$

结论：由以上计算结果可知，估计该批产品的平均耐用时间为 990～1 010 小时，概率保证程度为 95.45%。

(2) 以合格率估计的允许误差范围 Δ_p 不超过 2.45%，估计该批产品合格率的区间及

其概率保证程度。

由题意可知：$n=100$，$\Delta_p=2.45\%$

已知样本指标：$p=94\%$

$s_p^2=p(1-p)=0.94\times0.06=0.0564$

$\mu_p=\sqrt{\dfrac{p(1-p)}{n}}=\sqrt{\dfrac{0.0564}{100}}=2.37\%$

根据给定的 $\Delta_p=2.45\%$，求总体合格率的上、下限：

上限：$p+\Delta_p=94\%+2.45\%=96.45\%$

下限：$p-\Delta_p=94\%-2.45\%=91.55\%$

根据 $t=\dfrac{\Delta_p}{\mu_p}=\dfrac{2.45\%}{2.37\%}=1.03$，查正态分布概率表得 $F(t)=69.70\%$

结论：由以上计算结果可知，在 69.70% 的概率保证程度下，估计该批产品的合格率为 91.55%～96.45%。

（二）根据给定的概率保证程度，求抽样极限误差

具体步骤是：

1. 首先随机抽取样本，计算样本指标（样本平均数 $\bar{x}$ 或样本成数 p），作为相应总体指标的估计值，如果总体标准差 σ 未知，则计算样本标准差 s 以计算抽样平均误差 μ；

2. 根据给定的概率保证程度 $F(t)$，查阅"正态分布概率表"求得概率度 t 值；

3. 根据 t 值和抽样平均误差 μ，求得抽样极限误差 Δ，然后根据抽样极限误差 Δ 计算总体指标值可能落在区间范围的上、下限；

4. 最后对总体参数进行区间估计。

【例 4-58】 对某企业 100 名职工的工资进行抽样调查，资料见表 4-70。试以 95.45% 的概率估计该企业全部职工月平均工资（元）的可能范围。

表 4-70　　　　　　　　　　某企业工资资料

月平均工资（元）	职工人数 f	组中值 x	xf	$\sum(x-\bar{x})^2 f$
8 000 以下	15	7 500	112 500	36 037 500
8 000～9 000	25	8 500	212 500	7 562 500
9 000～10 000	50	9 500	475 000	10 125 000
10 000 以上	10	10 500	105 000	21 025 000
合计	100	—	905 000	74 750 000

计算抽样平均数、标准差和抽样平均误差：

$\bar{x}=\dfrac{\sum xf}{\sum f}=\dfrac{905\,000}{100}=9\,050$

$s_x=\sqrt{\dfrac{\sum(x-\bar{x})^2 f}{\sum f}}=\sqrt{\dfrac{74\,750\,000}{100}}=864.58$

$$\mu_x = \sqrt{\frac{s_x^2}{n}} = \sqrt{\frac{864.58 \times 864.58}{100}} = 86.46$$

根据给定的概率保证程度 $F(t)=95.45\%$，查"正态分布概率表"得 $t=2$。

计算抽样极限误差，并估计总体平均数的上、下限：

$\Delta_x = t \times \mu_x = 2 \times 86.46 = 173.0$ 元

上限：$\overline{x} + \Delta_{\overline{x}} = 9\,050 + 173.0 = 9\,223.0$ 元

下限：$\overline{x} - \Delta_{\overline{x}} = 9\,050 - 173.0 = 8\,877.0$ 元

结论：在 95.45% 的概率保证程度下，估计该企业全部职工的月平均工资在 8 877 元～9 223 元之间。

【例 4-59】 对某批商品按不重复抽样方法抽取 200 件进行检验，其中合格品为 160 件。又知道所抽检商品件数占总件数的 1/20。试以 99.73% 的概率估计该批商品合格率的区间范围。

计算样本成数、标准差和抽样平均误差：

$$p = \frac{n_1}{n} = \frac{160}{200} = 80\%$$

$$s_p^2 = p(1-p) = 0.8 \times (1-0.8) = 0.16$$

$$\mu_p = \sqrt{\frac{p(1-p)}{n}\left(1-\frac{n}{N}\right)} = \sqrt{\frac{0.16}{200} \times \left(1-\frac{1}{20}\right)} = 2.76\%$$

根据给定的概率保证程度 99.73%，查阅"正态分布概率表"得 $t=3$。

计算抽样极限误差，并估计总体合格率的上、下限：

$\Delta_p = t \times \mu_p = 3 \times 2.76\% = 8.28\%$

上限：$p + \Delta_p = 80\% + 8.28\% = 88.28\%$

下限：$p - \Delta_p = 80\% - 8.28\% = 71.72\%$

结论：在 99.73% 的概率保证程度下，估计全部商品的合格率为 71.72%～88.28%。

【技能训练】

（单选题）某年某地订奶居民户均牛奶消费量为 120 千克，抽样平均误差为 2 千克。据此可算得户均牛奶消费量在 114～126 千克的概率为（　　）。

A. 0.954 5　　　B. 0.997 3　　　C. 0.682 7　　　D. 0.900 0

任务四　必要样本容量的确定

如前所述，影响抽样误差大小的其中一个重要因素就是样本单位数的多少。抽取的样本单位数越多，所得到的抽样调查资料代表性就越高，抽样误差就越小；反之，抽取的样本单位数越少，所得到的抽样调查资料代表性就越低，抽样误差也越大。可见，为了达到抽样调查的预期目的和精确度，抽取的样本单位数就不能过少。但是，如果抽取的样

本单位数过多,又会较大地增加调查所需的时间、人力、财力和物力。因此,确定从要研究的总体中抽取多少个样本单位是制订抽样调查方案时必须要考虑的一个重要问题。在抽样调查时,确定一个必要的样本容量,在省时、省力、省费用的同时还能保证取得较好的抽样调查效果是非常有意义的。

当然,必要的样本容量数确定受到很多因素的影响,例如总体的变异程度、允许误差的大小、概率保证程度的大小和抽样方法的不同等。总体变异程度越大,要求的允许误差越小,概率保证程度越大及重复抽样条件下,都要求抽取更多的样本数目。

所以,确定必要样本单位数的原则是:在保证抽样推断效果达到预定的概率保证程度和精确度的前提条件下,选取尽可能少的样本容量数。

抽样调查的组织形式不同,但根据必要样本容量的确定原则,均可由相应的抽样极限误差公式加以推算,从而得到各种不同抽样方法必要样本容量的计算公式。

下面仅以简单随机抽样的必要样本容量的确定为例予以说明。

一、必要样本容量的确定

(一)根据样本平均数的抽样极限误差确定

1. 重复抽样条件下

根据

$$\Delta_{\bar{x}} = t\mu_{\bar{x}} = t\sqrt{\frac{\sigma^2}{n}}$$

等式两端平方、移项,得

$$n = \frac{t^2 \sigma^2}{\Delta_{\bar{x}}^2}$$

【例 4-60】 假定某乡有农户 18 000 户,在某次抽样调查中拟采用重复随机抽样方式。现要求人均收入的允许误差控制在 150 元之内,保证概率为 95.45%,问应抽多少户进行调查?如果要求允许误差控制在 75 元之内,则至少应抽多少户进行调查?(注:根据以往调查知全乡人均收入的标准差为 1 500 元)

(1)当允许误差≤150 元时,有:

$$n = \frac{t^2 \sigma^2}{\Delta^2} = \frac{2^2 \times 1\,500^2}{150^2} = 400(\text{户})$$

(2)当允许误差≤75 元时,有:

$$n = \frac{t^2 \sigma^2}{\Delta^2} = \frac{2^2 \times 1\,500^2}{75^2} = 1\,600(\text{户})$$

可见,在重复抽样中,允许误差缩小一半(即为原来的 1/2)时,必须把样本容量增大到原来的 4 倍。

2. 不重复抽样条件下

根据

$$\Delta_{\bar{x}} = t\mu_{\bar{x}} = t\sqrt{\frac{\sigma^2}{n}\left(1 - \frac{n}{N}\right)}$$

等式两端平方、移项,得

$$n = \frac{Nt^2\sigma^2}{\Delta_{\bar{x}}^2 N + t^2\sigma^2}$$

(二)根据样本成数的抽样极限误差确定

1.重复抽样条件下

根据

$$\Delta_p = t\mu_p = t\sqrt{\frac{p(1-p)}{n}}$$

等式两端平方、移项,得

$$n = \frac{t^2 p(1-p)}{\Delta_p^2}$$

2.不重复抽样条件下

根据

$$\Delta_p = t\mu_p = t\sqrt{\frac{p(1-p)}{n}\left(1-\frac{n}{N}\right)}$$

等式两端平方、移项,得

$$n = \frac{Nt^2 p(1-p)}{\Delta_p^2 N + t^2 p(1-p)}$$

【例 4-61】 某汽车配件厂生产一种配件,多次测试的一等品率稳定在 90% 左右。用简单随机抽样形式进行检验,要求误差范围在 3% 以内,可靠程度 99.73%,在重复抽样下,必要的样本单位数是多少?

已知 $p=90\%$,允许误差 $\Delta_p=3\%$

$F(t)=99.73\%$,查阅"正态分布概率表"得 $t=3$

得

$$n = \frac{t^2 p(1-p)}{\Delta_p^2} = \frac{3^2 \times 90\% \times 10\%}{3\%^2} = 900(件)$$

二、必要样本容量的影响因素

从必要样本容量的计算公式可以看出,必要样本容量的确定主要受下列因素影响:

(一)总体各单位标志值的变异程度(总体标准差 σ)

必要样本容量与总体各单位标志值的变异程度成正比关系。在其他条件相同时,总体变异程度即标准差越大时,所需要抽取的样本单位数就会越多,这样才能保证样本指标对总体参数的代表性。

(二)抽样极限误差的大小

在其他条件不变时,抽样推断要求的精确度越高,所允许的抽样极限误差就越小,要求抽取的样本单位数就会越多;如要求的精确度不高,则样本容量可以小一些。

(三)概率保证程度的大小

其他条件不变时,如果要求较高的概率保证程度,即 $F(t)$ 较大时,t 值也会随之增大,要求抽取的样本容量数就会较多。

（四）抽样方法的不同

在其他条件相同时，采用重复抽样和不重复抽样方法所确定的必要样本容量是不同的。重复抽样的抽样平均误差比不重复抽样的要大，因此要保证相同的估计精确度和概率保证程度，重复抽样需要更大的样本容量数。

三、确定必要样本容量的注意事项

如前所述，在确定必要样本容量时，需要考虑几方面的影响因素，但有时会因为部分资料缺乏或者不方便掌握某些数据，此时在确定必要样本单位容量数时，就需要注意以下几方面事项：

（1）必要样本容量是为了达到给定的精度和概率保证程度要求而根据公式计算出来的最少抽取单位数，实际调查时可以对抽取的样本单位数目进行调整。

（2）当总体方差（标准差）未知时，可以采用实验数据、历史数据、样本数据来代替。如果同时有多个备选方差，则宜选择数值最大的方差，以保证估计的精确度。

（3）一个总体如果同时计算抽样平均数和抽样成数，由于两者的方差和允许误差范围不同，调查时需要的必要样本容量也往往不同。因此，为了避免抽样误差较大，在实际工作中会选择较大的必要样本容量来抽样，以满足双方对精确度的要求。

（4）计算的必要样本容量如果是小数，一般不能四舍五入取整数，而是直接入一位数字，选择临近较大的整数。

【技能训练】

（单选题）在简单随机重复抽样条件下，当抽样平均误差缩小一半时，必要样本容量应为原来的（　　）。

A.2 倍　　　　B.3 倍　　　　C.4 倍　　　　D.1/4 倍

任务五　抽样的组织形式

在实际的抽样推断工作中，为了保证抽样估计结果的准确性和可靠程度，除了上述计算和控制误差过程外，还必须结合一定的抽样组织形式，来配合抽样推断工作。选择合理的抽样组织形式会对抽样推断结果达到预期目标起到事半功倍的作用。在实践中，主要采用简单随机抽样、类型抽样、等距抽样和整群抽样四种抽样调查组织形式。

一、简单随机抽样

简单随机抽样又叫纯随机抽样，是指在进行抽样时，对总体中的所有单位不进行任何形式的整理和加工工作，如分组、排队等，而是直接按照随机原则从 N 个总体单位中选择 n 个单位组成样本。

简单随机抽样是最简单、最基本的抽样组织形式，从理论上来说，也是最符合随机原则的组织形式，是其他抽样组织形式的基础。

简单随机抽样的具体做法主要有以下几种：

(一)直接抽选法

如果总体数不太多或比较集中,可以直接从调查对象中随机选择。例如,从班级学生中随机选取几个学生调查消费情况;从某地区直接选择几片区域进行环境污染调查。

(二)抽签法

将总体各单位按照某一自然顺序编号,形成"抽样框",即总体单位的名单,然后用抽签、摇号等方式从名单中随机抽取所需样本单位数。例如,将班级学生按照姓氏顺序编号,然后随机选样。该方法适合于总体单位数不太多的情况。

(三)随机数表法

这种方法利用事先编好的随机数表来抽取样本单位。随机数表中的数字排列是随机的,可以借助于计算机产生,也可采用编码机产生或自己编制。查随机表时,可以竖查、横查、顺查、逆查;可以用每组数字头几位数字,也可以用末几位数字,或者中间几位,但具体选取什么数字需要事先确定,一旦决定采用某一种查表法,就必须保证对整个样本的抽取统一遵从,以保证前后一致性。

简单随机抽样方法简单易行,而且最符合随机抽样原则,但其在实际运用中受到很大的限制:一是当总体单位数很大时,采取此种组织形式抽样不太现实;二是当总体各单位标志值差异较大时,采用简单随机抽样得到的结果代表性会较差。因此,简单随机抽样适用于单位数不太多的均匀总体,即各单位标志变异程度较小,均匀地分布于总体各个部分的总体。

二、类型抽样

类型抽样也叫分层抽样、分类抽样。它是先将总体各单位按照某一主要标志划分为若干个类型(组),然后再在各类(组)中进行简单随机抽样。例如,在调查居民户消费支出状况时,先将居民户按收入水平分组,再在各组中随机选取居民户进行调查。

类型抽样的特点是将统计分组方法和随机原则结合起来使用,先分组划分出若干个性质不同的组别,减少组内标志值之间变异程度;然后按照随机原则,从各组中选择调查单位。因此,类型抽样所选取的样本代表性较高,抽样误差较小。此种组织形式适用于总体情况复杂、各单位标志值之间差异较大、单位数量较多的调查对象。

进行类型抽样,关键是如何分组及各组抽样单位数。分组的原则是尽量缩小组内标志值差异、增加组间标志值差异,以减小抽样误差。经过分组以后,确定各组抽样单位数一般有两种方法:

(一)等比例抽样

等比例抽样即按照各组单位数占总体单位数比重来分配各组抽样数目。例如,某地区有50万户居民,按1‰比例抽样进行消费支出调查,则需要抽取500户居民。若收入水平高的居民户占15%,收入水平中的居民户占75%,收入水平低的居民户占10%,则三组所需抽取的样本居民户分别为75户、375户和50户。

(二)不等比例抽样

这种抽样方法是根据各组标志值的变动程度来确定每组抽取样本单位数,变动程度大的组,抽样数目适当多一些;差异程度较小的组,抽样数目适当减少,各组抽样数比例和各组占总体单位数比重没有直接联系。

但在实际工作中,由于很难事先了解各组内的标志变异程度,所以大多数类型抽样都会采用等比例抽样。

三、等距抽样

等距抽样又叫系统抽样、机械抽样。它是先将总体各单位按照某一标志顺序排队,然后再按照固定的间隔和顺序选择样本单位进行调查。

排队标志可以与调查内容和项目有关,例如调查职工收入情况时按照职工的工龄或者收入排队;也可以按与调查内容无关的标志排序,例如调查职工收入情况时按照姓名首字母排队。但一般来说,在实际工作中通常按照有关标志排序,这样能使得被调查对象各单位的标志值比较均匀地分布在总体中,从而保证抽取样本的结果较为全面准确,具有较高的代表性。

等距抽样除了考虑排队标志以外,还需要考虑抽样间隔问题,间隔 d 一般等于总体单位数 N 除以样本容量 n,即 $d=N/n$。

等距抽样的随机性主要体现在首个样本单位的选择上。当第一个样本单位被随机确定以后,余下的各样本单位就随之确定了。例如按照总体单位数 1% 的比例选择样本单位,则在排队序列前 100 个单位中随机确定首个样本单位调查后,只需要再每隔 100 个单位继续抽取下一个单位调查直至抽满所需样本容量为止。

四、整群抽样

整群抽样也叫成组抽样。它与前面三种抽样组织形式最大的区别在于,前三种抽样组织形式都是一个一个选取样本单位,而整群抽样则是抽取成批成群的个体。整群抽样是先将总体各单位划分为若干群,然后以群为单位,从中按简单随机或等距抽样方式(通常为后者)抽取一些群,对中选群中的所有单位都进行登记调查。例如,按照产品产出时间,每隔两个小时选取随后 20 分钟内生产出的全部产品进行质量检验。

整群抽样的优点是调查工作的组织和进行比较简单方便,确定一群就可以抽取许多单位进行观察,搜集资料方便容易,节省时间和费用;但也要注意,整群抽样由于是整群选取,样本单位比较集中,如果总体各单位分布不均匀,则抽样误差会较大,估计的结果代表性会较低。所以整群抽样适用于群间差异不大或者不适宜单个选取样本单位进行调查的情况。同时,在实际工作中,如果采用整群抽样,为了保证样本数据有足够的代表性,就应当多选取一些群,增加调查单位数,以降低误差。

【技能训练】

1.(单选题)某校高三年级学生共 1 000 人参加考试,将 1 000 份试卷编好号码后,从中随机抽取 30 份计算平均成绩,此种抽样方法为(   )。

A.简单随机抽样   B.系统随机抽样   C.分层随机抽样   D.整群抽样

2.(判断题)类型抽样应尽量缩小组间标志值变异,增大组内标志值变异,从而降低影响抽样误差的总方差。   (   )

小结

抽样推断是在抽样调查的基础上，利用实际调查所得的资料计算样本指标，在一定概率保证程度和精确度要求的前提下，利用样本指标据以推断总体相应数量特征的一种非常重要的统计分析方法。

抽样误差是由于选取样本的偶然性和不完全性所必然产生的样本指标与总体指标之间出现离差，主要以抽样平均误差来衡量其大小。

抽样平均误差的计算和控制需要考虑抽样极限误差（允许误差范围）和概率保证程度 $F(t)$，并利用三者之间关系来进行总体参数区间估计。

必要样本容量的确定需要考虑总体各单位标志变异程度、抽样极限误差、概率度等因素的影响。

抽样组织形式主要有简单随机抽样、类型抽样、等距抽样和整群抽样四种。

案例分析

2020 年农民工监测调查报告

一、农民工规模、分布及流向

（一）农民工总量减少，流动半径进一步缩小

2020 年，各地区各部门坚决贯彻党中央决策部署，统筹疫情防控和经济社会发展，有序推进复工复产，扎实做好"六稳"工作，全面落实"六保"任务，各项稳就业政策不断落实落地，国民经济持续稳定恢复，农民工就业保持总体稳定。2020 年全国农民工总量 28 560 万人，比上年减少 517 万人，下降 1.8%，规模为上年的 98.2%。其中，外出农民工 16 959 万人，比上年减少 466 万人，下降 2.7%；本地农民工 11 601 万人，比上年减少 51 万人，下降 0.4%。在外出农民工中，年末在城镇居住的进城农民工 13 101 万人，比上年减少 399 万人，下降 3.0%。2016—2020 年农民工规模及增速如图 4-3 所示。

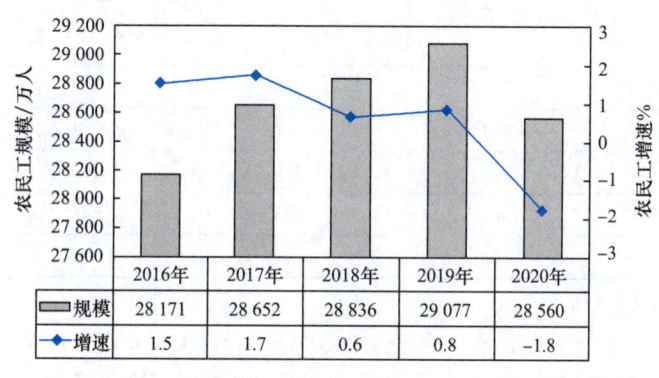

	2016年	2017年	2018年	2019年	2020年
规模	28 171	28 652	28 836	29 077	28 560
增速	1.5	1.7	0.6	0.8	-1.8

图 4-3　农民工规模及增速

在外出农民工中,跨省流动农民工7 052万人,比上年减少456万人,下降6.1%;在省内就业的外出农民工9 907万人,比上年减少10万人,与上年基本持平。省内就业农民工占外出农民工的比重为58.4%,比上年提高1.5个百分点。分区域看,东部、中部、西部和东北地区省内就业农民工占外出农民工的比重分别比上年提高1.6、1.3、1.8和1.0个百分点。2020年外出农民工地区分布及构成见表4-71。

表4-71　　　　　　　　　　2020年外出农民工地区分布及构成

按输出地区分	外出农民工人数(人)			构成(%)	
	总量	跨省流动	省内流动	跨省流动占比	省内流动占比
合计	16 959	7 052	9 907	41.6	58.4
其中:东部地区	4 624	719	3 905	15.5	84.5
中部地区	6 210	3 593	2 617	57.9	42.1
西部地区	5 490	2 557	2 933	46.6	53.4
东北地区	635	183	452	28.8	71.2

(二)东部地区输出农民工人数减少最多,占到减少总量的一半以上

从输出地看,东部地区输出农民工10 124万人,比上年减少292万人,下降2.8%,占农民工总量的35.4%;中部地区输出农民工9 447万人,比上年减少172万人,下降1.8%,占农民工总量的33.0%;西部地区输出农民工8 034万人,比上年减少17万人,下降0.2%,占农民工总量的28.1%;东北地区输出农民工955万人,比上年减少36万人,下降3.6%,占农民工总量的3.3%。东部地区农民工减少量占到全国农民工减少总量的56.5%。具体数据见表4-72。

表4-72　　　　　　　　　　2020年农民工地区分布

	2019年(万人)	2020年(万人)	增量(万人)	增速(%)
按输出地区				
东部地区	10 416	10 124	−292	−2.8
中部地区	9 619	9 447	−172	−1.8
西部地区	8 051	8 034	−17	−0.2
东北地区	991	955	−36	−3.6
按输入地区				
在东部地区	15 700	15 132	−568	−3.6
在中部地区	6 223	6 227	4	0.1
在西部地区	6 173	6 279	106	1.7
在东北地区	895	853	−42	−4.7
在其他地区	86	69	−17	−19.8

注:其他地区指港澳台及国外

(三)在东部地区务工人数减少最多,中西部地区吸纳就业的农民工继续增加

从输入地看,在东部地区就业的农民工15 132万人,比上年减少568万人,下降3.6%(表4-72),占农民工总量的53.0%。其中,在京津冀地区就业的农民工2 076万人,

比上年减少 132 万人,下降 6.0%;在江浙沪地区就业的农民工 5 179 万人,比上年减少 212 万人,下降 3.9%;在珠三角地区就业的农民工 4 223 万人,比上年减少 195 万人,下降 4.4%。在中部地区就业农民工 6 227 万人,比上年增加 4 万人,与上年基本持平,占农民工总量的 21.8%。在西部地区就业农民工 6 279 万人,比上年增加 106 万人,增长 1.7%,占农民工总量的 22.0%。在东北地区就业农民工 853 万人,比上年减少 42 万人,下降 4.7%,占农民工总量的 3.0%。

二、农民工基本特征

(一)女性和有配偶的农民工占比均有所下降

在全部农民工中,男性占 65.2%,女性占 34.8%。女性占比比上年下降 0.3 个百分点。其中,外出农民工中女性占 30.1%,比上年下降 0.6 个百分点;本地农民工中女性占 39.2%,下降 0.2 个百分点。

在全部农民工中,未婚的占 17.0%,有配偶的占 79.9%,丧偶或离婚的占 3.1%;有配偶的占比比上年下降 0.3 个百分点。其中,外出农民工有配偶的占 68.1%,比上年下降 0.7 个百分点;本地农民工有配偶的占 91.1%,下降 0.2 个百分点。

(二)农民工平均年龄继续提高

农民工平均年龄为 41.4 岁,比上年提高 0.6 岁。从年龄结构看(表 4-73),40 岁及以下农民工所占比重为 49.4%,比上年下降 1.2 个百分点;50 岁以上农民工所占比重为 26.4%,比上年提高 1.8 个百分点,占比继续提高。从农民工的就业地看,本地农民工平均年龄 46.1 岁,其中 40 岁及以下所占比重为 32.9%,50 岁以上所占比重为 38.1%;外出农民工平均年龄为 36.6 岁,其中 40 岁及以下所占比重为 66.8%,50 岁以上所占比重为 14.2%。

表 4-73 农民工年龄构成 单位:%

年龄(岁)	2016 年	2017 年	2018 年	2019 年	2020 年
16—20	3.3	2.6	2.4	2.0	1.6
21—30	28.6	27.3	25.2	23.1	21.1
31—40	22.0	22.5	24.5	25.5	26.7
41—50	27.0	26.3	25.5	24.8	24.2
50 岁以上	19.1	21.3	22.4	24.6	26.4

(三)大专及以上学历农民工占比提高

在全部农民工中,未上过学的占 1.0%,小学文化程度占 14.7%,初中文化程度占 55.4%,高中文化程度占 16.7%,大专及以上占 12.2%。大专及以上文化程度农民工所占比重比上年提高 1.1 个百分点。在外出农民工中,大专及以上文化程度的占 16.5%,比上年提高 1.7 个百分点;在本地农民工中,大专及以上文化程度的占 8.1%,提高 0.5 个百分点。

三、农民工就业状况

(一)在第三产业就业的农民工比重继续提高

从事第三产业的农民工比重为 51.5%,比上年提高 0.5 个百分点。其中,从事批发和零售业的农民工比重为 12.2%,比上年提高 0.2 个百分点;从事住宿餐饮业的农民工比重均为 6.5%,下降 0.4 个百分点。在第三产业其他行业中,从事卫生和社会工作、公共管理、社会保障和社会组织的比重有所增加。从事第二产业的农民工比重为 48.1%，比上年下降 0.5 个百分点。其中，从事制造业的农民工比重为 27.3%，比上年下降 0.1 个百分点；从事建筑业的农民工比重为 18.3%，下降 0.4 个百分点。农民工从业行业分布见表 4-74。

表 4-74　　　　　　　　　　农民工从业行业分布

	2019年人数占比（%）	2020年人数占比（%）	增减百分点
第一产业	0.4	0.4	0.0
第二产业	48.6	48.1	−0.5
其中：制造业	27.4	27.3	−0.1
建筑业	18.7	18.3	−0.4
第三产业	51.0	51.5	0.5
其中：批发和零售业	12.0	12.2	0.2
交通运输、仓储、邮政业	6.9	6.9	0.0
住宿、餐饮业	6.9	6.5	−0.4
居民服务、修理和其他服务业	12.3	12.4	0.1
其他	12.9	13.5	0.6

（二）本地农民工月均收入增速快于外出农民工

农民工月均收入 4 072 元，比上年增加 110 元，增长 2.8%。其中，外出农民工月均收入 4 549 元，比上年增加 122 元，增长 2.7%；本地农民工月均收入 3 606 元，比上年增加 106 元，增长 3.0%，增速快于外出农民工。

（三）东部地区农民工月均收入增速快于其他地区

分地区看，在各地区就业的农民工月均收入均有增长。其中，在东部地区就业的农民工月均收入 4 351 元，比上年增加 129 元，增长 3.1%；在中部地区就业的农民工月均收入 3 866 元，比上年增加 72 元，增长 1.9%；在西部地区就业的农民工月均收入 3 808 元，比上年增加 85 元，增长 2.3%；在东北地区就业的农民工月均收入 3 574 元，比上年增加 105 元，增长 3.0%。

（四）制造业农民工月均收入增速最快

分行业看，农民工就业集中的六大主要行业月均收入继续增长，见表 4-75。其中，从事制造业农民工月均收入 4 096 元，比上年增加 138 元，增长 3.5%；从事交通运输、仓储和邮政业农民工月均收入 4 814 元，比上年增加 147 元，增长 3.1%；从事建筑业农民工月均收入 4 699 元，比上年增加 132 元，增长 2.9%；从事住宿、餐饮业农民工月均收入 3 358 元，比上年增加 69 元，增长 2.1%；从事批发和零售业农民工月均收入 3 532 元，比上年增加 60 元，增长 1.7%；从事居民服务、修理和其他服务业农民工月均收入 3 387 元，比上年增加 50 元，增长 1.5%。

表 4-75　　　　　　　　　　分行业农民工月收入及增速

	2019年（元）	2020年（元）	增速（%）
制造业	3 958	4 096	3.5
建筑业	4 567	4 699	2.9

(续表)

	2019年(元)	2020年(元)	增速(%)
批发和零售业	3 472	3 532	1.7
交通运输、仓储、邮政业	4 667	4 814	3.1
住宿、餐饮业	3 298	3 358	2.1
居民服务、修理和其他服务业	3 337	3 387	1.5
总平均	3 962	4 072	2.8

四、进城农民工居住状况

(一)人均居住面积不断提高

进城农民工人均居住面积 21.5 平方米,比上年提高 1.1 平方米,在不同规模城市的农民工人均居住面积均有增加。分城市规模看,农民工所在城市规模越小,人均居住面积越高,如图 4-4 所示。2020 年,进城农民工在 500 万人以上城市居住的人均居住面积为 16.9 平方米,在 500 万人以下城市居住的人均居住面积均超过 20 平方米。

	500万人以上	300~500万人	100~300万人	50~100万人	50万人以下
2020年	16.9	20.3	21.6	22.6	25.3
2019年	16.5	19.7	20.6	20.9	23.7

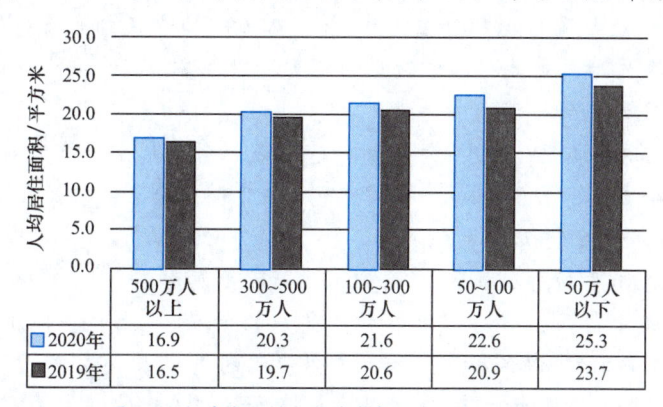

图 4-4 按城市规模分的进城农民工人均居住面积

(二)居住设施继续改善

进城农民工户中,居住住房中有电冰箱的占 67.0%,比上年提高 1.3 个百分点;有洗衣机的占 68.1%,提高 2.0 个百分点;有洗澡设施的占 85.4%,提高 1.7 个百分点;有独用厕所的占 71.5%,提高 1.9 个百分点;能上网的占 94.8%,与上年持平。拥有汽车(包括经营用车)的进城农民工户占 30.8%,比上年提高 2.6 个百分点。

五、进城农民工随迁儿童教育情况

(一)3—5 岁儿童入园率有所提高

3—5 岁随迁儿童入园率(含学前班)为 86.1%,比上年提高 0.3 个百分点。入园儿童中,28.9% 在公办幼儿园,比上年提高 3.7 个百分点;37.2% 在普惠性民办幼儿园,比上年提高 1.5 个百分点。

(二)义务教育阶段儿童在校率与上年基本持平

义务教育年龄段随迁儿童的在校率为 99.4%,与上年基本持平。从就读的学校类型看,小学年龄段随迁儿童 81.5% 在公办学校就读,比上年下降 1.9 个百分点;12.4% 在有政府资助的民办学校就读,比上年提高 0.5 个百分点。初中年龄段随迁儿童 87.0% 在公办学校就读,比上年提高 1.8 个百分点;7.1% 在有政府资助的民办学校就读,比上年下降

1.7个百分点。

(三)义务教育阶段儿童上学面临的问题有所改善

对于义务教育阶段的随迁儿童,47.5%的农民工家长反映在城市上学面临一些问题,比上年下降3.4个百分点。本地升学难、费用高、孩子没人照顾是农民工家长认同度最高的三个主要问题,认同率分别为29.6%、26.4%和21.5%。其中,本地升学难和费用高认同率较上年分别下降了4.6和2.5个百分点,孩子没人照顾的认同率较上年提高了6.0个百分点。回答学校师资条件不好的农民工所占比重增加较快,比上年提高4.6个百分点。

六、进城农民工社会融合情况

(一)进城农民工对所在城市的归属感和适应度不断增强

进城农民工中,41.4%认为自己是所居住城市的"本地人",比上年提高1.4个百分点。从进城农民工对本地生活的适应情况看,83.3%表示对本地生活非常适应和比较适应,其中,23.8%表示非常适应,比上年提高3.0个百分点;仅有1.2%表示不太适应和非常不适应。进城农民工在不同规模城市生活的归属感较上年均有提高,城市规模越小,农民工对所在城市的归属感越强。在100~300万人城市农民工归属感提高最多,在50万人以下城市农民工对本地生活非常适应的比重提高最多。

(二)进城农民工业余生活满意度提高

从进城农民工对业余生活的满意度看,60.5%表示对业余生活非常满意和比较满意,比上年提高7.6个百分点;36.1%表示一般,下降6.2个百分点;3.4%表示不太满意和非常不满意,下降1.4个百分点。

(三)进城农民工参加所在社区、工会组织的活动更加积极

在进城农民工中,29.3%参加过所在社区组织的活动,比上年提高1.7个百分点,其中,3.9%经常参加,25.4%偶尔参加。加入工会组织的进城农民工占已就业进城农民工的比重为14.3%,比上年提高0.9个百分点。在已加入工会的农民工中,参加过工会活动的占85.8%,比上年提高1.6个百分点。

资料来源:统计局网站

阅读如上案例后,回答问题:

(1)农民工的就业分布说明了什么问题?

(2)采用了什么调查方法?

(3)都从哪些方面进行了分析?

综合技能训练

一、单项选择题

1.下列属于抽样调查的事项是( )。

A.为了测定车间的工时损失,对车间的每三班工人中的第一班工人进行调查

B.为了解某大学生食堂卫生状况,对该校的一个食堂进行了调查

C.对某城市居民1%的家庭调查,以便研究该城市居民的消费水平

D.对某公司三个分厂中的第一个分厂进行调查,了解该工厂的能源利用效果

2.能够事先加以计算和控制的误差是( )。

A.抽样误差 B.登记误差
C.代表性误差 D.系统性误差

3.在同样情况下,不重复抽样与重复抽样的抽样平均误差相比(　　)。
A.两者相等 B.两者不等
C.前者小于后者 D.前者大于后者

4.反映抽样指标与总体指标之间抽样的可能范围的指标是(　　)。
A.抽样平均误差 B.抽样误差系数
C.概率度 D.抽样极限误差

5.在下列哪种情况下,计算不重复抽样的抽样平均误差可以采用重复抽样公式(　　)。
A.总体单位数很多
B.抽样单位数很少
C.抽样单位数对总体单位数的比重很小
D.抽样单位数对总体单位数的比重较大

6.在其他同等条件下,若抽选5%的样本,则重复抽样的平均误差为不重复抽样平均误差的(　　)。
A.1.03倍 B.1.05倍
C.0.97倍 D.95%倍

7.在总体方差一定的情况下,下列条件中抽样平均误差最小的是(　　)。
A.抽样单位数为20 B.抽样单位数为40
C.抽样单位数为90 D.抽样单位数为100

8.通常所说的大样本是指样本容量(　　)。
A.小于10 B.不大于10
C.小于30 D.不小于30

9.抽样成数指标P值越接近1,则抽样成数平均误差值(　　)。
A.越大 B.越小
C.越接近0.5 D.越接近1

10.当总体单位数很大时,若抽样比例为51%,则对于简单随机抽样,不重复抽样的抽样平均误差约为重复抽样的(　　)。
A.51% B.49%
C.70% D.30%

11.将总体单位按某一标志排队,并按固定距离抽选样本点的方法是(　　)。
A.类型抽样 B.等距抽样
C.整群抽样 D.简单随机抽样

12.根据抽样调查的资料,某企业生产定额平均完成百分比为165%,抽样平均误差为1%。概率保证程度为0.954 5时,可据以确定生产定额平均完成百分比为(　　)。
A.不大于167% B.不小于163%和不大于167%
C.不小于167% D.不大于163%和不小于167%

13.按地理区域划片所进行的区域抽样,其抽样方式属于(　　)。

A.纯随机抽样　　　　　　　　B.等距抽样

C.类型抽样　　　　　　　　　D.整群抽样

14.在抽样推断中,样本的容量(　　)。

A.越多越好　　　　　　　　　B.越少越好

C.由统一的抽样比例决定　　　D.取决于抽样推断可靠程度的要求

15.在抽样设计中,最好的方案是(　　)。

A.抽样误差最小的方案　　　　B.调查单位最少的方案

C.调查费用最省的方案　　　　D.在一定误差要求下费用最少的方案

16.在重复的简单随机抽样中,当概率保证程度(置信度)从68.27%提高到95.45%(其他条件不变),必要的样本容量将会(　　)。

A.增加一倍　　　　　　　　　B.增加两倍

C.增加三倍　　　　　　　　　D.减少一半

17.按照某一标志,先将总体分成若干层(组、类),再在层内按简单随机抽样方法进行抽样,此种方法为(　　)。

A.简单随机抽样　　　　　　　B.系统随机抽样

C.分层随机抽样　　　　　　　D.整群抽样

18.将某居民小区的4 000户居民从1~4 000编号,在1~100号中随机抽取1个号码为3,则3、103、203、…、3 903构成抽样调查样本,这样的抽样方法为(　　)。

A.简单随机抽样　　　　　　　B.系统随机抽样

C.分层随机抽样　　　　　　　D.整群抽样

19.在区间估计中,有三个基本要素,它们是(　　)。

A.概率度、抽样平均误差、抽样数目

B.概率度、点估计值、误差范围

C.点估计值、抽样平均误差、概率度

D.误差范围、抽样平均误差、总体单位数

20.区间估计表明的是一个(　　)。

A.绝对可靠的范围　　　　　　B.可能的范围

C.绝对不可靠的范围　　　　　D.不可能的范围

21.假定10亿人口大国和100万人口小国的居民年龄的变异程度相同,现在各自用重复抽样方法抽取本国的1%人口计算平均年龄,则平均年龄的抽样平均误差(　　)。

A.两者相等　　　　　　　　　B.前者比后者大

C.前者比后者小　　　　　　　D.不能确定

22.对进口的一批服装抽取25件做抽样检验,发现有一件不合格。当概率保证程度为0.954 5时,计算服装不合格率的抽样误差为7.3%。要使抽样误差减少一半,必须抽取(　　)件服装做检验。

A.50　　　　　　　　　　　　B.100

C.625　　　　　　　　　　　　D.25

二、多项选择题

1. 从总体中可以抽选一系列样本,所以(　　)。
   A.总体指标是随机变量　　　　B.样本指标是随机变量
   C.抽样指标是样本变量的函数　D.总体指标是唯一确定的
   E.抽样指标是唯一确定的

2. 抽样误差是(　　)。
   A.抽样估计值与未知的总体真值之差
   B.抽样过程中的偶然因素引起的
   C.抽样过程中的随机因素引起的
   D.指调查中产生的系统性误差
   E.偶然的代表性误差

3. 抽样推断中的抽样误差是(　　)。
   A.抽样估计值与总体参数值之差
   B.不可避免的
   C.可以事先计算出来的
   D.可以加以控制的
   E.可以用改进调查方法的办法消除的

4. 影响抽样误差的因素有(　　)。
   A.抽样方法
   B.样本中各单位标志的差异程度
   C.总体各单位标志的差异程度
   D.抽样调查的组织形式
   E.样本容量

5. 在其他条件不变的情况下,抽样极限误差和可靠性的关系是(　　)。
   A.允许误差范围愈小,可靠性愈大
   B.允许误差范围愈小,可靠性愈小
   C.允许误差范围愈大,可靠性愈大
   D.成正比关系
   E.成反比关系

6. 在一定的误差范围要求下(　　)。
   A.概率度大,要求可靠性低,抽样数目相应要多
   B.概率度大,要求可靠性高,抽样数目相应要多
   C.概率度小,要求可靠性低,抽样数目相应要少
   D.概率度小,要求可靠性高,抽样数目相应要少
   E.概率度小,要求可靠性低,抽样数目相应要多

7. 影响样本容量大小的因素有(　　)。
   A.抽样的组织形式　　　　B.样本的抽取方法
   C.总体标准差大小　　　　D.抽样估计的可靠程度

E.允许误差的大小

8.计算抽样平均误差时若缺乏总体标准差或总体成数,可用下述资料代替(　　)。

A.过去抽样调查所得的有关资料　　B.试验性调查所得的有关资料

C.重点调查所得的有关资料　　　　D.样本资料

E.过去全面调查的有关资料

9.以下原因引起的误差中,不属于抽样误差的是(　　)。

A.被调查者隐瞒了自己的非法收入,将自己的月收入填报为3 000元

B.由于调查员的失误,将数字2 568填报为2 658

C.入户调查时被调查者不在家,调查员根据自己估计将户主收入填报为2 500元

D.调查者按自己的主观愿望选择样本单位所造成的误差

E.以上都不属于

10.抽样的基本组织形式有(　　)。

A.纯随机抽样　　　　　　　　　　B.机械抽样

C.分层抽样　　　　　　　　　　　D.整群抽样

E.阶段抽样

三、判断题

1.某企业在调查本厂的产品质量时,有意把管理较差的某车间的产品不算在内。这种做法必将导致系统性偏差。　　　　　　　　　　　　　　　　　　　　(　　)

2.一个总体可能抽取很多个样本总体。　　　　　　　　　　　　　　(　　)

3.抽样误差产生的原因是抽样调查时违反了随机原则。　　　　　　　(　　)

4.抽样平均误差就是总体指标的标准差。　　　　　　　　　　　　　(　　)

5.极限误差就是最大的抽样误差,因此,总体指标必然落在样本指标和极限误差共同构成的区间之内。　　　　　　　　　　　　　　　　　　　　　　　　(　　)

6.计算抽样平均误差,当缺少总体方差资料时,可以用样本方差来代替。(　　)

7.抽样平均误差、总体标准差和样本容量的关系可用公式表达,因此在统计实践中,为了降低抽样平均误差,可缩小总体标准差或增大样本容量。　　　　　(　　)

8.总体单位数很大时,重复抽样和不重复抽样计算的抽样平均误差相差无几。(　　)

9.抽样推断中不可避免会产生抽样误差,但人们可以通过调整总体方差的大小来控制抽样误差的大小。　　　　　　　　　　　　　　　　　　　　　　　　(　　)

10.在总体各单位标志值大小悬殊的情况下,运用类型抽样可以比简单随机抽样得到更准确的结果。　　　　　　　　　　　　　　　　　　　　　　　　　(　　)

四、计算题

1.某工厂有1 500个工人,用简单随机重复抽样的方法抽出50个工人作为样本,调查其工资水平,资料见表4-76。

表 4-76　　　　　　　　　　某工厂工资抽样资料

月平均工资(元)	1 524	1 534	1 540	1 550	1 560	1 580	1 600	1 660
工人数(人)	4	6	9	10	8	6	4	3

要求:

(1)计算样本平均数和抽样平均误差;

(2)以95.45%的可靠程度估计该工厂的月平均工资和工资总额的区间。

2.采用简单随机重复抽样的方法,在2 000件产品中抽查200件,其中合格品190件。

要求:

(1)计算合格品率及其抽样平均误差;

(2)以95.45%的概率保证程度对合格品的合格品数量进行区间估计;

(3)如果极限差为2.31%,则其概率保证程度是多少?

3.某电子产品使用寿命在3 000小时以下为不合格品,现在用简单随机抽样方法,从5 000个产品中抽取100个对其使用寿命进行调查。其结果见表4-77。

表4-77　　　　　　　　　某电子产品使用寿命抽样资料

使用寿命(小时)	产品个数(个)
3 000以下	2
3 000~4 000	30
4 000~5 000	50
5 000以上	18
合计	100

要求:根据以上资料计算:

(1)按重复抽样和不重复抽样计算该产品平均寿命的抽样平均误差;

(2)按重复抽样和不重复抽样计算该产品合格率的抽样平均误差;

(3)根据重复抽样计算的抽样平均误差,以68.27%的概率保证程度对该产品的平均使用寿命和合格率进行区间估计。

4.外贸公司出口一种食品,规定每包规格不低于150克,现在用重复抽样的方法抽取其中的100包进行检验,其结果见表4-78。

表4-78　　　　　　　　　某食品抽样资料

每包重量(克)	包数(包)
148~149	10
149~150	20
150~151	50
151~152	20
—	100

要求:

(1)以99.73%的概率估计这批食品平均每包重量的范围,以便确定平均重量是否达到规格要求;

(2)以同样的概率保证估计这批食品合格率范围。

5.某学校有2 000名学生参加英语等级考试,为了解学生的考试情况,用不重复抽样方法抽取部分学生进行调查,所得资料见表 4-79。

表 4-79　　　　　　　　　　学生英语成绩抽样资料

考试成绩(分)	60 以下	60~70	70~80	80 以上
学生人数(人)	20	20	45	15

要求:以 95.45% 的可靠程度估计该学生英语等级考试成绩在 70 分以上学生所占比重范围。

6.对一批成品按重复抽样方法抽选 100 件,其中废品 4 件,当概率为 95.45% 时,可否认为这批产品的废品不超过 6%?

7.某乡有 5 000 农户,按随机原则重复抽取 100 户调查,得平均每户纯收入 12 000 元,标准差 2 000 元。

要求:

(1)以 95% 的概率估计全乡平均每户年纯收入的区间;

(2)以同样概率估计全乡农户年纯收入总额的区间范围。

8.某企业生产一种新型产品共 5 000 件,随机抽取 100 件做质量检验。测试结果,平均寿命为 4 500 小时,标准差 300 小时。在 90% 概率保证下,允许误差缩小一半,试问应抽取多少件产品进行测试?

9.从某年级学生中按简单随机抽样方式抽取 100 名学生,对某公共课的考试成绩进行检查,及格的有 82 人,试以 95.45% 的概率保证程度推断全年级学生的及格率区间范围。如果其他条件不变,将允许误差缩小一半,应抽取多少名学生检查?

10.假定某统计总体被研究标志的标准差为 30,若要求抽样极限误差不超过 3,概率保证程度为 99.73%,试问采用重复抽样应抽取多少样本? 若抽样极限误差缩小一半,在同样的条件下应抽取多少样本单位?

11.调查一批机械零件合格率。根据过去的资料,合格品率曾有过 99%、97% 和 95% 三种情况,现在要求误差不超过 2%,要求估计的可靠程度为 95.45%,问需要抽查多少个零件? 如果其他条件不变,将极限误差缩小一半,应抽取多少零件?

12.某汽车配件厂生产一种配件,多次测试的一等品率稳定在 90% 左右。用简单随机抽样形式进行检验,要求误差范围在 3% 以内,可靠程度为 99.73%,在重复抽样下,必要的样本单位数是多少?

附5　Excel在抽样分析中的应用

在Excel中的应用,计算主要步骤如下:

1.新建文件

【文件】→【新建】→【空白工作簿】→【保存】,在【文件名】处,输入"附5:Excel在抽样分析中的应用"→【保存】。

2.输入数据

在单元格{C3:G12}中,输入统计的基础数据,如附图5-1所示。

附图5-1

	A	B	C	D	E	F	G	H
1				附5: Excel在抽样分析中的应用				
2		1	样本数据	抽取50个人的考试成绩如下:				
3			74	71	72	74	58	
4			58	58	74	58	58	
5			71	74	71	70	71	
6			74	58	58	74	74	
7			58	58	71	82	82	
8			71	73	74	56	56	
9			74	74	58	66	66	
10			82	82	66	68	68	
11			56	56	56	65	71	
12			56	56	66	85	85	
13								

3.计算各种参数

(1)样本数据个数。单击C15,输入"=COUNT(C3:G12)"。

(2)样本平均值。单击C16,输入"=AVERAGE(C3:G12)"。

(3)样本标准差。单击C17,输入"=STDEV(C3:G12)"。

(4)抽样平均误差。单击C18,输入"=C17/SQRT(C15)"。

(5)概率。单击C19,输入"0.954 5"。

(6)概率度。单击C20,输入"=NORMSINV(1−((1−C19)/2))"。

(7)误差范围。单击C21,输入"=C18*C20"。

(8)置信下限。单击C22,输入"=C16−C21"。

(9)置信上限。单击C23,输入"=C16+C21"。

4.各种统计指标计算结果如附图 5-2 所示

附图 5-2

Microsoft Excel - 附5-1抽样.xls

文件(F) 编辑(E) 视图(V) 插入(I) 格式(O) 工具(T) 数据(D) 窗口(W) 帮助(H)

H26

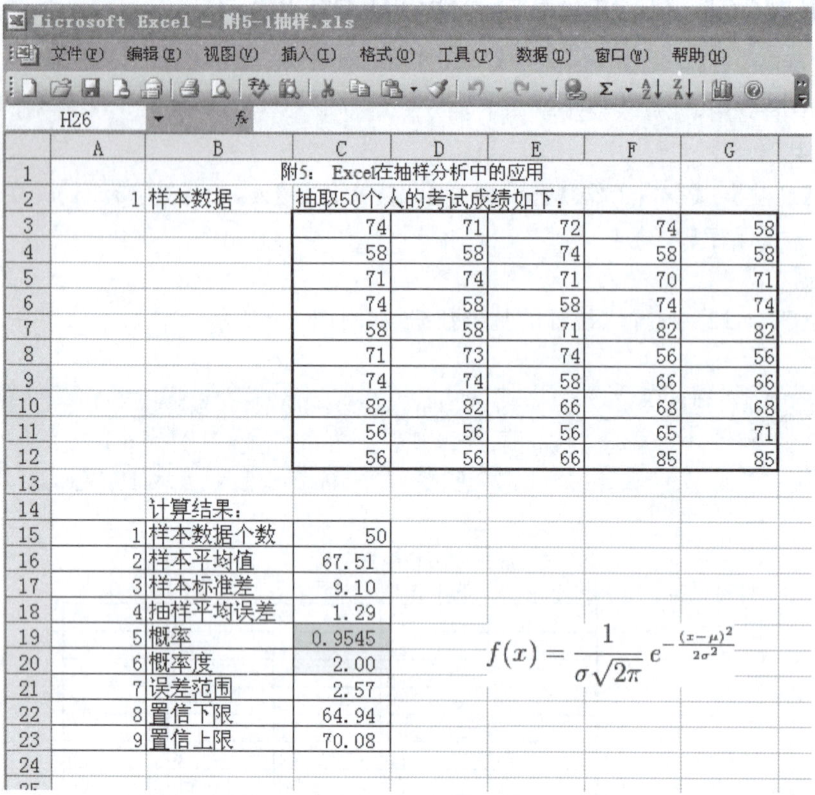

	A	B	C	D	E	F	G
1			附5：Excel在抽样分析中的应用				
2	1	样本数据	抽取50个人的考试成绩如下：				
3			74	71	72	74	58
4			58	58	74	58	58
5			71	74	71	70	71
6			74	58	58	74	74
7			58	58	71	82	82
8			71	73	74	56	56
9			74	74	58	66	66
10			82	82	66	68	68
11			56	56	56	65	71
12			56	56	66	85	85
13							
14		计算结果：					
15	1	样本数据个数	50				
16	2	样本平均值	67.51				
17	3	样本标准差	9.10				
18	4	抽样平均误差	1.29				
19	5	概率	0.9545				
20	6	概率度	2.00				
21	7	误差范围	2.57				
22	8	置信下限	64.94				
23	9	置信上限	70.08				
24							

$$f(x)=\frac{1}{\sigma\sqrt{2\pi}}e^{-\frac{(x-\mu)^2}{2\sigma^2}}$$

单元六 相关分析与回归分析

认知目标

1.了解相关分析的内容;掌握相关关系概念、种类;
2.了解直线相关分析的方法;掌握相关系数的计算与意义;
3.了解一元直线回归的概念和作用;掌握一元直线回归方程的建立方法及意义。

能力目标

1.能熟练运用相关系数分析经济现象之间的联系;
2.能熟练运用简单数学模型分析经济现象。

任务导入

各种现象之间的联系是多方面的,如收入水平与受教育程度之间的关系,数学与统计成绩之间的关系,父亲身高与子女身高之间的关系,这些事物之间是有一定联系的,怎样用一种方法来研究呢?

提出问题

每个人的身高与父亲或母亲的身高是有联系的,究竟与父亲身高关系密切还是与母亲身高关系密切?如果与父亲身高关系密切,当几个孩子的父亲身高一样时,孩子的身高会有多大差别?

解决问题

某职业院校审计专业三年级 2 班共 30 人,随机抽取 10 人,数学与统计成绩见表 4-80。

表 4-80　　　　　　　　　三年级 2 班 10 人相关数据统计

学生序号	1	2	3	4	5	6	7	8	9	10
数学成绩（分）	80	86	96	76	60	79	68	76	90	83
统计成绩（分）	90	81	96	81	54	63	67	78	91	81

思考:(1)你知道表中数据是否有联系?

(2)根据表中数据,如果有联系,如何计算?

(3)如果某同学数学是 95 分,统计成绩会考多少分?

任务一 相关分析概述

一、变量间的相互关系

（一）函数关系

函数关系即对应的确定的数量关系。设有两个变量 x 和 y，变量 y 随变量 x 一起变化，并完全依赖于 x，当变量 x 取某个数值时，y 依确定的关系取相应的值，则称 y 是 x 的函数，记为 $y=f(x)$，其中 x 称为自变量，y 称为因变量。

（二）相关关系

相关关系即可变量间关系不能用函数关系精确表达；一个变量的取值不能由另一个变量唯一确定，不一一对应；当变量 x 取某个值时，变量 y 的取值可能有几个；各观测点分布在直线周围，是不完全确定的数量关系。

相关关系的含义：指现象间确实客观存在的不严格对应的数量依存关系，即各变量之间不具有确定性关系，关系值不固定，往往按某种规律在一定的范围内变化。

二、相关关系的种类

各种现象之间的相关关系，从不同的角度可以区分为不同类型。

（一）按照相关方向不同分类

分为正相关和负相关。

正相关——当一个变量的值增加或减少时，另一个变量的值也随之增加或减少。如工人劳动生产率提高，产品产量也随之增加；居民的消费水平随个人可支配收入的增加而增加。

负相关——当一个变量的值增加或减少时，另一个变量的值反而减少或增加。如商品流转额越大，商品流通费用越低；利润随单位成本的降低而增加。

（二）按照相关形式不同分类

分为线性相关和非线性相关。

线性相关——又称直线相关，是指当一个变量变动时，另一变量随之发生大致均等的变动，从图形上看，其观察点的分布近似地表现为一条直线。例如，人均消费水平与人均收入水平通常呈线性关系。

非线性相关——一个变量变动时，另一个变量也随之发生变动，但这种变动不是均等的，从图形上看，其观察点的分布近似地表现为一条曲线，如抛物线、指数曲线等，因此也称为曲线相关。例如，工人加班加点在一定数量界限内，产量增加，但一旦超过一定限度，产量反而可能下降，这就是一种非线性关系。

（三）按相关程度分类

分为完全相关、不相关和不完全相关。

完全相关——当一个变量的数量完全由另一个变量的数量变化所确定时,两者之间即为完全相关。例如,在价格不变的条件下,销售额与销售量之间的正比例函数关系即为完全相关,此时相关关系便成为函数关系,因此也可以说函数关系是相关关系的一个特例。

不相关——又称零相关,当变量之间彼此互不影响,其数量变化各自独立时,则变量之间为不相关。例如,股票价格的高低与气温的高低一般情况下是不相关的。

不完全相关——如果两个变量的关系介于完全相关和不相关之间,称为不完全相关。由于完全相关和不相关的数量关系是确定的或相互独立的,所以统计学中相关分析的主要研究对象是不完全相关。

（四）按研究的变量（或因素）多少分类

分为单相关、复相关和偏相关。

单相关——又称一元相关,指两个变量之间的相关关系,例如广告费支出与产品销售量之间的相关关系。

复相关——又称多元相关,是指三个或三个以上变量之间的相关关系,例如商品销售额与居民收入、商品价格之间的相关关系。

偏相关——在一个变量与两个或两个以上的变量相关的条件下,当假定其他变量不变时,其中两个变量的相关关系称为偏相关。例如,在假定商品价格不变的条件下,该商品的需求量与消费者收入水平的相关关系即为偏相关。

三、相关分析的基本内容

统计对现象之间相关关系的分析,主要从两方面进行:一是测定变量之间的相关关系的密切程度,称为相关分析;二是根据变量之间的关系形式,用一个数学表达式,来反映有相关关系的变量之间的数值变化关系,据此由一个或若干个自变量的数值推断出因变量的可能值,这种分析称为回归分析。相关分析与回归分析既有区别又有联系,两种分析构成了相关关系分析的基本内容。具体如下:

1. 变量之间是否存在关系？
2. 如果存在关系,它们之间是什么样的关系？
3. 变量之间的关系强度如何？
4. 如何确定相关关系的数学回归模型？
5. 如何确定因变量估计值误差的程度？

任务二 线性相关分析

相关分析的主要内容是测定相关关系的种类和关系的密切程度。下面以某企业的产量与单位成本为例,见表4-81、表4-82,阐述现象之间相关关系的密切程度。

表 4-81　　　　　　　　　某企业产量与单位成本原始资料(1)

产量(吨)	8.0	6.1	5.0	7.2	1.2	2.0	4.0	4.0	3.1
总成本(万元)	160	132	115	135	62	82	112	110	80

表 4-82　　　　　　　　　某企业产量与单位成本原始资料(2)

产量(件)	单位成本(元)	产量(件)	单位成本(元)
20	18	20	16
30	16	50	16
20	16	20	18
20	15	30	16
40	16	50	15
30	15	20	18
80	14	50	15
80	14	40	14
50	15	20	16
40	15	80	14
30	16	40	15
20	18	20	16
80	14	50	14
50	14	80	15
40	15	30	15

一、进行相关分析的一般程序

(一)定性分析

依据研究者的理论知识和实践经验,判定是否存在相关关系以及何种关系。

(二)定量分析

在定性分析基础上,判断现象之间相关的方向、形态及密切程度,包括编制相关表、绘制相关图和计算相关系数等方法。

二、相关表

相关表是根据现象变动样本资料编制出来的反映变量间相关关系的统计表,根据样本资料是否分组,相关表分为简单相关表和分组相关表。

(一)简单相关表

将自变量的取值按照从小到大的顺序并配合因变量的取值一一对应平行排列起来的表。编制程序:将相关资料中的两个变量分为自变量和因变量,将两个变量值一一对应,按自变量的值从小到大的顺序依次排列。示例见表 4-83。

表 4-83　　　　　　　　　　　简单相关表

序号	产量（吨）	总成本（万元）
1	1.2	62
2	2.0	82
3	3.1	80
4	4.0	110
5	4.0	112
6	5.0	115
7	6.1	132
8	7.2	135
9	8.0	160
合计	40.6	988

（二）分组相关表

分组相关表指将原始资料进行分组而形成的相关表。可分为单变量分组相关表和双变量分组相关表。单变量分组相关表对自变量进行分组并计算次数，而对因变量分组，只计算其平均值。示例见表 4-84。

表 4-84　　　　　　　　　　　单变量分组相关表

产量（件）	企业数（个）	平均单位成本（元）
20	9	16.8
30	5	15.6
40	5	15.0
50	6	14.6
合计	25	—

双变量分组相关表是自变量和因变量都进行分组而形成的相关表，又称为棋盘式相关表。示例见表 4-85。

表 4-85　　　　　　　　　　　30 家同类企业的有关资料

单位成本 y（元/件）	产量 x（件）					合计
	20	30	40	50	80	
18	4					4
16	4	3	1	1		9
15	1	2	3	3	1	10
14			1	2	4	7
合计	9	5	5	6	5	30

双变量分组相关表的作用是直观地粗略判断变量间是否存在相关关系及相关方向，不能准确说明关联程度。

三、相关图

相关图又称散点图,用直角坐标系的 x 轴代表自变量,y 轴代表因变量,将两个变量对应的变量值用坐标点的形式描绘出来,用以表明相关点分布状况的图形。利用相关图可以:判断现象之间有无相关关系,观察相关关系的类型,观察相关关系的密切程度。示例如图 4-5、图 4-6 所示。

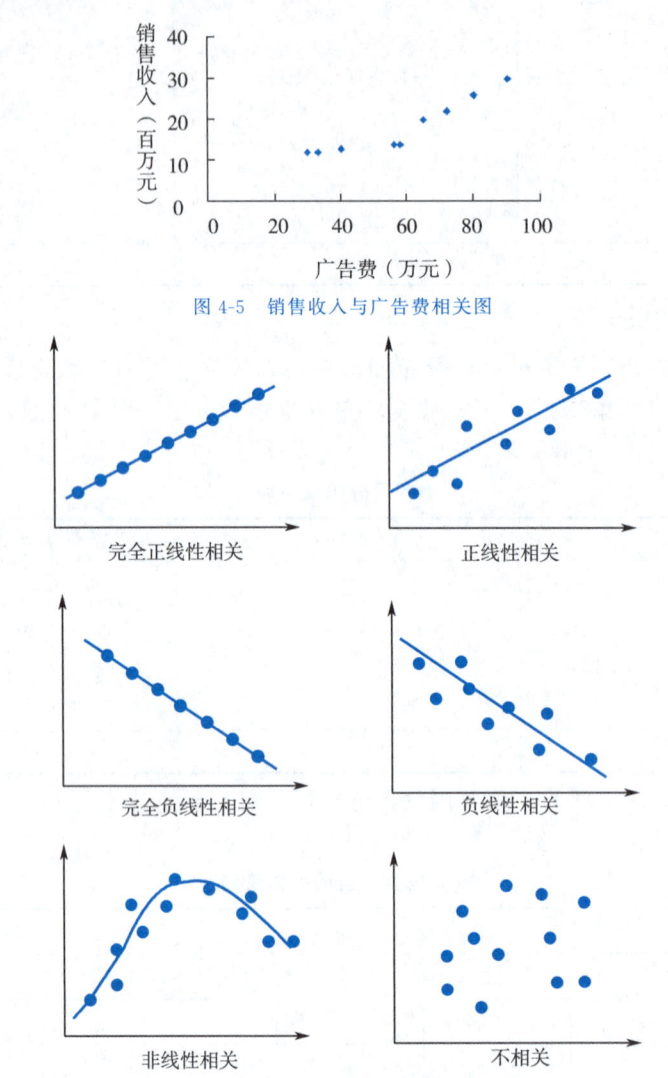

图 4-5　销售收入与广告费相关图

图 4-6　常见的相关图

相关图的不足是难以精确反映相关的密切程度。

四、相关系数

(一)相关系数的概念

1.对变量之间线性关系密切程度进行度量的指标。

2.对两个变量之间线性相关程度的度量称为简单相关系数。

3.若相关系数是根据总体全部数据计算的,称为总体相关系数,记为 ρ。

4.若是根据样本数据计算的,则称为样本相关系数,记为 r。

相关系数的计算公式:$r = \dfrac{\sum(x-\bar{x})(y-\bar{y})}{\sqrt{\sum(x-\bar{x})^2 \sum(y-\bar{y})^2}}$

或化简为:$r = \dfrac{n\sum xy - \sum x \sum y}{\sqrt{n\sum x^2 - (\sum x)^2}\sqrt{n\sum y^2 - (\sum y)^2}}$

(二)相关系数的性质

1.r 的取值范围是 $[-1,1]$。

2.如果 $|r|=1$,为完全线性相关,函数关系 $y=kx+b$。

如果 $r=1$,为完全线性正相关。

如果 $r=-1$,为完全线性负相关。

3.如果 $r=0$,不存在线性相关关系,但可能有其他相关关系。

4.如果 $-1<r<0$,为负相关。

5.如果 $0<r<1$,为正相关。

6.如果 $|r|$ 越趋于 1 表示关系越密切;如果 $|r|$ 越趋于 0 表示关系越不密切。具体细分:

$|r|<0.3 \rightarrow$ 微弱相关 $0.3 \leqslant |r| < 0.5 \rightarrow$ 低度相关

$0.5 \leqslant |r| < 0.8 \rightarrow$ 显著相关 $0.8 \leqslant |r| < 1.0 \rightarrow$ 高度相关

【例 4-62】 为了解外资餐饮业的消费数额与小费之间的数额关系,特从若干名消费者中随机抽取 10 名消费者进行调查,所得数据见表 4-86。

表 4-86　　　　　　　　餐饮消费额与小费数据统计　　　　　　　单位:美元

消费	33.5	50.7	87.9	98.8	63.6	107.3	120.7	78.5	102.3	140.6
小费	5.5	5.0	8.1	17.0	12.0	16.0	18.6	9.4	15.4	22.5

计算过程(表 4-87):

表 4-87　　　　　　　　相关系数计算数据

账单 x	小费 y	x^2	y^2	xy
33.5	5.5	1 122.25	30.25	184.25
50.7	5.0	2 570.49	25.00	253.50
63.6	12.0	4 044.96	144.00	763.20
78.5	9.4	6 162.25	88.36	737.90
87.9	8.1	7 726.41	65.61	711.99
98.8	17.0	9 761.44	289.00	1 679.60
102.3	15.4	10 465.29	237.16	1 575.42
107.3	16.0	11 513.29	256.00	1 716.80
120.7	18.6	14 568.49	345.96	2 245.02
140.6	22.5	19 768.36	506.25	3 163.50
合计	883.9	129.5	87 703.23	1 987.59	13 031.18

$\sum x = 883.9, \sum y = 129.5, \sum x^2 = 87\ 703.23, \sum y^2 = 1\ 987.59,$
$\sum xy = 13\ 031.18, n = 10$

$$r = \frac{n\sum xy - \sum x \sum y}{\sqrt{n\sum x^2 - (\sum x)^2}\sqrt{n\sum y^2 - (\sum y)^2}}$$

$$= \frac{10 \times 13\ 031.18 - 883.9 \times 129.5}{\sqrt{10 \times 87\ 703.23 - 883.9^2}\sqrt{10 \times 1\ 987.59 - 129.5^2}}$$

$$= \frac{15\ 846.75}{\sqrt{95\ 753.09}\sqrt{3\ 105.65}} = 0.92$$

结论:账单消费额与小费之间存在着高度的正相关关系。

相关系数的不足是,无法表明两变量之间的因果关系,无法从一个或几个变量的变化来推测另一个变量的变化情况。

(三)样本相关系数的特点

1.两变量均为随机变量;

2.两变量的地位是平等的,即 $rxy = ryx$;

3.取值范围$[-1,1]$,其接近于 1 的程度与样本容量 n 有关。n 越小,r 越趋近于 1。

特例:当 $n=2$ 时,$r=1$。

【例 4-63】 样本(x,y)为$(6,12.6),(1,3.0),n=2$。

$$r = \frac{n\sum xy - \sum x \sum y}{\sqrt{n\sum x^2 - (\sum x)^2}\sqrt{n\sum y^2 - (\sum y)^2}} = \frac{48}{\sqrt{25}\sqrt{92.16}} = \frac{48}{48} = 1(两点确定一条直线)$$

需要指出的是,相关系数有一个明显的缺点,即它接近于 1 的程度与数据组数 n 相关,这容易给人一种假象。因为,当 n 较小时,相关系数的波动较大,有些样本相关系数的绝对值易接近于 1;当 n 较大时,相关系数的绝对值容易偏小。特别是当 $n=2$ 时,相关系数的绝对值总为 1。因此,在样本容量 n 较小时,我们仅凭相关系数较大就判定变量 x 与 y 之间有密切的线性关系是不妥当的。

任务三 一元线性回归分析

一、回归分析的概念与特点

表 4-88 中数据是有联系的,请根据表中数据,计算相关系数(由学生自己完成)。如果某同学数学是 95 分,统计成绩会考多少分?

表 4-88　　　　　　　　　　　　考试成绩

学生序号	1	2	3	4	5	6	7	8	9	10
数学成绩(分)	80	86	96	76	60	79	68	76	90	83
统计成绩(分)	90	81	96	81	54	63	67	78	91	81

(一)回归分析的概念

回归分析就是对具有相关关系的两个变量之间数量变化的一般关系进行测定,确定一个相应的数学表达式,以便从一个已知量来推测另一个未知量,为估算预测提供一个重要的方法。

回归分析一般分为:一元线性回归分析和多元线性回归分析。本任务中,重点论述一元线性回归分析。

一元线性回归方程一般形式为:$\hat{y}=a+bx$,其中:x 为自变量,y 为估计值,a 是回归直线在 y 轴上的截距,是当 $x=0$ 时 y 的期望值;b 是直线的斜率,称为回归系数,表示当 x 每变动一个单位时,y 的平均变动值。

(二)一元线性回归分析的特点

1.在两个变量之间,必须根据研究目的具体确定哪个是自变量,哪个是因变量。

2.在回归分析中因变量是随机的,而自变量不是随机的。

3.在没有明显的因果关系的两个变量 x 与 y 之间,可以求得两个回归方程。

4.回归方程的主要作用在于:给出自变量的数值来估计因变量的可能值。一个回归方程只能做出一种推算,推算的结果表明变量之间的具体的变动关系。

5.直线回归方程中自变量的系数称回归系数。回归系数的符号为正表示正相关,为负则表示负相关。

二、回归分析与相关分析的区别与联系

(一)两者的区别

1.相关分析中,变量 x 与变量 y 处于平等的地位,位置能互换;回归分析中,变量 y 称为因变量,处在被解释的地位,x 称为自变量,用于预测因变量的变化,两者位置不能互换。

2.相关分析中所涉及的变量 x 和 y 都是随机变量;回归分析中,因变量 y 是随机变量,自变量 x 是非随机的确定变量。

3.相关分析主要是描述两个变量之间线性关系的密切程度;回归分析不仅可以揭示变量 x 对变量 y 影响的大小,还可以由回归方程进行预测和控制。

(二)两者的联系

1.相关分析与回归分析都是研究和处理变量之间相关关系的数理统计方法。

2.相关分析需要依靠回归分析来表明现象数量相关的具体形式,即用函数关系来研究。

3.相关分析是回归分析的前提,回归分析建立在相关分析基础上,对于密切相关的两个变量进行深入分析,建立它们之间的数学关系式,并进行统计推断,是相关分析的拓展。对于相关程度很低的两个变量进行回归分析是没有实际意义的。

三、一元线性回归方程的确定

步骤:(1)定性分析——确定现象之间是否有相关关系;
(2)关系密切程度分析;
(3)确定自变量和因变量;
(4)确定回归方程;
(5)分析解释结果。

一元线性回归方程一般形式为: $\hat{y}=a+bx$

总体回归参数 a 和 b 未知,必须利用样本数据估计。

(一)点与回归直线(图 4-7)

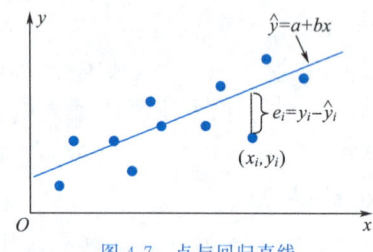

图 4-7 点与回归直线

(二)最小平方法求参数 a 与 b

一是使因变量的观察值与估计值之间的离差平方和达到最小来求得 a 和 b 的方法。即:

$$\sum(y-\hat{y})^2 = \sum(y-a-bx)^2 = 最小$$

二是用最小平方法拟合的直线来代表 x 与 y 之间关系,与实际数据的误差比其他任何直线都小。

根据最小平方法的要求,可得求解 a 和 b 的公式如下:

$$b = \frac{n\sum xy - \sum x \sum y}{n\sum x^2 - (\sum x)^2}$$

$$a = \bar{y} - b\bar{x}$$

【例 4-64】 有 5 幢房屋的使用时间与月租金的资料,见表 4-89。

表 4-89　　　　　　　　　　房屋资料

使用年数 x(年)	月租金 y(元)	xy	x^2	y^2
3	50	150	9	2 500
5	45	225	25	2 025
7	47	329	49	2 209
8	35	280	64	1 225
10	33	330	100	1 089
合计	33	210	1 314	247	9 048

$$r = \frac{n\sum xy - \sum x \sum y}{\sqrt{n\sum x^2 - (\sum x)^2}\sqrt{n\sum y^2 - (\sum y)^2}}$$

$$=\frac{5\times1\,314-33\times210}{\sqrt{5\times247-33\times33}\sqrt{5\times9\,048-210\times210}}$$

$$=-0.882\,4$$

$$b=\frac{n\sum xy-\sum x\sum y}{n\sum x^2-\left(\sum x\right)^2}=\frac{5\times1\,314-33\times210}{5\times247-33\times33}=-2.465\,8$$

$$a=\frac{\sum y}{n}-b\frac{\sum x}{n}=\frac{210}{5}+2.465\,8\times\frac{33}{5}=58.274\,3$$

房屋月租金的线性回归方程为：$\hat{y}=58.274\,3-2.465\,8x$

回归方程中参数估计值的含义：

回归系数 $b=-2.465\,8$，表示房屋的使用年数每增加 1 单位（年），房屋的月租金平均减少 2.465 8 单位（元）。回归系数与相关系数同号。

截距 $a=58.274\,3$，表示新房屋时，月租金平均为 58.274 3 元。

预测：当使用年限为 15 年时，月租金为多少？

四、估计标准误差

（一）估计标准误差的意义

回归方程的一个重要作用在于根据自变量的已知值推算因变量的可能值 $\hat{y}$，这个可能值或称估计值、理论值、平均值，它和真正的实际值 y 可能一致，也可能不一致，因而就产生了估计值的代表性问题。当 $\hat{y}$ 值与 y 值一致时，表明推断准确；当 $\hat{y}$ 值与 y 值不一致时，表明推断不够准确。显而易见，将一系列 $\hat{y}$ 值与 y 值加以比较，可以发现其中存在着一系列离差，有的是正差，有的是负差，还有的为零。而回归方程的代表性如何，一般是通过计算估计标准误差指标来加以检验的。估计标准误差指标是用来说明回归方程代表性大小的统计分析指标，也简称为估计标准差或估计标准误差，其计算原理与标准差基本相同。估计标准误差说明理论值（回归直线）的代表性。若估计标准误差小，说明回归方程准确性高，代表性大；反之，估计不够准确，代表性小。

（二）估计标准误差的计算

估计标准误差，是指因变量实际值与理论值离差的平均数，其计算公式为

$$S_{yx}=\sqrt{\frac{\sum(y-\hat{y})^2}{n-2}}$$

式中 S_{yx}——估计标准误差，其下标 yx 代表 y 依 x 而回归的方程；

$\hat{y}$——根据回归方程推算出来的因变量的估计值；

y——因变量的实际值；

n——数据的项数。

估计标准误差的简化计算公式为

$$S_{yx}=\sqrt{\frac{\sum y^2-a\sum y-b\sum xy}{n-2}}$$

（三）回归系数 b 与相关系数 r 之间的关系

$$b = r \frac{\sigma_y}{\sigma_x}$$

回归系数 b 与相关系数 r 的方向一致。

（四）估计标准误差与相关系数的关系

$$r = \sqrt{1 - \frac{S_{yx}^2}{\sigma_y^2}}$$

$$S_{yx} = \sigma_y \sqrt{1 - r^2}$$

式中　　r——相关系数；

　　　　σ_y——因变量数列的标准差；

　　　　S_{yx}——估计标准误差。

从上面的计算公式可以看出 r 和 S_{yx} 的变化方向是相反的。当 r 越大时，S_{yx} 越小，这时相关密切程度较高，回归直线的代表性较大；当 r 越小时，S_{yx} 越大，这时相关密切程度较低，回归直线的代表性较小。

案例分析

广东省数字经济发展指数（2022）：综合指数全国第一

以 2013 年全国数字经济发展综合指标值为 1000，对广东省和全国的数字经济发展综合指标值进行指数化，结果显示：广东省综合指数全国第一，且优势扩大。2013—2021 年广东省和全国的数字经济发展指数如图 4-8 所示。

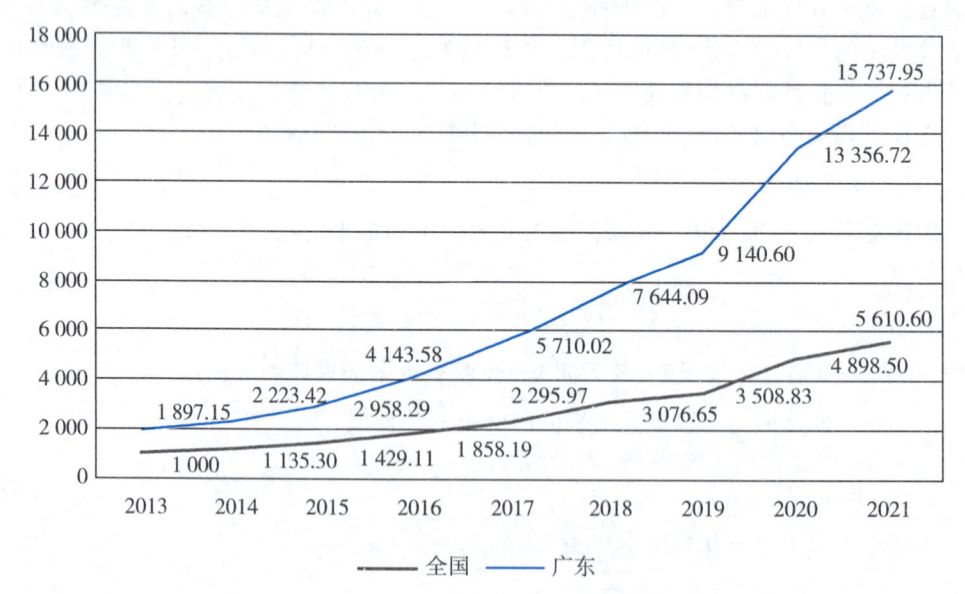

图 4-8　2013—2021 年广东省和全国的数字经济发展指数

根据如上资料回答问题：

(1)图中是哪种相关类型？

(2)找到原始数据，计算相关系数。

综合技能训练

一、单项选择题

1.相关分析中，要求相关的两个变量（　　）。

A.都是随机变量　　　　　　B.都不是随机变量

C.其中因变量是随机变量　　D.其中自变量是随机变量

2.相关系数的取值范围是（　　）。

A. $0 \leqslant r \leqslant 1$　　　　　　B. $-1 < r < 1$

C. $-1 \leqslant r \leqslant 1$　　　　　D. $-1 \leqslant r \leqslant 0$

3.若物价上涨，商品的需求量相应地减少，则物价与商品需求量之间的关系为（　　）。

A.不相关　　　　　　　B.负相关

C.正相关　　　　　　　D.复相关

4.一般说，当居民的收入减少时，居民的储蓄款也会相应减少，两者之间的关系是（　　）。

A.直线相关　　　　　　B.完全相关

C.非线性相关　　　　　D.复相关

5.当所有的观察值 y 都落在直线 $y_c = a + bx$ 上时，则 x 与 y 之间的相关系数为（　　）。

A. $r = 0$　　　　　　　B. $|r| = 1$

C. $-1 < r < 1$　　　　D. $0 < r < 1$

二、多项选择题

1.测定现象之间有无相关关系的方法有（　　）。

A.编制相关表　　　　　　B.绘制相关图

C.对客观现象做定性分析　D.计算估计标准误差

2.相关分析特点有（　　）。

A.两个变量不是对等的

B.两个变量只能算出一个相关系数

C.相关系数只有正负号

D.两变量都是随机的

E.相关系数的绝对值介于0和1之间

3.相关系数表明两变量之间的（　　）。

A.线性关系　　　　　　B.因果关系

C.变异关系　　　　　　D.相关方向

E.显著相关

4.直线回归分析中( )。

A.自变量是可控制量,因变量是随机变量

B.两个变量不是对等的关系

C.利用一个回归方程,两个变量可以互相推算

D.根据回归系数可判定相关的方向

5.产品的单位成本(元)对产量(百件)的直线回归方程 $y_c = 76 - 1.85x$,这表示( )。

A.产量每增加 100 件,单位成本平均下降 1.85 元

B.产量每减少 100 件,单位成本平均下降 1.85 元

C.产量与单位成本按相反方向变动

D.产量与单位成本按相同方向变动

三、判断题

1.两个变量的相关系数可以有无数个。 ( )

2.计算相关系数的两个变量都是随机变量。 ( )

3.回归分析中的自变量是随机变量,因变量是可控制变量。 ( )

4.若直线回归方程 $y_c = 170 - 2.5x$,则变量 x 和 y 之间存在负相关关系。 ( )

5.甲产品产量与单位成本的相关系数是 -0.8,乙产品产量与利润率的相关系数是 -0.95,则乙比甲的相关程度高。 ( )

四、案例分析题

1.检查五位学生统计学原理的学习时间与成绩,五位学生学习资料见表 4-90。

表 4-90　　　　　　　　　　　五位学生学习资料

学习时间(小时)	学习成绩(分)
4	40
6	60
7	50
10	70
13	90

要求:(1)建立学习成绩 y 与学习时间 x 的直线回归方程;

(2)计算学习时间与学习成绩之间的相关系数。

(要求列表计算所需数据资料,写出公式和计算过程,结果保留两位小数。)

2.已知 $n = 6, \sum x = 21, \sum y = 426, \sum x^2 = 79, \sum y^2 = 30\ 268, \sum xy = 1\ 481$

要求:(1)计算变量 x 与变量 y 之间的相关系数;

(2)建立变量 y 以变量 x 变化的直线回归方程。

(要求写出公式和计算过程,结果保留四位小数。)

3.根据某企业产品销售额(万元)和销售利润率(%)资料计算出如下数据:

已知 $n = 7, \sum x = 1\ 890, \sum y = 31.1, \sum x^2 = 535\ 500, \sum y^2 = 174.15, \sum xy = 9\ 318$

要求:(1)确定以利润率为因变量的直线回归方程;

(2)解释式中回归系数的经济含义;

(3)当销售额为 500 万元时,利润率为多少?

4.某类产品8个企业产品销售额和销售利润资料见表4-91。

表 4-91　　　　　　　　　　　　企业产品资料　　　　　　　　　　　　单位:万元

企业编号	产品销售额	销售利润
1	170	8.1
2	220	12.5
3	390	18.0
4	430	22.0
5	480	26.5
6	650	40.0
7	950	64.0
8	1 000	69.0

要求:(1)计算产品销售额与销售利润的相关系数;

(2)建立以销售利润为因变量的直线回归方程,说明 b 的经济意义;

(3)当企业产品销售额为50万元时,销售利润为多少?

5.某地区2016—2020年个人消费支出与收入资料见表4-92。

表 4-92　　　　　　某地区个人消费支出与收入资料

年份	2016	2017	2018	2019	2020
个人收入(万元)	64	70	77	82	92
消费支出(万元)	56	60	66	75	88

要求:(1)计算个人收入与消费支出之间的相关系数;

(2)求消费支出对个人收入的直线回归方程。

附6 Excel 在相关分析与回归分析中的应用

一、Excel 在相关分析中的应用

在 Excel 中的应用,计算主要步骤如下:

1.新建文件

【文件】→【新建】→【空白工作簿】→【保存】,在【文件名】处,输入"相关系数的计算"→【保存】。

2.输入数据

在单元格{A3:E14}中,输入统计的基础数据,如附图 6-1 所示。

附图 6-1

	A	B	C	D	E
1	序号	电消耗量	产品产量	制造总成本	单位制造成本
2		万千瓦时	吨	万元	元/吨
3	1月	277.70	37.34	2277.32	60.99
4	2月	246.94	37.90	2390.47	63.07
5	3月	248.88	32.96	2200.54	66.76
6	4月	225.98	33.22	2095.34	63.07
7	5月	228.97	35.04	2087.73	59.58
8	6月	228.29	39.37	2145.86	54.50
9	7月	223.69	30.46	2115.18	69.44
10	8月	231.04	40.30	2216.22	54.99
11	9月	230.57	39.81	2177.05	54.69
12	10月	230.57	37.47	2133.58	56.94
13	11月	240.80	40.22	2213.81	55.04
14	12月	244.48	33.12	2187.68	66.05

3.插入函数

单击单元格 E17,【插入】→【函数】→【统计】→【CORREL】。

4.输入本函数涉及的各项参数数据(附图 6-2)

附图 6-2

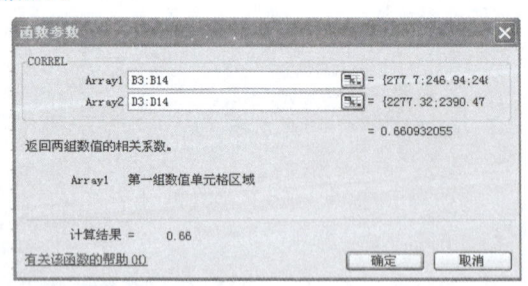

函数参数对话框:CORREL, Array1 B3:B14 = {277.7;246.94;24...}, Array2 D3:D14 = {2277.32;2390.47...}, = 0.660932055, 返回两组数值的相关系数。Array1 第一组数值单元格区域。计算结果= 0.66

或者,在单元格 E17 中输入=CORREL(B3:B14,D3:D14)

同样,计算出单元格 E18、E19 的数值。

5.单击【确定】按钮

6.显示统计计算结果(附图 6-3)

附图 6-3

7.统计分析

由上述计算过程可以得出以下结论:

(1)电消耗量与制造总成本的相关系数为 0.66,显著正相关。

(2)制造总成本与产品产量的相关系数为 0.38,低度正相关。

(3)单位制造成本与产品产量的相关系数为 －0.92,高度负相关。

二、Excel 在回归分析中的应用

在 Excel 中的应用,计算主要步骤如下:

1.新建文件

【文件】→【新建】→【空白工作簿】→【保存】,在→【文件名】处,输入"D6-2 回归分析"→【保存】。

2.输入数据

在单元格{A3:E14}中,输入统计的基础数据,如附图 6-4 所示。

附图 6-4

3.插入函数 INTERCEPT

单击单元格 E17,【插入】→【函数】→【统计】→【INTERCEPT】,输入本函数涉及的各项参数数据,如附图 6-5 所示。

附图 6-5

```
函数参数
INTERCEPT
    Known_y's  E3:E14              = {60.99;63.07;66.
    Known_x's  C3:C14              = {37.34;37.9;32.9
                                   = 112.9317733
求线性回归拟合线方程的截距。
    Known_x's  自变量数据点

计算结果 =    112.9317733
有关该函数的帮助(H)            确定    取消
```

或者,在单元格 E17 中输入"=INTERCEPT(E3:E14,C3:C14)",单击【确定】按钮。

注意:为了简便计算,将单元格 E17 的公式修订为"=ROUND(INTERCEPT(E3:E14,C3:C14),2)",该单元格的小数位保留 2 位。

4.插入函数 SLOPE

单击单元格 E18,【插入】→【函数】→【统计】→【SLOPE】,输入本函数涉及的各项参数数据,如附图 6-6 所示。

附图 6-6

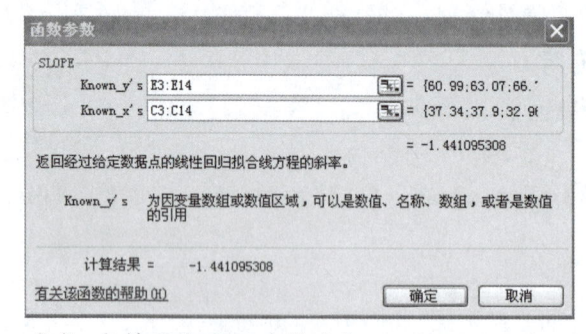

```
函数参数
SLOPE
    Known_y's  E3:E14              = {60.99;63.07;66.
    Known_x's  C3:C14              = {37.34;37.9;32.9
                                   = -1.441095308
返回经过给定数据点的线性回归拟合线方程的斜率。
    Known_y's  为因变量数组或数值区域,可以是数值、名称、数组,或者是数值
             的引用

计算结果 =    -1.441095308
有关该函数的帮助(H)            确定    取消
```

或者,在单元格 E18 中输入"=SLOPE(E3:E14,C3:C14)",单击【确定】按钮。

注意:为了简便计算,将单元格 E18 的公式修订为"=SLOPE(INTERCEPT(E3:E14,C3:C14),2)",该单元格的小数位保留 2 位。

5.得到回归方程

单击单元格 E19,输入"=CONCATENATE("Y=",E17,E18,"X")",单击【确定】按钮,显示"Y=112.93-1.44X",得到产品产量与单位制造成本的回归直线方程。

6.回归预测

如果要预测两者的函数对应数值,可以在单元格 E21 中输入产量,在单元格 E22 中输入"=E17+E18*E21"。

当单元格 E21 输入"产品产量"时,即可自动计算预测出单元格 E22 的"单位制造成本"的预测值。比如:在单元格 E21 中输入产品产量"42"吨,则在单元格 E22 中自动计算出单位制造成本的预测值"52.45"元/吨。

综上所述,计算结果如附图 6-7 所示。

附图 6-7

序号	电消耗量 万千瓦时	产品产量X 吨	制造总成本 万元	单位制造成本Y 元/吨
1月	277.70	37.34	2277.32	60.99
2月	246.94	37.90	2390.47	63.07
3月	248.88	32.96	2200.54	66.76
4月	225.98	33.22	2095.34	63.07
5月	228.97	35.04	2087.73	59.58
6月	228.29	39.37	2145.86	54.50
7月	223.69	30.46	2115.18	69.44
8月	231.04	40.30	2216.22	54.99
9月	230.57	39.81	2177.05	54.69
10月	230.57	37.47	2133.58	56.94
11月	240.80	40.22	2213.81	55.04
12月	244.48	33.12	2187.68	66.05

回归系数:
1 截距a　INTERCEPT　112.93
2 斜率b　SLOPE　-1.44
3 回归直线方程:Y=a+bX　Y=112.93-1.44X

例如1:如果,产品产量X= 42 吨
那么,单位制造成本Y= 52.45 元/吨

附注说明:

我们也可以利用 FORECAST 函数进行预测。计算过程如下:

1. 插入函数

单击单元格 E22,单击【插入】→【函数】→【统计】→【FORECAST】。

2. 输入函数的参数

输入 FORECAST 函数所涉及的各项参数数据,如附图 6-8 所示。

附图 6-8

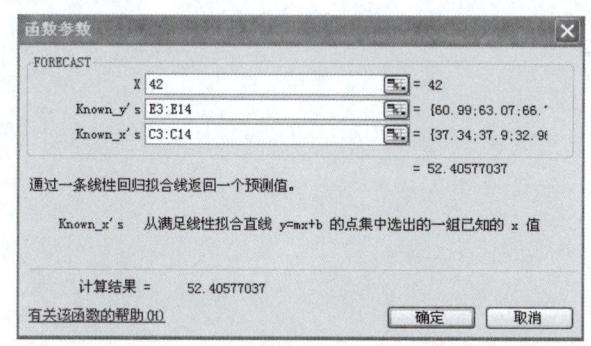

比如:FORECAST 函数参数 X 输入产品产量"42"吨,则在单元格 E22 中自动计算出单位制造成本的预测值"52.41"元/吨。

3. 结果分析

综合分析以上两种回归分析方法,可以看出,用函数 FORECAST 计算和用函数 INTERCEPT 结合函数 SLOPE 计算的结果基本一致。

参考文献

1. 王健健,张立志.《统计学基础》.武汉:武汉理工大学出版社,2011
2. 刘乐荣.《统计学》.南京:南京大学出版社,2011
3. 卢国红,杨柳.《统计学基础》.南京:南京大学出版社,2012
1. 陈宏威.统计基础与实务.北京:中国人民大学出版社,2012
2. 鲜祖德.统计基础知识与统计实务.北京:中国财政经济出版社,2012
3. 鲜晓花.统计基础知识与统计实务.北京:机械工业出版社,2012
4. 朱文涛.统计学基础.北京:冶金工业出版社,2010
5. 唐芳.统计学田原理.上海:上海财经大学出版社,2007
6. 郭凤艳.统计学.北京:北京理工大学出版社,2006
7. 马骥.统计基础与实用方法.上海:立信会计出版社,2012
8. 张永林.统计学基础.青岛:中国海洋大学出版社,2012